永山ゆかり・吉田 睦［編］

アジアとしてのシベリア

ロシアの中のシベリア先住民世界

【もくじ】

アジアとしてのシベリア

【はじめに】

シベリア～ロシアとアジアの狭間で

吉田　睦

シベリアという地域

「シベリア」は、我々日本人にとって相変わらず極寒の地で、漠としてとらえようのない異郷というイメージであり続けている。二十世紀後半にはシベリア開発や第二シベリア（バム）鉄道の開通といった経済的な期待の高揚期もあったが、抑留や領土問題といった否定的要因もあり、概して暗いイメージがついて回った。その状況はソ連崩壊を経て二十一世紀に入っても劇的には変わっていないように思われる。

シベリアとは、ロシアの中のウラル山脈以東の地域、すなわちロシアのアジア地域を漠然と指す、と一般に理解されている。ロシアにおいても、特にヨーロッパ・ロシア地域の住人は、おおよそこのようなイメージでシベリアという地域をとらえているようである。他方、現在ロシアにおいて公的に「シベリア」という名称を冠した地域として、ノヴォシビルスクを中心都市とする「シベリア連邦管区」があるが、中央シベリアの一部の地域を占める行政地区にすぎない。つまり、ウラル山脈以東全体を示すような地域区分は公的には存在しない。このことは留意しておく必要はあろう。しかしここでは、ウラル山脈以東の「ロシアのアジア地域」として「シベリア」をとらえておくことを確認しておきたい。

ここ数年、「北極政策」と称して温暖化による北極海の海氷の縮小という好機（？）を利用する北極海航路の活用や資源開発を中心とする北極周辺地域の有効利用に関する国際的な動きがある。我が国もこの潮流に乗り遅れてはいけない、ということで遅ればせながら閣議決定（二〇一五年十月）やそれに前後する各種研究施設の設置や研究プロジェクトの始動といった動きがみられる。この「北極政策」は経済的開発が中心的な目的である。が、その中にはシベリア先住民を含む「北極先住民」に対する視点が示されているように、温暖化に伴う現地住民の伝統的生活や文化の維持に対する我が国としての貢献の可能性という視点も付随されていることを付言しておきたい。

シベリア地域への入域可能性という点では、現在でも一定の制限はあるにしてもソ連時代とは隔世の状況がある。その「利点」を生かして、様々な学術分野の専門家、研究者たちが果敢に現地に入り、それぞれの分野の研究を進めてきている。たとえば、動植物学、気象・水文・大気循環等の環境系理学諸分野、考古学、文化人類学（民族学）、地理学、言語学等が挙げられよう。これらの諸分野の多くは現地でのフィールド調査を研究方法の基幹としているからである。ソ連崩壊後三十年近くを経過し、このような状況を基にした研究諸分野においてはすでに一定の蓄積がなされつつある。本号の出版はこのような状況を背景としている。より直接的には、二〇一五年に高倉浩樹東北大学教授（現東北大学東北アジア研究センター長）を中心にして中堅・若手研究者に声をかけて設立された「日本シベリア学会」のメンバーを通じて、この論集の発刊が企画されるに至った（この点については「あとがき」で述べられている）。

シベリアの住人、先住民――アジアとロシアの狭間で

本誌特集号の基本的な柱は、シベリアの先住民を中心にする住人のおかれてきた環境・社会とその文化的状況の概説にある。シベリアにおいて、ロシア人の進出以前よりそこを居住地としてきた先住民の存在をクローズアップし、何らかの形でそのような住人の文化を調査研究の対象としてとらえてきた人たちの専門的見地からの著作の集大成である。シベリアは、ロシア史の中でロシアの東方進出という領土拡張・植民過程の地であり、また終着点でもあった（付記すれば、ロシア人は帝政時代の十七世紀以降、アラスカを中心とする旧ロシア領アメリカまで進出したが、そこは十九世紀後半に放棄せざるを得なかった）。その国家とともに築かれた歴史はシベリア進出以降の新しいもので、それ以前より、現在「先住民」と呼ばれる人たちの多くの祖先が住み続けていた地であった。彼らはロシア人との交流や、関係を構築する以前より、周辺地域の諸民族や住人とより長い期間、アジア地域の諸民族との間で関係構築をしてきたという経緯がある。「先住民」という用語は後世に大規模社会を構成する大民族の視点から一方的に付せられた名称であるが、ロシア国内においては人口五万人以下の一定の条件をクリアした民族集団に対して、「先住民」という法的カテゴリーが用意

されている。本号ではこの「先住民」に加えて、その人口枠を越えるいくつかの民族（サハ、ブリヤート、トゥバ、アルタイ、ハカスといった共和国を構成する諸民族や、さらには十七世紀以来この地に連綿と住み続けてきたロシア人等のスラヴ系古参住民（スタロジールィ）等をも含んだシベリア固有の住人を対象としている。

シベリアが地理的にも文化的にもヨーロッパ（ロシア）とアジアとの狭間にあるという立ち位置、それら双方との特異な関係性を有するということも本特集号の重要な視点である。それはシベリア、特にその古来よりの住人、先住民たちが、テュルク語系諸民族やウラル語族、ツングース語族、古アジア諸語といったアジア地域に多く展開する諸言語を母語とする諸民族であるという側面が大きい。そこに展開する民族文化の多く、少なくとも基層としてのそれは、ロシア、スラヴ諸民族の要素よりも周辺地域、即ちアジア諸地域のものとより共通する、ということからもそのことが言えるはずである。と同時に、他方でシベリアをアジアと感じるか、ロシア（ヨーロッパ）的と感じるかは、その時点の交流の範囲や時期にも左右される側面もある。現在シベリアを旅行すれば、そこにはロシア即ちヨーロッパ的要素の強い生活・文化様式が圧倒的なまでに展開していることを実感する。いわゆる先住民系の人の比率はごくわずかに過ぎない。しかし我々がこのような少数派の住人に着目する要因の一つとして、上述のアジア性、即ちアジア地域における周辺諸民族との歴史的文化的関係性があるのではないかと考える。

本号の構成は以下の通りとなっている：

第Ⅰ部「シベリアという地域」
第Ⅱ部「ロシアの中のシベリア──『シベリア先住民』の成立とシベリア固有文化」
第Ⅲ部「アジアとしてのシベリア──シベリア先住民：多様な文化空間」

以下、各論考やコラムについてごく簡単にその内容を解説しておきたい。

第Ⅰ部「シベリアという地域」は、「宇宙のような」シベリア（飯島論文による）というこの広漠たる地域についてのいくつかの側面からの概説である。

飯島論文と高倉氏のコラム（気候変動とシベリア）では、シベリアの自然環境について、永久凍土や植生等の特徴的な現象を過去の地理的諸条件から説明するとともに、現在の環境変動とその住民への影響について解説する。加藤論文は、考古学の立場から、酷寒の地シベリアへの人類の進出・移住、そこでの陸上や海洋への自然環境への適応、民族集団の形成、といった諸点を整理し、さらに北太平洋地域における海洋適応等を含めた形で解説してくれる。江畑論文はシベリア先住民を中心とした民族文化の多様な状況を言語の歴史的分類と類型的分類の双方から分かりやすく論じている。これらの諸言語が消滅する危機にある状況にも言及がなされる。さらに鍛治氏のコラムは、サハ共和国に居住するエヴェン（エウェン）人の置かれた言語的状況について述べている。

第Ⅱ部「ロシアの中のシベリア――『シベリア先住民』の成立とシベリア固有文化」は、シベリア先住民を中心にして展開される固有文化が、ロシアという近代国家との関係性の上に成り立ってきたという側面を中心に、いくつかの見地から専門的な解説が加えられてる。

まず吉田論文はシベリアの「先住民」のカテゴリーと名称についての歴史的経緯や変遷について概説する。その後、シベリアにおいて展開した思想的潮流シベリア地方主義に着目し、その中では取り上げられることが少ない「女性問題」について論じた渡邊論文、ロシア人と先住民の中間的存在ともいえるシベリアの古参ロシア人サブグループという特殊な住民集団（「シベリア人」）について述べる伊賀上論文が続く。さらに、佐々木論文は、シベリア先住民における織物文化の多様性と織機や織りの技法の周辺世界との関係性について図像を多用して解説する。森田氏のコラムは、シベリアにおける特異なポーランド人コミュニティについて紹介してくれている。

第Ⅲ部「アジアとしてのシベリア――シベリア先住民：多様な文化空間」は、本論集の中心的ともいえるシベリアの立ち位置――アジアにおけるシベリア――にふさわしい諸論考を集めている。

第1章（シベリア先住民とは？）には言語文化と音楽文化を中心に、シベリア先住民世界を広く説明する論考を集めている。

まず山下論文では、シベリアとその周辺世界に広範に分布・居住するテュルク系諸民族を取り上げ、シベリアのテュルク系民族につき概説的に解説する。言語学の立場からは、松本論文がシベリアの二大言語グループと言えるツングースとサモエードについて、それらの民族接触の可能性について言語学的に分析している。小野氏のコラムは、北東アジア地域に展開する古アジア諸語という言語グループについての概説である。

音楽の分野でアジアの中のシベリアという視点を概説してくれているのが、直川論文である。自身音楽家・民族楽器奏者でもある筆者が、喉歌と口琴というシベリア―内陸アジアに特徴的にみられる音楽事象に関し、それらの地域間や周辺世界との文化的連続性を中心に解説する。また荏原論文は、サハ人と我が国のアイヌ人との間の口琴演奏をめぐる最近の交流の実態や成果を詳細にわたり語っている。

次の第2章（シベリア先住民の現在・未来）では、シベリア先住民の現代文化の実態を詳細に伝える論考を収めている。シベリア先住民の生業として知られる漁撈やトナカイ牧畜に関して、大石論文（西シベリアのハンティ人コミュニティにおける漁撈を中心とする生業活動やその生産物の交換の実態を詳説）や中田氏のコラム（各地のトナカイ牧畜の概説）は現地調査に基づく実態をもとにした論考である。藤代論文はドルガン人の文学者・詩人とその作品を通して伝えられる先住民文化世界について概説するとともに、自民族語で文学作品を著すことの意義について述べ、丹菊論文はサハリンの先住民の中でもニヴフ人を中心にして伝統文化復興について様々な活動が展開していること、そしてその潮流の変化について具体的に解説する。最後の永山論文は、カムチャッカ半島に居住する先住民の複雑な文化的状況について論じるとともに、住民へのインタヴューに基づいて先住民文化継承・復興という課題の重要性について語ってくれる。

本特集号は、上述したような昨今の多様な学問領域を多少ともまとめるような融合型研究の潮流の延長上の成果といえる。しかし、本書はロシアの進出以前、アジアの周辺世界と密接に関係性を有しつつ展開してきたシベリアの先住民文化とその変容に焦点が当てられる。近代国家成立の中でそれぞれの民族の立ち位置を外部から規定される一方で、先住民と呼ばれることになった人々がかかる現実に柔軟に適応しつつ、自文化世界を長期間にわたり構築・維持してきたという文化的社会的実態をみつめようとしてきた本邦の慧眼な研究者により、本論集が出来上がった、ともいえる。我が国の周辺世界をも含め、強い関係性を持ち続けてきたアジア地域の周辺世界との歴史的・文化的関係性という枠組みを意識して、シベリアという地域において展開してきた多様で豊かな先住民文化を現代的コンテクストと最新の学術的成果をもとに捉えなおした、地域の真髄に迫った論集になっているのではないだろうか。

とはいえ、本論集が広漠たるシベリアを捉えるには余りにも矮小にして断片的であることは編者自身自覚しているところである。本書が若手の皆様の目に留まり、今後のシベリア研究の進展に資する契機となれば編者の喜びとするところである。

最後になりましたが、御多忙な中、本企画の趣旨に賛同して下さり、執筆頂いた各執筆陣の研究者の方々に対して、厚く御礼申し上げます。

＊　＊　＊

本論集の各論考においては、各々の執筆者の研究上の立場もあり、民族名称や固有名詞等を中心に必ずしも用語の統一は行わなかった。この点はご了解願いたい。なおシベリア先住民を中心にロシアの法令に基づき民族名称やその人口等の内訳について本書一〇ページに掲載した「ロシア北方シベリア極東先住少数民族一覧表」を参照ありたい。

平成三十年十一月

主な居住地	言語系統	母語保持率（%）（2010年）	母語備考****
ヤマル・ネネツ自治管区、ネネツ自治管区、クラスノヤルスク地方	ウラル語族	45	
サハ共和国、クラスノヤルスク地方、ハバロフスク地方	ツングース語族	11	
ハンティ・マンシ自治管区、ヤマル・ネネツ自治管区	ウラル語族	29	
サハ共和国、マガダン州、カムチャッカ地方	ツングース語族	22	
チュコトカ自治管区、カムチャッカ地方、サハ共和国	古アジア諸語チュクチ・カムチャッカ語族	29	
ケメロヴォ州	チュルク語族	20	
ハンティ・マンシ自治管区	ウラル語族	7	
ハバロフスク地方	ツングース語族	7	
カムチャッカ地方、マガダン州	古アジア諸語チュクチ・カムチャッカ語族	18	
クラスノヤルスク地方	チュルク語族	12	
カレリヤ共和国	ウラル語族	40	
サハリン州、ハバロフスク地方	古アジア諸語	4	
アルタイ共和国	チュルク語族	95	アルタイ語
ヤマル・ネネツ自治管区、トムスク州	ウラル語族	26	
ブリヤート共和国	チュルク語族	92	ブリヤート語
カムチャッカ地方	古アジア諸語チュクチ・カムチャツカ語族******	2	
アルタイ地方、アルタイ共和国	チュルク語族	18	
ハバロフスク地方	ツングース語族	5	
ケメロヴォ州	チュルク語族	36	
アルタイ共和国	チュルク語族	11	
カムチャッカ地方	スラブ語族	100	
トゥバ共和国	チュルク語族	99	
ムルマンスク州	ウラル語族	17	
チュコトカ自治管区	古アジア諸語エスキモー・アリュート語族	26	
サハ共和国	古アジア諸語	19	
沿海地方、ハバロフスク地方	ツングース語族	5	

ロシア連邦北方・シベリア・極東先住少数民族*（2011年現在：40民族．2010年人口順）＋シベリア地域共和国構成民族（5民族）

	先住民名称※1	旧称・別称**	人口（人）（2002年）	人口（人）（2010年）	対2002年の2010年の人口比（%）
1	ネネツ	サモエード、ユラク、ユラク・サモエード	41302	44640	108
2	エヴェンキ	エウェンキー、エウェンキ、エベンキ	35527	37843	107
3	ハンティ	オスチャーク	28678	30943	108
4	エヴェン	エウェン、エベン、ラムート	19071	22383	117
5	チュクチ	ルオラウェトラン、ルオラベトラン、チュクチャ	15767	15908	101
6	ショル		13975	12888	92
7	マンシ	ボグル、ヴォグル	11432	12269	107
8	ナーナイ	ゴリド、ゴルディ	12160	12003	99
9	コリヤーク	コリャーク、ヌムラン	8743	7953	91
10	ドルガン		7261	7885	109
11	〔ヴェプス〕*****		8240	5936	72
12	ニヴフ	ニブフ、ニブヒ、ニクブン、ギリヤーク	5162	4652	90
13	テレンギット		2399	3712	155
14	セリクープ	オスチャーク・サモエード	4249	3649	86
15	ソヨト		2769	3608	130
16	イテリメン	イテルメン、カムチャダール	3180	3193	100
17	クマンジン		3114	2892	93
18	ウリチ	ウルチャ、オルチャ	2913	2765	95
19	テレウト		2650	2643	100
20	トゥバラル		1565	1965	126
21	カムチャダール		2293	1927	84
22	トジュ・トゥバ	トージャ・トゥバ	4442	1858	42
23	〔サーミ〕*****	サーメ、ロッパリ、ラップ	1991	1771	89
24	エスキモー	シベリア・エスキモー、アジア・エスキモー、シベリア・ユピック	1750	1738	99%
25	ユカギール		1509	1603	106
26	ウデヘ	ウデゲ	1657	1496	90

クラスノヤルスク地方	デネ・エニセイ語族	16	
アルタイ共和国	チュルク語族	24	
チュコトカ自治管区	古アジア諸語	6	チュクチ語
クラスノヤルスク地方	ウラル語族	11	
イルクーツク州	チュルク語族	11	
ハバロフスク地方	ツングース語族	1	
ハバロフスク地方	ツングース語族	4	
カムチャッカ地方	古アジア諸語エスキモー・アリュート語族	4	
トムスク州、クラスノヤルスク地方	チュルク語族	5	
サハリン州	ツングース語族	3	
沿海地方	シナ・チベット語族	4	
クラスノヤルスク地方	ウラル語族	16	
チュコトカ自治管区、カムチャッカ地方	古アジア諸語チュクチ・カムチャッカ語族		
カムチャッカ地方	古アジア諸語チュクチ・カムチャッカ語族		

アルタイ共和国	チュルク語族	71	
ハカス共和国	チュルク語族	61	
トゥバ共和国	チュルク語族	97	
ブリヤート共和国	モンゴル語族	43	
サハ共和国（ヤクーチヤ）	チュルク語族	94	

27	ケット	ケート、ケト、エニセイ・オスチャーク	1494	1219	82
28	チェルカン		855	1181	138
29	チュヴァン		1087	1002	92
30	ガナサン	ヌガナサン、タウギ・サモエード	834	862	103
31	トファ	トファラル、カラガス	837	762	91
32	オロチ		686	596	87
33	ネギダール	ネギダル	567	513	90
34	アリュート	アレウト	540	482	89
35	チュリム		656	355	54
36	ウイルタ	オロッコ	346	295	85
37	ターズ		276	274	99
38	エネツ	エニセイ・サモエード	237	227	96
39	ケレック	ケレキ、ケレク	8	4	50
40	アリュートル	ヌムラン、コリヤーク	12	0	0
	ロシア連邦北方・シベリア・極東先住少数民族人口計*		252234	257895	102
41	アルタイ※2		66478	73733	111
42	ハカス※2		74470	72061	97
43	トゥバ※2	トゥヴァ、トワー、トワ、トバ	241199	262010	109
44	ブリヤート※2	ブリャート	438961	454862	104
45	サハ※2	ヤクート	439529	474471	108
	シベリア在住ロシア人***		33239700	32483137	98
	シベリア人口***		35284271	39685228	112

※1：ロシア先住民法による分類をもとに吉田作成。民族呼称は原語(ロシア語)をもとに慣用の邦語を採用し、旧称、別称を併記した(協力：小野・江畑・丹菊・永山)。

*ロシア連邦政令N536-r(2006年4月17日付;2010年、2011年一部修正)に基づく数字〔ヴェプスとサーミ以外の38民族はシベリアに居住〕。本表とは別に「ロシア連邦先住少数民族」(47民族)というカテゴリーがある(本書第2部吉田論文参照)。後者においては、本表の38民族にナガイバク(タタール語系の民族で西シベリア南部のチェリャビンスク州に居住)を加えた39民族がシベリア地域の居住民である(いずれもロシア連邦全体の数値)。

** 本書の各々の論考では民族呼称を統一していないので、これらの名称が使用されていることがある。また、既刊の文献中で使われている主な旧称および別称をあげる。

*** ウラル、シベリア、極東の各連邦管区の総計。

**** 自民族語以外を主要母語とする場合に記載。

***** ヴェプスとサーミは居住地がシベリア以外。

****** 孤立語説あり。

※2：41〜45の共和国構成民族の人口は脚注***と同様シベリア地域在住者の合計。

シベリアの自然環境――地理的背景とその変化

飯島慈裕

いいじま・よしひろ――三重大学大学院生物資源学研究科准教授。専門は自然地理学、寒冷圏陸域の環境変動研究。主な著書・論文に「寒冷圏陸域の気候・環境変動」（共編著、『気象研究ノート』第二三〇号、日本気象学会、二〇一四年）などがある。

シベリアの大地には、何億年もの地球史的な時間で作りあげられてきた地形の上に、永久凍土、北方林（タイガ）、北極海にそそぐ大河川といった広大な自然環境が成立している。しかし、現在進行しつつある気候・環境変化はシベリアの森と水と氷のありかたをダイナミックに変えつつあり、その連鎖はまさに足元から進みつつある。

はじめに

『Siberia is not a land, it is universe.』

これは二〇一六年春に来日したロシア連邦トムスク大学の生物気候景観（Bioclimland）研究センター長である、Sergey Kirpotin教授の講演で、その冒頭に示された言葉である。印象に強く残ったこの言葉は、我々が想起する「シベリア」、そのユーラシア大陸北部に果てしなく横たわる茫洋とした世界そのもの、そしてこの地域をとらえる切り口はあまりにも多様であることを端的に示している。

この果てしない宇宙のような「シベリア」の実像にどのように迫るべきか、その糸口として、シベリアの自然地理的環境に焦点をあてて、その地形の発達史から永久凍土、北方林、大河川のありようを俯瞰し、直面する環境変化を押さえることから始めてみよう。

一、古大陸としてのシベリア

シベリアは、ウラル（Ural）山脈を分水嶺とした以東の北

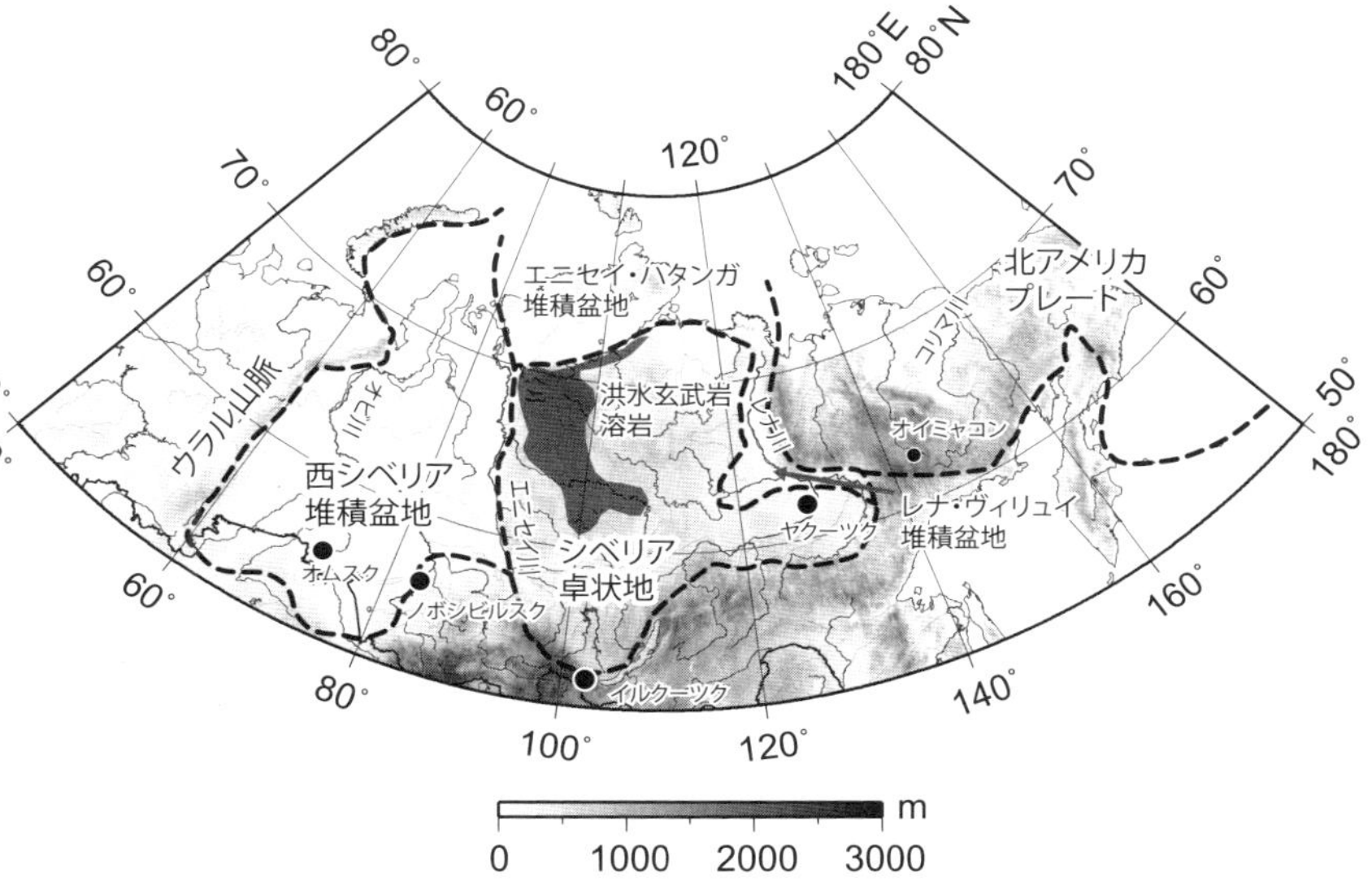

図1　シベリアの大地形と河川の位置

ユーラシア地域という認識が一般的であろう。確かに、シベリアの範囲を太平洋岸までいたる東側全体とすることも多いが、自然地理的な視点に立てば、東は太平洋側の分水嶺までを指すのが適切である。該当する地域は、北極海にそそぐ大河川流域であり、南部の分水嶺はカザフスタン、モンゴル、アムール川流域と接している。その面積は約一三〇〇万平方キロメートルに達し、この大陸規模の分水嶺内に、様々な気象・地象の舞台となるシベリアを特徴付ける景観が広がっている。

シベリアのあまりにも広大な地形・景観の成り立ちを理解するには、地球史的な視点が不可欠である（**図1**）。そもそもシベリアは約五億年前から存在している地球上に残る最も古い地殻（安定陸塊）の一つであるシベリア大陸（シベリア・クラトン Siberian craton）が母体となっている。地塊を構成する基盤は、始生代〜原生代初期（三十〜二十億年前）に形成された結晶質の変成岩や火成岩からなり、エニセイ（Yenisei）川からレナ（Lena）川の流域に相当する東半分は、この安定陸塊が現在の大地形を示す卓状地（その後の堆積物がのった平坦な地域）の基盤をなしている。[1] シベリア大陸は、石炭紀からペルム紀（約三億年前）にバルティカ小大陸（東ヨーロッパ・クラトン：現在西側に接する）との衝突が起こり、約三億〜二億五〇〇〇万年前に隆起が進んだ。いわゆる古期造山帯にできたのが、地球上の最も古い山脈の一つであるウラル山脈である。この大陸の根幹をなす地塊が現在にいたるまで存在していることが、シベリアの平坦かつ広大な姿につながっている。

シベリアの大地では、さらに劇的な変化が起きている。現在の中央シベリア高原を形作っている巨大火成岩岩石区（LIP: Large igneous province）としてよく知られている、洪水玄武岩（シベリア・トラップ Siberian trap）の形成である。二億五一〇〇万年前の古生代（ペルム紀）と中生代（三畳紀）の境目（P-T境界）に、マントルプルーム（マントルの大規模な上昇流）がシベリア大陸を貫いて約二〇〇万年間も続いたとされる(2)超巨大火山活動は、地球上で起きた過去六億年でも最大のもので、地球上の生物種の大量絶滅を引き起こした要因の一つでもある。噴出した溶岩・凝灰岩・層灰岩層はウラル山脈の東部からレナ川東部まで、北緯五十〜七十五度、東経六十〜一三〇度にわたる範囲に広がっている。

シベリア・トラップ形成の後、現在の西シベリア（エニセイ川西部とオビ（Ob）川流域）にあたる地域では、大陸地殻が沈み込む動きに加え、周囲の流域から大量の陸源堆積物が流入・堆積したことで、基盤岩の大規模な沈降が始まった。この沈降は、三畳紀からジュラ紀にかけて大きく進行し、古第三紀・漸新世（約三〇〇〇万年前）ごろまで続いていたと考えられている。これが今日の地球上で最大の面積をもつ平坦な低地である、西シベリア低地の形成につながっている。堆積物の厚さは最大約八〜一二キロメートルに達し、その面積は約二五〇万平方キロメートルに及ぶ(3)。ちなみに、三畳紀（二億五〇〇〇万年前）当時、シベリアは超大陸パンゲアの一部として南北（東シベリアが高緯度側）に向いており、その後ローラシア大陸（ジュラ紀）、ユーラシア大陸（白亜紀）と超大陸が分裂移動しながら、現在の北半球高緯度へと移動していったと考えられている。

一方、シベリア卓状地の北東端は、現在のレナ川が流れる位置にあたり、北側（エニセイ・ハタンガ堆積低地 Yenisei-Khatanga trough）と東側（レナ・ビリュイ堆積低地 Lena-Viluy trough）に緩やかに傾斜した沈降地形をなしている。東端では、ジュラ紀から白亜紀にかけて現在の北アメリカプレートにつながる地塊が衝突し(4)、現在のベルホヤンスク（Verkhoyansk）山脈、チェルスキー（Chersky）山脈と連なる山岳地形が隆起形成されたと考えられている。地殻変動を受けて刻まれた谷は、ヤナ（Yana）川、インディギルカ（Indigirka）川、コリマ（Kolyma）川といった北極海に注ぐ河川流域となっている。

シベリアの地質構造と大地形の発達史は、現在のシベリアの天然資源分布にも直接的な関係がある。西シベリア低地の巨大な沈降・堆積地帯は、世界最大級の石油・天然ガスの賦存地域となっている。また、主要な炭田も、西シベリア低地およびシベリア卓状地の縁辺部の堆積地帯に対応して分布している。長期に侵食を受けたウラル山脈は、豊富な鉱物資源が地表付近に露出する。また、シベリア・トラップ内の急速なマグマの上昇域では、ミールヌイ（Mirny）、ウダチヌイ（Udachny）地域を代表としてダイヤモンドが産出するキンバーライトのパイプ構造を作り出している。

二、永久凍土の成り立ち

時代は一気に下り、第四紀（二六〇万年前～）に入ると、地球の寒冷化が顕著になる。これは地球全体の大陸の位置とも関係して、南北両半球に大規模な氷床が形成されはじめたことと関係している。第四紀は周期的な氷床の拡大、すなわち氷期・間氷期のサイクルによる気候・環境変動で特徴づけられ、現在はその間氷期（完新世：約一万一七〇〇年前～）の温暖期に相当している。シベリアでも、この期間に我々が現在目にする景観を構成する地形、地表面状態が作られていった。

その最たる特徴が、永久凍土（permafrost）の形成である。

永久凍土とは、二年以上摂氏〇度以下に凍結した状態の土壌・地盤を指す。いたるところの地下に永久凍土が分布している地域を連続的永久凍土帯といい、シベリアは現在地球に存在する連続的永久凍土帯の分布中心域となっている。シベリアの永久凍土の分布は東西に非対称であり、レナ川・コリマ川流域の東シベリアからベーリング海峡・太平洋岸までいたる東側では、分布南限がモンゴル北部・中国東北部（北緯五十～五十五度付近）まで達しているのに対し、エニセイ川以西ではその分布南限は北上し、ウラル山脈北部と北極海岸沿いの北緯六十六度（北極圏）以北に限られるようになる。この非対称な永久凍土分布は、第四紀中の氷期の氷床拡大の歴史に対応している。

第四紀・更新世初期（三十五～三十万年前）以降には、世界的に四回の氷期が出現している。この期間にユーラシア大陸では北極海沿岸と山岳域で、氷床・氷河が拡大した。スカンジナビアと北米大陸を中心とした大規模な氷床の発達に対して、シベリアでは顕著な氷床の発達はなかったと考えられている。それでも更新世の氷床拡大期には、西シベリア低地、レナ川～コリマ川流域の北極海沿岸から現在の北極海の陸棚地域まで達する氷床が覆い、ベルホヤンスク山脈、チェルスキー山脈では山岳氷河が発達した。[5] 氷河に覆われていないシベリア内陸部の植生は現在のツンドラと同様な植生・景観であったと考えられており、東シベリアではツンドラと森林の境界域はレナ川南限域まで南下していた。この氷河に覆われていない地域では大地が直接強い冷却にさらされ、地下深くまでの永久凍土層の形成が進んだのである。シベリア・トラップの台地が今も残る、サハ共和国北西部のアナバル(Anabar)台地ではもっとも深い永久凍土層が確認されており、

図2　東シベリアにみられるアイスウェッジ(セルダッハ地域)

その深さは約一五〇〇メートルに達するといわれている。[6] 連続永久凍土帯の最大の都市である、レナ川中流域のヤクーツクにおいても、永久凍土層は四〇〇～五〇〇メートルの深さに達する。

ツンドラと水域の景観が広がる大地では、氷期中の強烈な地面の冷却とともに、地表が凍結収縮する際に地面が割れ、そこに氷が楔状に発達するアイスウェッジ(ice wedge 氷《ひょう》楔《せつ》)が形成された(**図2**)。現在でも北極海沿岸のツンドラ地域では、アイスウェッジの発達する地表面が分布しており、それは上から見ると、多角形に割れた模様が延々と続く凍土が作る独特の景観である。また、氷期を経た長期間に永久凍土層の発達とともに形成された厚い地下氷層をエドマ(Yedoma)層と呼ぶ。最新の推定によれば、現存する北極全体のエドマ層(地下氷の厚さが五〇メートル以上の層)は六二・五万平方キロメートルに達し、その約七〇パーセントがシベリア域に分布している(**図3**)。[7] なかでも東シベリアは現在の北方林帯地下にも含氷率の高いエドマ層が分布する、特徴的な地域である。なぜこの地域までエドマ層が拡大できたのか? それは、東シベリアでも氷期に氷河・氷床はその面積を拡大し、ちょうど北向きに流れるレナ川をせき止める状況となったことに起因する。そして、レナ川中流域(中央

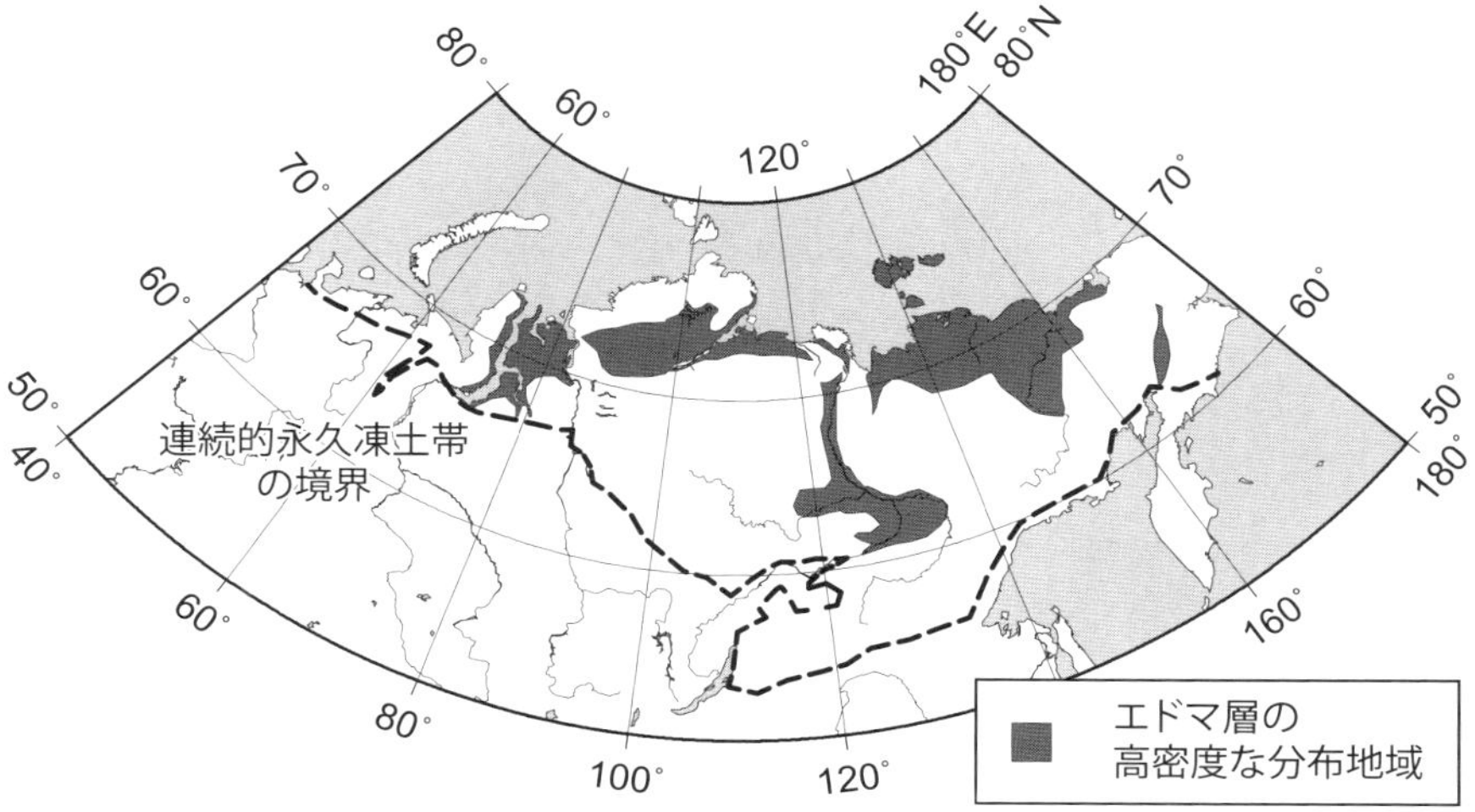

図3　シベリアの連続的永久凍土分布境界とエドマ層の分布（Straussほか（7）による）

ヤクーチア central Yakutia）の低地で水域が形成・拡大して、これが広域の地下氷になったと考えられている。東シベリアでは、最終氷期に六万〜三万七〇〇〇年前のズィリャンカ亜氷期（Zyryanka glaciation）と、二万六〇〇〇年〜一万四〇〇〇年のサルタン亜氷期（Sartan glaciation）の二回の氷河・氷床の拡大時期があり、この期間にツンドラ・水域の景観となっていたレナ川中流域に、幅一〇メートル、深さ四〇〜六〇メートルに達するアイスウェッジが形成された。その中心的な地域は、現在のレナ川とその支流のアルダン（Aldan）川に挟まれた河岸段丘を構成している台地上に広がっている。

永久凍土帯では、過去からの凍結融解の履歴が地表面環境に様々に現れている。連続永久凍土地帯においても、夏には日射や気温上昇によって地表面付近が融解していく。現世では夏の終わりまでにシベリアの主なツンドラ域では三〇〜五〇センチメートル、北方林帯では一メートル程度の深さが〇度以上となる。この融解する地表面（おもに土壌）層を活動層（active layer）と呼ぶ。冬季の凍結膨張と夏季の融解沈下など、表面の土壌は膨張収縮を繰り返し受けることで、内部構造が様々な変形を受け、褶曲を受けたような土壌断面を呈する構造となる。クリオタベーション（cryoturbation）と呼ばれるこのプロセスによって、一見平坦に見える地域であっても、永久凍土地域の地表面は動き続けているのである。

永久凍土地帯のもう一つの大きな特徴として、無数の小規模な湖沼の分布を伴うことがあげられる。地下に氷を含む永久凍土層が温暖な気候条件で深部まで融解を受けると、融解した地下氷の水が流出・蒸発し、凹地状に陥没する地形が形成される。この現象をサーモカルスト（thermokarst）という。その凹地は一旦水で充填され、サーモカルスト湖が形成される。長い時間を経ると、凹地はさらに沈降・拡大を続けながら湖は蒸発し、草原の中に浅い湖が広がる凹地形がその最終形態として形成される。レナ川中流域の北方林帯に無数に形成されたこの地形を、現地に住むサハ・ヤクート人はアラス（alas）と呼んでいる。レナ川中流域（中央ヤクーチア）には、およそ一万六〇〇〇個ものアラスが分布し、伝統的な牛馬牧畜に重要な飼料となる草原となっている。現存する多くのアラスは、最終氷期後の、今から一万年〜六〇〇〇年前の完新世の最温暖期（ヒプシサーマル期）に形成が開始されたと考えられている。(8)

三、東西にコントラストをなす北方林

シベリアの代名詞となる重要な景観といえば、果てしなく続く北方林（ロシア語ではtaiga タイガ、英語ではboreal forest）であろう。ロシア連邦の森林面積は八一五万平方キロメートル（二〇一五年時点）で地球上の森林の約二〇パーセントにあたる。(9)高緯度の寒冷地域に分布する森林であるため、樹冠を構成する樹種の約七〇パーセントが亜寒帯針葉樹で占められており、世界の約半分の針葉樹林はロシアに存在するといわれている。シベリアの北方林はその樹種構成から東西に二つに分けられる。この境界はエニセイ川右岸を南北に切るように広がっており、それはちょうど連続的永久凍土帯の分布に沿うかのようである。東側には落葉針葉樹であるカラマツ林（主に*Larix Cajanderi*種・*Larix Gmelinii*種：ダフリアカラマツ、*Larix Sibirica*種：シベリアカラマツ）が優占し、ユーラシア全体でみても東の北方林を特徴付けている（**図4**右）。カラマツ林の分布域は、日本人研究者にも一九五〇年代には知られており、生態学者の吉良龍夫は、その時代にして、シベリアの気候の寒冷・乾燥度合いと地下の永久凍土の存在が組み合わさることによって、カラマツ林地帯が東シベリアからつづく北東ユーラシアの極相となっていることを看破している。(10)

永久凍土は、いわば地表面に近い不透水層の役割を果たしており、年間の降水量がわずか二〇〇〜三〇〇ミリメートル程度しかない内陸地においても地表に水をとどめることで、植物の生長に効率的な環境を作り出している。しかし、冬季

図4　東シベリアのカラマツ林（右）と、西シベリアのアカマツ林（左）（左：Otto Habeck教授提供）

の厳しい寒さと、春の融雪でほぼ湛水してしまうような悪条件に適応できる種はわずかであり、その条件に耐性のあるカラマツが分布を拡大できたのである。

カラマツ林の中に入ると、林内の見通しの良さと明るさが印象的である。地表にはコケモモや矮性化した低木などのカーペット状の林床植生が優占しており、単純な二層構造になっている。また、樹冠を構成するカラマツの成熟木の間隔は広く、日差しが地表面まで入ってくる。しかし実際のところでは、空いた地上とは裏腹に、地下部では生長範囲を争う激しい競争が繰り広げられているのである。わずか一メートル程度しか融解しない永久凍土上の土壌のため、根を横に伸ばし、広い面積を覆うことで水や養分を確保しているのがカラマツの生活型であり、シベリアのカラマツは、地上部（幹・枝）と地下部（根）のバイオマス割合が一対一に近い。[11] 熱帯林〜冷温帯林〜非凍土帯の北方林までのほとんどの森林の成熟木では、地上部は根のバイオマスの五〜十五倍はあることを考えると、厳しい地表の気候環境と、永久凍土上の浅い活動層からなる土壌を巧みに生き抜く分布戦略をとっている様子がわかる。

東シベリアの北方林生態系を土壌まで含んで見た場合、その生態系内に貯留されている有機炭素の約五〇〜八〇パーセントが土壌有機炭素として貯留されている。これらの地域は極端な大陸性の気候であり、夏季には乾燥にともなう炭酸塩形態の無機炭素も土壌中に集積されている。ヤクーツク周辺の植生別の生態系炭素量の推計結果によれば、カラマツ林の寄与が全体の四五パーセントに達し、二次林に相当するシラカバ林や、凍土融解にともなうサーモカルストに起因する草地、湿地の寄与はそれぞれ一〇パーセント程度である。[12] 先述のクリオタベーションの効果もあり、凍土の凍結融解によって維管束植物やコケの枯死が積み重なった土壌表層の有機物層が、無機質土壌内に撹乱的に土壌深部に取り込まれる**（図**

図5　東シベリアのカラマツ林と、その直下にみられるクリオタベーション（乱れた層）の発達した土壌断面

5）。そのため、永久凍土層の無機質土壌中にも多くの有機炭素が含まれている。

一方、西シベリアに移るにつれて、北方林には常緑針葉樹が多く混じりはじめる（**図4**左）。その主な樹種は、シベリアトウヒ（*Picea obovata*）を優占種として、シベリアモミ（*Abies sibirica*）、ヨーロッパアカマツ（*Pinus sylvestris*）の類である。常緑樹に覆われた地表面は暗く、地面に一面にコケが生えているほかは、下生えが極めて少ない湿った林床となっている。先に述べた東西シベリアの地形・地質の大規模なコントラストの通り、西シベリアは平坦な低地が広がるため、北方林は沼沢地と混在することになる。むしろ沼沢地の微高地に森林が島状に分布するともいえる。

例えば、オビ川では河口から一一六〇キロメートル遡った支流のイルティシ（Irtysh）川との合流点においても標高はわずか四〇メートルであり、傾斜が極めて緩く水はけの悪い低地が大規模に広がる。連続的永久凍土帯とは別の要因で、地表面は湿地となっており、その結果、北方林とともに分布する広大な湿地には厚く泥炭層が発達している。西シベリアの泥炭層の面積は約九〇万平方キロメートル、厚さは平均すると約二・五メートルに達すると推定されている。[13]

四、北極向きの大河川流域

シベリアは、その地を流れる水がほぼ北極海に向かう、北を向いた大地である。シベリアの三大河川である、オビ川、エニセイ川、レナ川から北極海に流れ込む河川水（淡水）の流量は、環北極陸域の河川からの全流量の約六割を占める。二〇〇〇〜二〇一〇年の推定によれば、北極海全体にもたらされる淡水の起源は、北極海上の降水（実際には降水と蒸発量との差の正味の量）が二三パーセント（二二〇〇立方キロメートル）、周囲の海峡からの流入量が二八パーセント（二六四〇立方キロメートル）に対して、河川流量は四五パーセント（四二〇〇立方キロメートル）の寄与となる。[14] すなわち、シベリア河川は北極海にもたらされる水の約三割を担っており、河川水の変動は北極域の気候と海洋環境に大きな影響を与える因子となっている。

シベリアの河川の流れ方には、興味深い特徴がある。まず、冬の厳しい寒さによって、河川は冬の間にほぼ全面的に凍結する。河川氷の厚さは例えばレナ川では一メートル以上に達するため、耐重性が強まり、冬季の間は一〇トントラックですら通行可能な重要な交通路となる。[15] 冬季に氷の下を流れる水量は年間でも最低となるが、これらの水は、上流部すなわち南部の山岳地域由来の水が多く、東シベリアの河川では、一部永久凍土層の間や下から流れる地下水である。たとえば、ベルホヤンスク山脈山中のオイミャコン（Oymyakon）周辺を流れるインディギルカ川には、連続的永久凍土帯にも関わらず冬季でも凍結しない水が出る場所がある。これは、造山帯の地殻変動による基盤岩の断層や節理に沿って流れ出す永久凍土層より深い地下水が水源と考えられている。また、レナ川中流域のヤクーツク地域には、右岸（東岸）に沿って湧水群が分布する。これらの湧水は、河岸段丘上の湖沼とつながった、凍土層内に部分的に存在する未凍結層（タリク talik）に沿って湧き出しており、六十年以上の時間をかけてゆっくりと流れ出した地下水と考えられている。[16] これらの地下水には一部、永久凍土層の地下氷由来の水も含まれていることが、水の安定同位体や化学分析から推測されている。

シベリアの多くの河川は、北極海に向けて流れるため、冬から春にかけて、河川氷の融解が上流にあたる南部から生じていく。レナ川の場合、四月〜五月にかけて、氷が融解して砕けながらまだ凍結している下流に流されていくため、河川流路の途中で氷が詰まって、それが原因で洪水が起きることがある。この洪水をアイスジャム洪水（ice jam flood）と呼ぶ。流氷の移動速度は速い場合は一日に一〇〇キロメートルを超えることもあり、氷が押し寄せて堆積し、水があふれる場所がどこに発生するかは予測が難しい。[17] いったんアイスジャムが発生すると一日のうちに川幅が一気に広がり、周囲の氾濫原は水没する。さらに河川氷の融解、流出と重なり合うように陸上の雪解けも進むため、河川流量が劇的に増える。春（五～六月）に河口付近で極端な流量の極大をもつのが、シベリア河川に共通する特徴である（図6）。

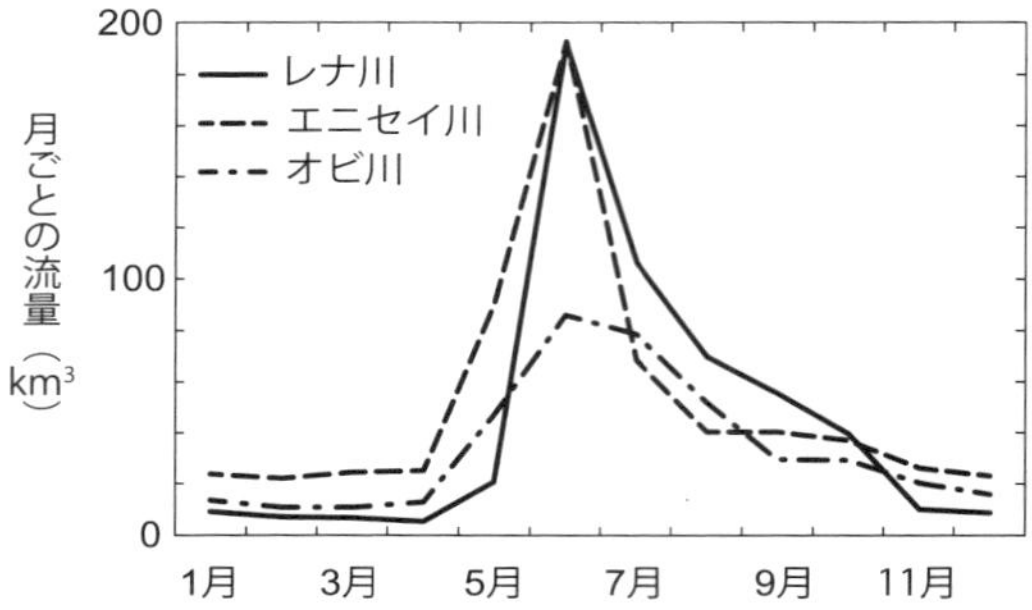

図6　シベリア河川の流量の年変化（1990～1999年の平均、Arctic RIMSによる）

五、現世の気候・環境変動とその影響

シベリアの自然環境を語る上で、その気候条件、特にユーラシア大陸の寒極といわれる冬季の厳しい寒さを欠かすことはできない。この飛びぬけた寒さは、冬季に全域を覆うシベリア高気圧の発達と関係している。シベリア高気圧は、冬季のユーラシアの地表面の冷却とともに冷やされ重くなった空気が堆積・維持されて発達する背の低い（地上から二〇〇〇メートルほど）高気圧である。ユーラシア大陸南部に東西に横たわるヒマラヤ・チベット山塊の存在が、寒気の南下を防ぎ、安定した冷気の堆積によるシベリア高気圧の発達・維持に重要な役割を果たしている。高気圧の平均的な中心はバイカル湖からモンゴルにかけての内陸地域にあることが多く、時計回りの気流を生み出すため、高気圧の北東域では北極からの寒気を引き込むことになる。[18] ベルホヤンスク山脈のインディギルカ川流域の谷に位置するオイミャコンが一九二六年一月に最低気温マイナス七一・二度を記録したことでも知られるように、北極からの寒気と、谷地形に形成・堆積する冷気が組み合わさるため、北東シベリア域が最低気温の極にあたる。シベリア全域では、およそ最寒月（一月）の平均気温でマイナス一五度以下の範囲に入る（図7上）。

一方、夏季の気温は大陸性気候と、日中の長さが支配的であり、最暖月（七月）の平均気温は、シベリア全域でほぼ一五～二〇度の東西に一様な分布を示す（図7下）。ただし、高緯度でありながら日最高気温がしばしば三〇度を超える高温が記録される。五月下旬から七月にかけては、乾燥・高温の頻度が高くなり、一週間程度持続する熱波となる事例も多い。例えば、二〇一二年は高温の異常年であり、西シベリアでは、

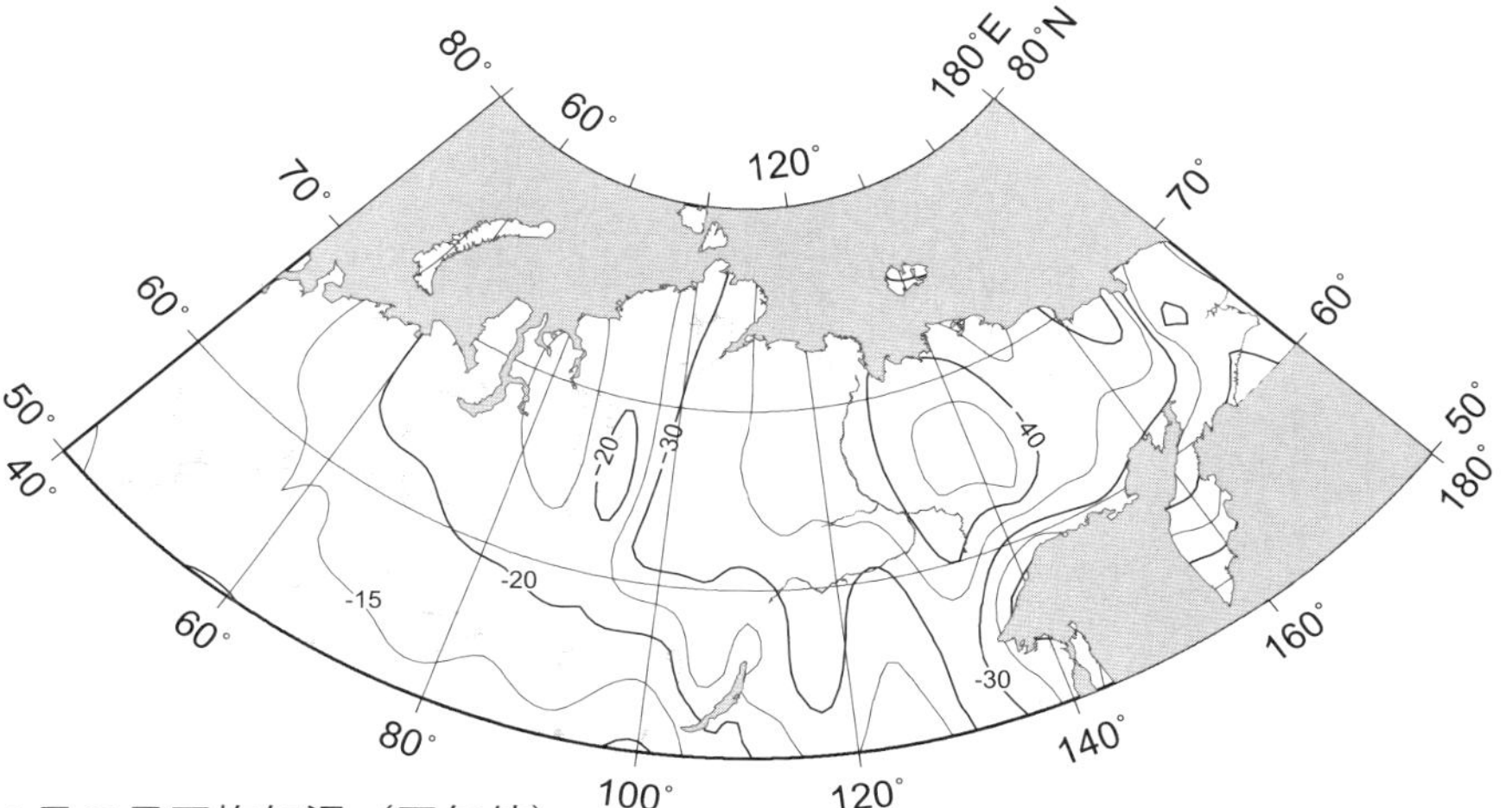

1月の月平均気温（平年値）

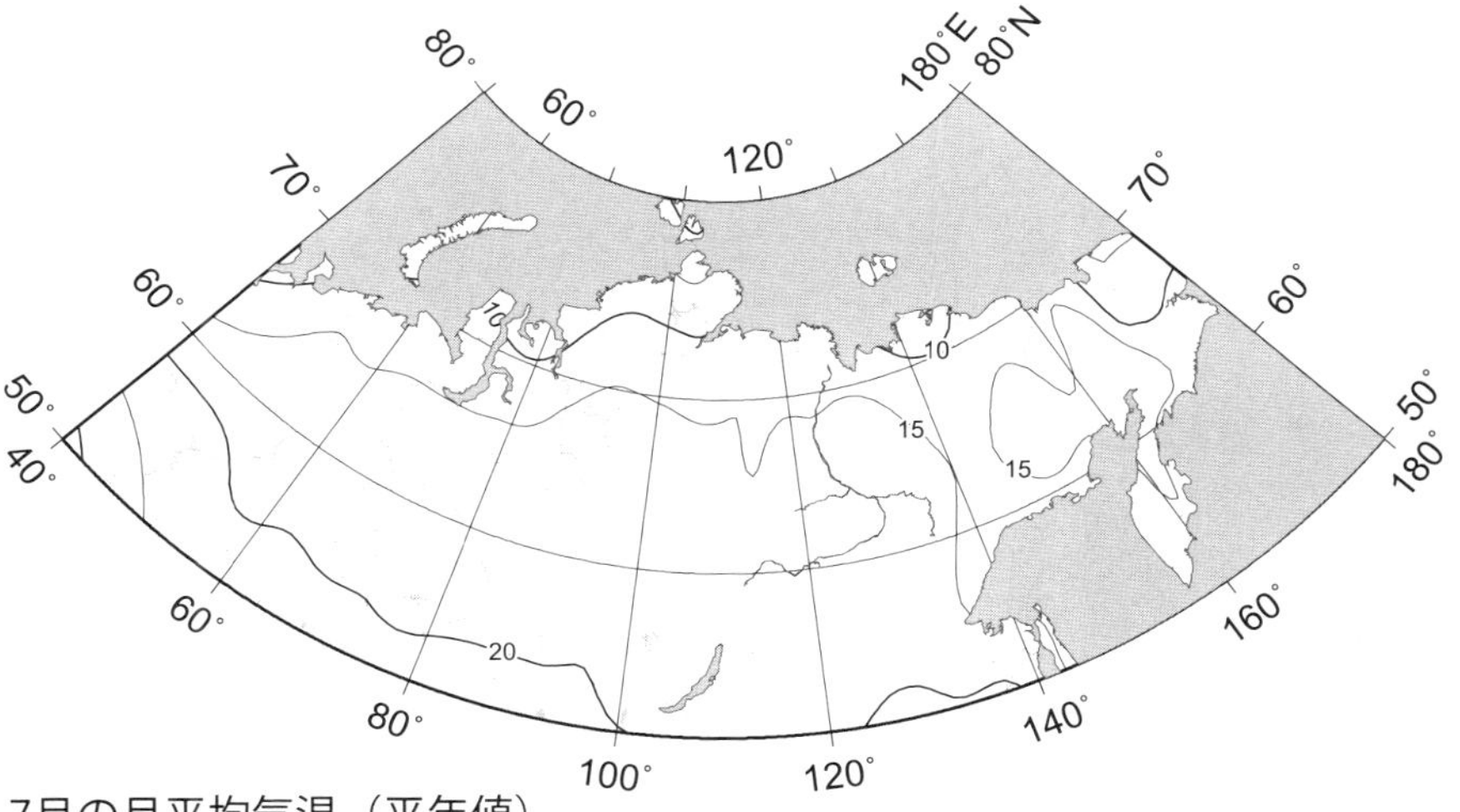

7月の月平均気温（平年値）

図7　1月と7月の月平均気温の分布（1981～2010年の平均、気象庁による）

平年値からの偏差が五〜一〇度以上に達した領域がひろがり、五〜七月にかけて厳しい暑さが持続した。

シベリアの降水量は、東西に傾度をもつが概して少なく、西シベリア低地のオビ川、エニセイ川流域で年間四〇〇〜六〇〇ミリメートル、東シベリアのレナ川流域では二〇〇〜四〇〇ミリメートルに過ぎない。水蒸気の起源は、近年は海氷が減りつつある北極海からの影響も考えられているが、その多くは大西洋・地中海からヨーロッパを経て何度も降水・蒸発散を繰り返したリサイクルされた水である。(19) 東シベリアでは、太平洋・オホーツク海起源の水蒸気が東部の分水嶺で多くは降水となるため、内陸部まで入りにくい。また、北東部も、ベルホヤンスク山脈の障壁があるため、コリマ川流域からレナ川流域にいたるまで、北極海方面からの水蒸気輸送が漸減することになる。冬季の積雪は、北方林地域では、平均的には約四〇〜六〇センチメートル程度、ツンドラ域では強風による消耗や再堆積で正しい観測値が得られにくいが、一〇〜三〇センチメートル程度である。積雪期間は北方林帯で十月〜翌四月の七ヶ月程度、北極圏・ツンドラ帯で九月下旬〜翌六月上旬の八〜九ヶ月程度となる。雪解けは南部から急速に北上して、六月中には山岳域や北極海沿岸域などの一部を残してほぼ全域で消雪となる。

これらの気温、降水量、積雪期間の季節進行、乾燥・湿潤の地域的なコントラストは年々変動が大きく、かつ近年の北極周辺の気候変化の影響を強く受けつつある。北極域は全球平均よりも三倍程度の強さで温暖化が進行していると考えられており、その南に広がる雪氷圏の一大地域であるシベリアも例外ではない。東シベリアでは一九九〇年代に温暖化のシフトが起きたと考えられており、ヤクーツクでは、過去三十年間（一九八一〜二〇一〇年）の年平均気温の上昇率は、＋〇・八度／十年に達している。(20)

こうした気候変化の傾向が見え出した一九九〇年代当初は、温暖化と乾燥化が進行し、大規模な森林火災が発生しやすくなることで、シベリアの自然環境を大きく変えていくと考えられていた。実際、シベリア全域にわたる焼失面積が一〇万平方キロメートルを超える大規模な森林火災は一九九八年、二〇〇二年に発生している。(21) 温度上昇と乾燥に起因する森林火災頻度の増加は、被災後の回復の遅れや、永久凍土層の融解などが組み合わさることで、地表面の乾燥化がさらに進み、生態系の荒廃、さらには蓄積されてきた炭素の大気への放出などへと連鎖する懸念から、世界的にも注目されている。

その一方で、二十一世紀に入ると、気候変化の別の側面として一見奇妙な気象・地象がシベリア各地で報告されはじめ

図8　東シベリアでのサーモカルストの発達（ユケチ地域：1993年・2008年）

た。シベリアの気候は、年間でみると温暖化傾向があるにもかかわらず、二〇〇〇年代に入って冬季に極端な寒気がたびたび襲う事例がある。WACS偏差（Warm–Arctic Cold–Siberian anomaly）と呼ばれるこの気候パターンは、[22] 北極海の夏季から初冬にかけての海氷面積が年々急激に減少していることに同調した、冬のシベリア高気圧の北への張り出しと関係している。北極由来のより強い寒気がシベリアの南部（北緯五十〜六十度の領域）にまで南下しやすいパターンをつくり出す、大陸規模の現象となっている。

　また、北極での低気圧の強化や経路の変化も注目されている。二〇〇五年〜二〇〇八年にかけては、北極海のシベリア沿岸で発達する低気圧の影響で、シベリア全域で夏から冬にかけての降水量が多くなった。夏季後半の雨は、北方林やツンドラ帯の植物の蒸散が弱まった時期に降るため、土壌に多く浸透するほか、河川流出も増加する。また、冬の雪の量も増えることになるため、溜まった土壌水分や雪は翌年まで持ち越され、さらに地表面が湿潤な状態が持続することになる。このような連続した湿潤状況がなんと四年以上、特にレナ川流域で継続した。[23] 加えて、二十世紀中は「夏に雨が多い年は、夏が寒い年」であるのが通常の関係であったが、最近二十年間（一九九〇年代〜二〇一〇年代）では、「夏に雨が多く、かつ暑い年」というこれまでにない気候状態となっていることも注目される。気候の温暖化＋湿潤化は、地温の上昇（雨の浸透による土壌の熱環境の変化と多雪による断熱効果による）、土壌水分の増加という土壌の熱・水環境の変化を通じて、シベリアの永久凍土帯に、多年にまたがる環境変化を引き起こしている。レナ川中流域では、土壌は排水がすすまず長期にわたり湛水し、カラマツ林が根からダメージを受けて枯死する地域が現れたほか、凍土融解による沈降地形としてのサーモカルスト湖、アラスの水域もいたるところで拡大した（**図8**）。

今後これ以上の温暖化の進行は、シベリアに何をもたらすであろうか。いくつか例示した永久凍土の融解に代表される様々な環境の「荒廃」現象がその懸念の最大のものである。しかし、ここで注意したいのは、「永久凍土の融解」の意味である。先述のとおり、シベリアの連続的永久凍土帯の永久凍土層の深さは依然一〇〇メートル以上ある地域が多く、中には一〇〇〇メートルを超える地域が広がっている。この永久凍土層が完全に融解するためには、数万年～数十万年の時間が必要と考えられており、その意味からは、第四紀は地球史的にはシベリアに永久凍土が安定的に存在可能な寒冷環境が維持されてきた気候時代ともいえる。その時代の中で、厳密な意味で我々が近未来として意識すべき現象は、「地表面付近の永久凍土層」の融解、または「活動層の深化」といえる。[24] これ自体は地表からわずか数メートルで起きるものであるが、その影響は実に広範に及ぶことが顕在化しつつある。西シベリア北部のヤマル半島では、二〇一四年六月に、ツンドラの大地に突如として直径八〇メートル、深さ一〇〇メートルの穴が出現した。ロシアの研究者の調査結果によれば、地下にメタンガスが蓄積しているところで、永久凍土の広がる地表面は、ちょうど硬い蓋の役割を果たしていた。二〇一二年夏のような、例年にない夏季の気温上昇で深くまで活動層が融解したことで、その蓋が外れるように地下のガスが噴出し、異様な光景が現れたと解釈されている。[25] この事例にとどまらず、サーモカルストによる地形沈降や、北方林の湿潤枯死、河川流出の季節変化の変調など、一連の現象は、完新世の自然環境変動に人為影響が加わった人新世（Anthropocene）とも言われる現世において、森と水と氷が静かに保たれた大地であったシベリアが、まさに目覚めるかのごとく様々な環境変化のホットスポットになりつつあることを実感させる。地形変化をともなう自然環境の変化は、間氷期（温暖期）の時間スケールでは不可逆的であり、広大に、安定して存在しているように思われてきたシベリアの北方林やツンドラの自然景観も、その存立がまさに足元から脅かされている、といえるのかもしれない。

注

（1）中島啓史「東シベリアの石油資源ポテンシャル」（『石油技術協会誌』第七〇巻第二号、二〇〇五年）一三二―一四一頁。

（2）Andy Saunders and Marc Reichow, "The Siberian Traps and the End-Permian mass extinction: a critical review", Chinese Science Bulletin 54 (1), 2009, pp.20-37.

（3）Yulia Vibe et al., "Anomalous subsidence history of theWest Siberian Basin as an indicator for episodes of mantle induced dynamic topography", Gondwana Research 53, 2018, pp.99-109.

（4） N.I. Filatova and V.E. Khain, “Development of the Verkhoyansk-Kolyma orogenic system as a result of interaction of adjacent continental and oceanic plates”, Geotectonics 42（4）, 2008, pp.18-48.
（5） Martin Jakobsson et al., “Arctic Ocean glacial history”, Quaternary Science Reviews 92, 2014, pp.40-67.
（6） G. M. Feldman et al., Textbook for soil temperature regime prognosis in Yakutia, Yakutsk: USSR Academy of Sciences Siberian Branch Permafrost Institute, 1988, p.240.（In Russian）
（7） Jens Strauss et al., “Deep Yedoma permafrost: A synthesis of depositional characteristics and carbon vulnerability”, Earth-Science Reviews 172, 2017, pp.75-86.
（8） Fumitaka Katamura et al., “Charcoal records from thermokarst deposits in central Yakutia, eastern Siberia: Implications for forest fire history and thermokarst development”, Quaternary Research, 71, 2009, pp.36-40.
（9） FAO, Global Forest Resources Assessment 2015 How are the world’s forests changing? Second edition, Rome: FAO, 2016, p.46.
（10） 吉良竜夫「落葉針葉樹林——大興安嶺の森林について」（『生態学からみた自然』河出文庫、一九八三年）一六二—一八八頁。
（11） Akira Osawa et al.（eds.）, Ecological Studies 209: Permafrost Ecosystems, Siberian Larch Forests, New York: Springer, 2010, p.502.
（12） Matthias B. Siewert et al., “Comparing carbon storage of Siberian tundra and taiga permafrost ecosystems at very high spatial resolution”, Journal of Geophysical Research: Biogeosciences 120, 2015, pp. 1973-1994.
（13） K.V. Kremenetski, “Peatland of the Western Siberian lowlands: current knowledge on zonation, carbon content and Late Quaternary history”, Quaternary Science Review 22, 2003, pp.703-723.
（14） Thomas W.N. Haine et al., “Arctic freshwater export: Status, mechanisms, and prospects” Global and Planetary Change 125, 2015, pp.13-35.
（15） 奥村誠ほか「ロシア連邦サハ共和国の冬道路と地球温暖化の影響」（『運輸政策研究』第一四巻第三号、二〇一一年）一六—二三頁。
（16） 檜山哲哉「名水を訪ねて（98）東シベリアの名水——ヤクーツク地域の水」（『地下水学会誌』第五四巻第三号、二〇一二年）一七一—一八一頁。
（17） 高倉浩樹「アイスジャム洪水は災害なのか？——レナ川中流域のサハ人社会における河川水に関する在来知と適応の特質」（『東北アジア研究』第一七号、二〇一三年）一〇九—一三八頁。
（18） 高谷康太郎・中村尚「シベリア高気圧の活動とその長周期の変動について」（『低温科学』第六五巻、二〇〇七年）三一—四二頁。
（19） Xiangdong Zhang et al., “Enhanced poleward moisture transport and amplified northern high-latitude wetting trend”, Nature Climate Change 3, 2013, pp.47-51.
（20） A.N. Fedorov et al., “Recent air temperature changes in the permafrost landscapes of northeastern Eurasia”, Polar Science 8, 2014, pp.114-128.
（21） Amber J. Soja et al., “Estimating fire emissions and disparities in boreal Siberia（1998–2002）”, Journal of Geophysical Research 109, 2004, D14S06.
（22） Jun Inoue et al., “The role of Barents sea ice in the wintertime cyclone track and emergence of a warm-Arctic cold-Siberian

anomaly", Journal of Climate 25, 2012, pp.2561-2568.

(23) Yoshihiro Iijima et al., "Enhancement of Arctic storm activity in relation to permafrost degradation in eastern Siberia", International Journal of Climatology 36, 2016, pp.4265-4275.

(24) 石川守「気候変動と永久凍土——全球規模での永久凍土観測による知見」(『気象研究ノート第二三〇号　北半球寒冷圏陸域の気候・環境変動』)二一四—二三四頁。

(25) Alexander Kizyakov et al., "Comparison of gas emission crater geomorphodynamics on Yamal and Gydan Peninsulas (Russia), based on repeat very-high-resolution stereopairs", Remote Sensing 9 (10), 2017, 1023.

◎コラム◎

気候変動とシベリア

――永久凍土と文化の相互作用からわかること

高倉浩樹

たかくら・ひろき――東北大学東北アジア研究センター教授。同大学院環境科学研究科（兼任）。専門は社会人類学。主な著書に『極北の牧畜民サハ』（昭和堂、二〇一二年）、『総合人類学としてのヒト学』（編著、NHK出版、二〇一八年）などがある。

　近年、世界は永久凍土に大きな関心を抱いている。ＩＰＣＣ（気候変動に関する政府間パネル）第五次評価報告書によれば、地球温暖化に関連して世界各地の永久凍土が融解することで人類に影響があると警告している。というのも凍土の氷の中に多くの二酸化炭素とメタンが含まれており、融解により地表に放出され、温暖化が加速するからである。一方、我々は永久凍土が存在している社会で、融解が何をもたらすのか知ることも必要である。日本のゲリラ豪雨のような局所現象をグローバルな事象と連動させて理解することが必要であると同様に、地球大とローカルの連動的理解が必要だからである。

　日本から三〇〇〇キロメートルほど北上した東シベリアのレナ川中流域が今回の焦点である。ここは北方林生態系が卓越しているが、しかし降水量は極めて少ない。草原生態系の典型であるモンゴルと同じ二四〇ミリメートルである。一般に森林が形成されるには年間三〇〇ミリメートルの降水量が必要とされる。なぜ森林が発達するのか？　その理由は永久凍土にある。凍土は貯氷しており、これが夏の一時に融解することで、森林形成に必要な水分を降水に加えて供給するのである。

　この地域で永久凍土は森林だけでなく、アラースとよばれる湖を含む凹地状の草原地形（サーモカルストの陥没による現象、本書の飯島論文参考）も作り出す。このアラース地形は完新世初期六〇〇〇年前頃に形成されたことがわかっている。約一万年前に全球規模では氷河期から暖かい完新世に移行し、当然、この地域の永久凍土の一部も融解した。しかし様々な条件が理由となり凍土融解による地盤沈下＝陥没が発生し、現在のアラース地形が出現した。ちなみにこの窪地は大きいものだと直径数キロにも及ぶ。森林のなか

写真1　サハ人集落にみられる越冬用の干し草と家畜牛

にパッチ状に無数のアラースが広がっており、その数は一万六〇〇〇個にもなる。

森・湖・草原という生態系を利用して、地域住民であるサハ人は伝統的な牛馬牧畜をしながら、夏と冬の家をもち、その間を移動する移牧という生活様式を編み出した。アラースの草を刈り取り、越冬する家畜に与え、一方森林のなかで狩猟や漁労を副次的に組み合わせた生業を確立したからである。

ＩＰＣＣ第五次評価報告書は温暖化で地表面に近い活動層の融解が増加すると指摘している。永久凍土は地下深くで凍結し続けている部分と、地表面で夏期に融解し、冬期には凍結するというサイクルを繰り返す活動層がある。この活動層が森林発達に寄与するのだ。花壇には毎日水をあげる必要があるように、通常、我々は植物が育つには当該植物が生育しているその時点での水分が必要だと考える。しかし永久凍土では植物が利用する水は、過去の遺産も含まれる。氷河時代の氷期から現在まで蓄積した凍結水も、現在の植物が利用している。現在われわれの眼前に広がる森林は地球の歴史の賜なのだ。

レナ川中流域の右岸部は特にアラースが発達している場所だが、そこは永久凍土つまり水を含んだ土壌に混じって巨大な楔形状の氷の塊（氷楔）が存在する場所である。凍土は水分を含んだ土壌が凍った状態であり、その氷が融ければ土壌体積は減少する。数メートルにも及ぶ氷の塊が融けることは、地面を支えていた巨大な固体が無くなることである。それは土壌崩落を発生させる。

我々の研究チームはサハ共和国チュラプチャ町で文理融合の学際的調査を続けている。この町はソ連時代に都市開発が行われた。チュラプチャはソ連以前も地域住民は暮らしていたが、小さな村に過ぎなかった。都市化の過程で居住空間が足りなくなり、周囲の森林を伐採し、多くの集合住宅・道路・空港などのインフラ整備が進んだ。

二十世紀までは特に問題が無かったらしい。しかし二十一世紀に入ってからこの町で多くの土壌崩落が発生している。土壌崩落といっても日本で見られる山地滑りとは様相が違う。元々平坦だった地面に、周囲が窪んだ模様が広がる、多数のポリゴン（多角形状地形）が発生している。家は傾き、畑は使えなくなる。へこんだ箇所は氷楔があったわけだ。

写真2　凍土融解のポリゴンが広がる草原（サハ共和国チュラプチャ、提供：飯島慈裕）

興味深いのは土壌崩落が発生しているのは特定の箇所なことである。端的にいえば、ソ連時代に森林を伐採した開発した住宅地や畑・空港敷地で問題なのだ。サハ人が伝統的に暮らしてきたアラースでは何も起きていない。なぜならアラースは約六〇〇〇年前にそうした土壌崩落がゆっくりとした時間をかけて発生し、氷楔がとけた水は草原のなかの湖となったからである。そこは現在の温暖化でも地形が安定している。

以上から学べることは何か？　端的にいえば人類の社会は自然のなかで存続していることである。ただしその自然は今そこにある自然の恵みとは限らない。過去に形成された自然事象が現在の生態系と資源をつくっているかもしれない。自然と文化の相互作用は即時的なものではなく、過去と現在が出合うことも意味しており、それは同時に現代と未来の関係も含むということである。われわれが現在生きる空間は地球の自然史と人間の文化史に係わる多数の時間が交差する場なのだ。地球環境問題を理解するのに必要な視座はそうしたものではないだろうか。

人類史におけるシベリアとその意義
――移住と適応の歴史

加藤博文

シベリアには、中緯度地域の文明史とは異なる歴史世界がある。第三の人類デニソワ人、極地への初期人類の進出、世界最古の土器の出現、海洋適応、民族集団の形成と、掘り出される歴史資料は、地球という多様な環境に暮らす私たちの「もう一つの人類史」を示してくれる。シベリアには人類文化の多様性を解く鍵がある。

かとう・ひろふみ――北海道大学アイヌ・先住民研究センター教授、日本シベリア学会会長。専門は先住民考古学。主な著書に『いま学ぶ アイヌ民族の歴史』（共編、山川出版社、二〇一八年）、『先住民族の遺骨返還――海外における先住民考古学としての取り組み』（先住民考古学シリーズ第1集、北海道大学アイヌ・先住民研究センター、二〇一八年）、The Ainu and Japanese Archaeology: A change of perspective, *Japanese Journal of Archaeology*, Vol.4 No.2, 2018: 185-190. などがある。

はじめに

シベリアに対するイメージは、ユーラシア大陸の北半を占める寒く凍てついた大地というものであろうか。この「寒く凍てついた大地」という響きからは、人々が暮らす場所として適さない場所、または厳しい生活環境というニュアンスが感じられる。

しかし、最近の研究によれば、必ずしもシベリアが人類にとって適応し難い障壁であったとは言えない証拠が次々に示されている。熱帯環境のアフリカから旅立った人類がシベリアへ進出したのは、かなり古くまで遡る。我々ホモ・サピエンス（現生人類）が出現する以前の五十万年前から三十万年前には、すでにシベリアの大地に人類の足跡が記されていた(Derevyanko 2015)。[1]

その後もいくつもの時代を超えてシベリアの広大な大地は、人類集団が往来してきた。人類史の舞台で重要な役割を果たしたシベリアではあるが、その役割に比して、文明史や世界史といった文脈において言及されることは少ない。本論では、シベリアという大地が人類史において果たした役割について、

①北方高緯度環境への人類集団の進出と移住、②環境への適応行動、そして③民族集団の形成という三つの観点から事例を取り上げる。シベリアというフィールドが提起する、中緯度地域で展開された文明史とは異なる、もう一つの人類史の世界に目を向けたい。

一、シベリア、そして北極圏への人類の進出

先に触れたようにシベリアへの人類の進出は、はるか五十万年前から三十万年前に遡る。最初にシベリアに到達した人類集団については、現段階でも化石人骨が確認されておらず確定できていない。しかし、遺跡から出土した石器や遺跡の年代から見てホモ・エレクタスであった可能性が高い(Dereyanko 2015)。その後時代が下ると、シベリアの大地に西からホモ・ネアンデルターレンシス(ネアンデルタール人)の集団が移動してくる。これとほぼ時期を同じくして、我々の直接の祖先であるホモ・サピエンスもシベリアへと生活領域を拡大させている(Kato 2013)。最近では、アルタイ山地の北緯五一度に位置するデニソワ洞窟から見つかったヒトの骨から、第三の人類とも呼ばれるデニソワ人の古代DNAが見つかった(Krause et al. 2010)。人類進化史の議論においてシベリアは、異なる人類集団が交錯する重要な研究フィールドの一つであり、世界中の研究者の注目を集める空間となっている。

一体どのような魅力が先史時代の人類をシベリアの大地に引き寄せたのであろうか。その理由を確認する前に、まずシベリアの地理的特徴を確認しておきたい。

シベリアは、ウラル山脈を西の境界とし、広義の東端は太平洋となる。シベリアの西側から中央部にかけての地形的な特徴は、大きく分けて南側の北緯五十度前後に山脈や高原地帯があり、その北側に広がる広い平野部、そして南から北へと北極海に向かい大河川が流路を開析するという点にある。ヨーロッパとアジアを分かつウラル山脈を超えると、そこから東には広大な西シベリア低地が広がる。この西シベリア低地を南から北へ大きく蛇行して全長五六七〇キロメートルのオビ川が流れる。西シベリア低地の東には、中央シベリア高原が広がる。西シベリア低地と中央シベリア高原の間を流れるのは、全長五五三九キロメートルを測り南から北へ向かうエニセイ川である。中央シベリア高原の南には世界最深の湖であるバイカル湖が位置し、その北にはバイカル山脈がそびえる。全長四四〇〇キロメートルを測るレナ川は、バイカル山脈に源を発して、北へと流路を向けて北極海へと注いでい

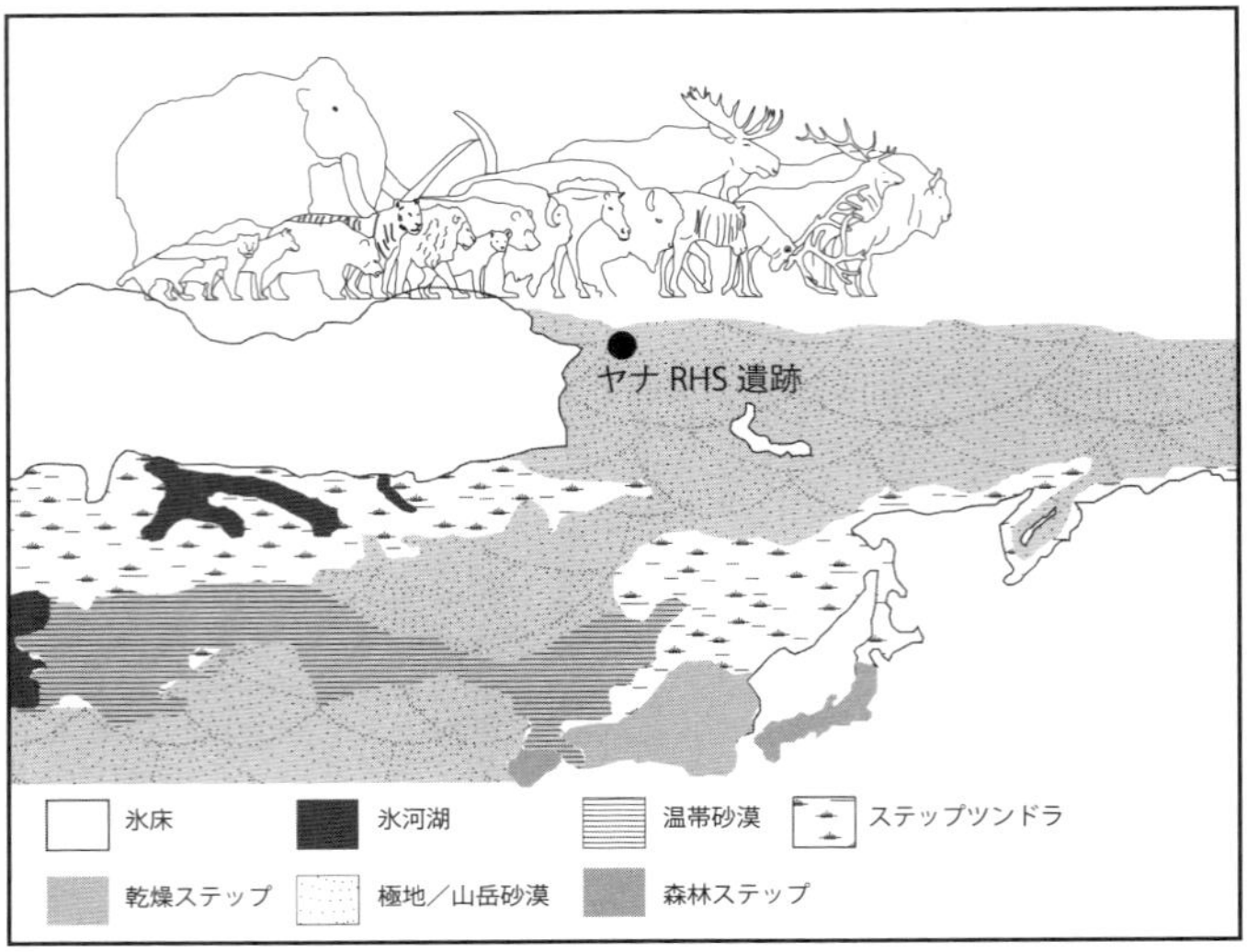

図1　最終氷期の古環境とマンモス動物群

る。

一方で太平洋沿岸では、シホテアリニ山脈やスタノボイ山脈を迂回しながら全長四三六八キロメートルを測るアムール川が西から東へと流路を向け、太平洋へと注いでいる。

現在の植生を見ると、西シベリアの南では、黒海やカスピ海の北から内陸アジア及びモンゴル高原にかけてステップ地帯が広がっている。その北側にはタイガの深い森林地帯が横たわり、北極圏のツンドラ景観へと連続する。

人類がシベリアに進出した最終間氷期から最終氷期にかけての時期には、ステップ景観が今よりも広がっていた（**図1**）。この景観に適応して生息域を広げたのがマンモス動物群である。マンモス動物群には、ケナガマンモスに加え、ケサイ、ヘラジカ、トナカイ、洞窟ライオン、ハイエナ、ジャコウウシ、ヒグマ、ナキウサギなどが含まれている。この景観と動物相に最も類似しているのは、現在のアフリカのサバンナの環境と動物相である。

乾燥し、暑い夏と凍てつく氷点下の冬という季節的な環境変化の大きさはあるものの、シベリアの豊かな生態系は、地球上で生息域を拡大させていた人類集団にとって魅力的な空間であった。一方でこれまでとは異なる新たな環境への移住には、具体的な適応行動としての寒さを防ぐための技術的な装置の開発のみではなく、自らの暮らす自然界を理解し、説明するための物語や神話など文化的な発明も必要となった。

注目されるのは、我々の直接の祖先であるホモ・サピエンスがシベリアへ進出したスピードである。生活領域を拡大させ北へ向かった人類の移住拡散は驚くほど急速である。約一二万年前後にアフリカを出た人類がオーストラリア大陸に到達したのは、約六万年前とされる（Clarkson et al. 2017）。南へ向かう一方で、北極圏への進出も同時に生じている。ヨーロッパ側の北極圏では約四万年前に（Pavlov et al 二〇〇四）、アジア側の北極圏でも約三万年前には人類集団が北緯七十度以北まで生活領域を拡大させた（Pitulko and Pavlova 2010）。

ヤナＲＨＳ遺跡は、ユーラシア大陸の北東部、北極圏に面したヤナ川河口に位置する。北緯七十一度に位置するこの遺跡からは、三万年前（Marine Isotope Stage3の段階）[2]に遡る人類の生活痕跡が見つかっている（Pitulko and Pavlova 2010）。ヤナ川によって侵食された河岸段丘からは、トナカイ、マンモス、ウマ、ケサイ、ウサギ、鳥類などの動物骨に混じり、石器や骨角器が発見された。調査者であるピトゥリコは、鳥類が捕獲されていることから人類集団が遺跡に居住した時を一年の中でも温暖な時期であったと想定している。現在明らかにされている古環境データによれば約四万二〇〇〇年前から三万六〇〇〇年前のＭＩＳ３の段階には、遺跡周辺にカラマツの森林が広がっていたことが明らかにされている。その後の三万六〇〇〇年前から三万年前の間の気候は、寒冷化と温暖化が繰り返された（Brigham-Grette et al. 2003）。

この時期の現生人類による北極圏の環境開発は、恒常的なものではなく、一時的であったという見方が支配的である。その理由の一つは、ヤナＲＨＳ遺跡に後続する遺跡が、これ以降一万六〇〇〇年前まで北極圏で確認されていないことにある。しかし、このヤナＲＨＳ遺跡における人類の居住活動が季節的に一時的なものであり、温暖な時期に集中する渡り鳥などの季節的な動物資源を目的としていたものであったとしても、人類史の大きな画期であったと言える。現在の北方狩猟採集民においても数百キロメートルを越える季節移動をともなう資源開発は広く知られている（Kelly 1995）。つまり現生人類の北極圏への進出は、この時期に広域の資源開発活動を可能とする行動様式が出現していたことを示唆していると言える。この移動領域の拡大と広域の資源開発活動は、新たな技術や文化様式の発明によって初めて成しえたものである。

二、北米大陸への移住ルート

シベリアへの人類の進出と適応の過程を明らかにすることは、その後の人類の生活空間の拡大を理解する上でも重要な課題である。今日の考古学資料に基づけば、現生人類の遺跡の分布は、アルタイ山地からモンゴル高原、そしてバイカル湖周辺と広がり、やがて太平洋沿岸や北東アジアへと広がりを見せる。この遺跡分布の時間的な変遷は、当時の人類集団の動きを反映したものである。

シベリアから周辺地域への人類集団の広がりの中でも、北米大陸への人類集団の移住の時期とそのルートを巡る議論は長い歴史があり、多くの研究者の注目を集めてきた。

ユーラシア大陸の東端であるチュコトカ半島と、北米大陸の北西端であるアラスカのハワード半島との間に位置するのがベーリング海峡である。海峡の名前は、デンマーク出身のロシア海軍士官ベーリングに由来する。しかし、最初に海峡の存在を発見したのは十七世紀のロシアの探検家デジニョフである。やがて十九世紀に入ると、地理学の発達と海底から発見されるマンモスの遺体などから、この海峡部がかつて陸地化していたことが指摘されるようになる。この二つの大陸の間に存在した陸地をベーリンジア（ベーリング地峡）と呼称したのは、スウェーデンの植物学者フルテンであった（Hultén 1937）。

ベーリング海峡部の大陸棚の大半は、現水面から水深一〇〇メートルに満たない。チュコトカ半島の先端部付近での水深は特に浅く、三〇メートル余りである。つまり、現在の水面より五〇メートルほど海水面が低下すると、チュコトカ半島とアラスカ半島との間に陸橋が出現するのである。陸地化したベーリンジアは、ステップ性の植生と豊富な動物群が生息する豊かな環境であったことが、明らかにされている（Guthrie 2001）。そしてこの環境変動が生み出した豊かな環境と豊富な動物群をもった陸橋は、シベリアの人類集団を引きつけ、北米大陸へと誘う集団の移動ルートとなったのである。

具体的に人類集団のシベリアから北米大陸への移住の時期と彼らのルーツをを考える際には、最初にシベリア側での人類集団の足跡である遺跡分布と、彼らが環境適応する中で開発した生活技術の確認が必要となる。生活技術の中でとりわけ研究者が注目してきたのは、シベリアのステップとタイガが交錯する高緯度環境での遺跡の広がりとの適応過程で発明された細石刃製作技術である。細石刃製作技術とは、幅一センチメートル、長さ数センチメートル程度の細石刃と呼ばれる小型の石器を連続的に量産する技術である。製作された細石刃は、交換式の替え刃として植刃器と呼ばれる骨製のシャフトにはめ込まれ槍先として使用される（**図2**）。

最終氷河期後半の二万年前から一万五〇〇〇年前頃には、北東アジアのレナ川流域にこの細石刃技術を装備した集団の遺跡が広がった。この石器文化の伝統をロシア考古学ではジュクタイ文化、欧米考古学ではジュクタイ・コンプレックスと呼ぶ（Мочанов 1977）。このジュクタイ・コンプレックスは、アルダン川流域の北緯五十九度に位置するジュクタイ洞窟から出土した資料を標準資料としている。同様の石器群を持つ遺跡は、レナ川中流域からオリョクマ川流域、更にアルダン川流域にかけて分布しており、この広がりは、当時の人類集団の生活領域を反映している。

ロシアとアメリカの研究者は、このジュクタイ・コンプレックスがベーリンジアを横断して、アラスカ半島側に移住した集団のルーツであると見なしてきた。しかしながら類似した技術伝統をアラスカ半島側に見いだすことができるものの、年代的には開きがあり、また直接的に対比できる資料を欠いていた。この状況を大きく打開する資料がアラスカ半島陸部で確認され、具体的な移住時期とルートが明らかになったのは、二〇〇〇年代に入ってからである。鍵を握る資料として注目されているのが、ホルムスらによってアラスカ半島中央部タナナ渓谷で発見されたスワン・ポイント遺跡出土の細石刃石器群である（Holmes and Crass 2003）。この石器群の年代は、一万四〇〇〇年前から一万二〇〇〇年の間に位置付けられている（Hirasawa and Holmes 2017）。ホルムスらは、この細石刃石器群を東ベーリンジア伝統と呼び（Holmes 2001）、ジュクタイ文化と関連づけている（Holmes and Crass 2003, Saleeby 2010）。

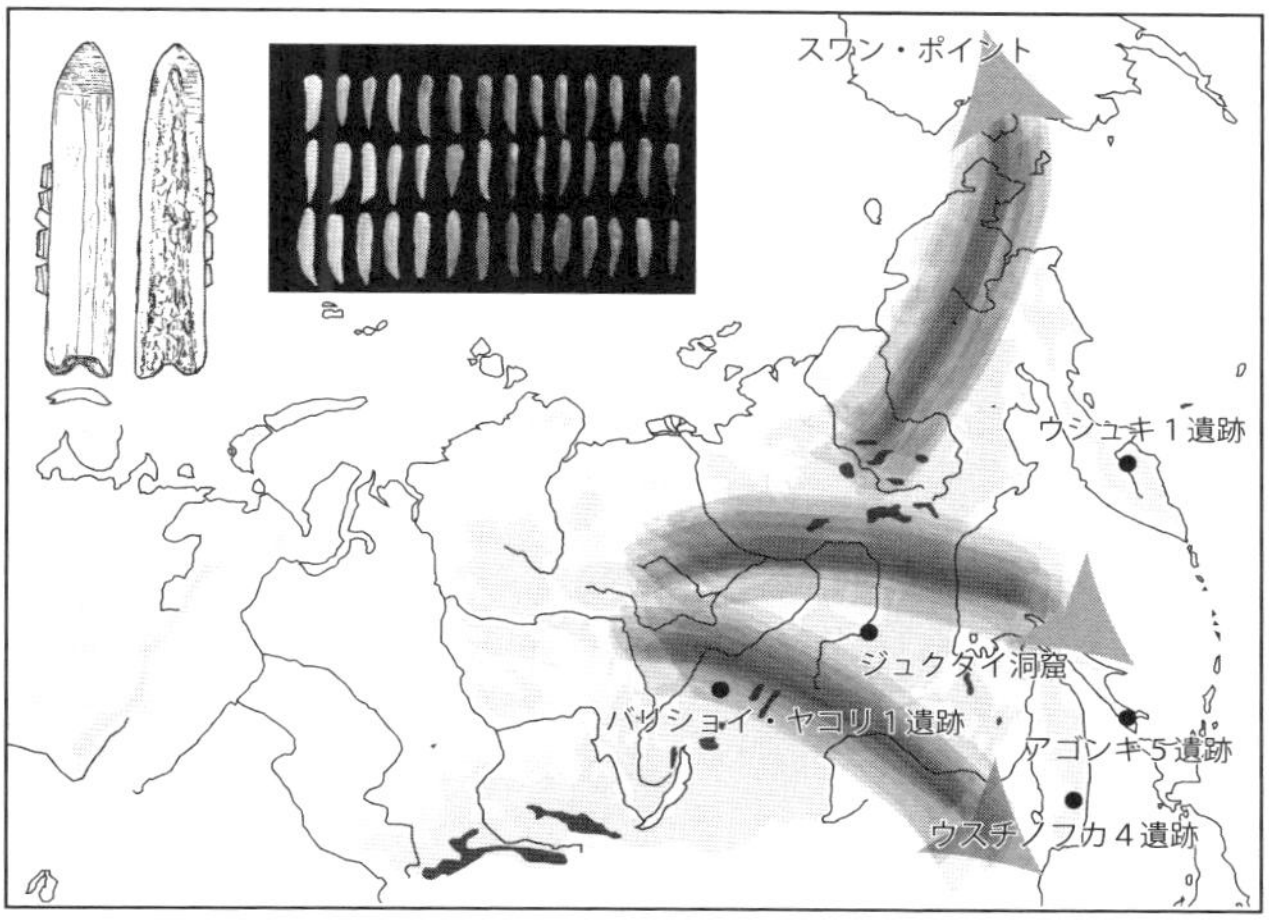

図2　植刃槍と細石刃製作技術の拡散

報告資料に基づけば、スワン・ポイント遺跡出土の資料は、ジュクタイ洞窟Ⅶ層やウスチ・ミリ二遺跡、バリショイ・ヤコリ一遺跡下層など、アルダン川からレナ川流域支流のヴィチム川流域にかけての石器群（Ineshin 2017）と技術的に同一のものである。シベリアからベーリンジアを経由して最初に北米大陸へ渡った人類集団は、細石刃製作技術と植刃槍を携えた人々であったようである（加藤二〇〇八、平澤二〇一六）。

もう一つのシベリアからの人類集団の拡散として注目されるのが、太平洋沿岸部への集団移住の動きである。シベリア内陸部において環境適応行動の一環として開発された細石刃製作技術は、ベーリンジアから北米大陸への広がりと同様に、太平洋沿岸地域に広がりを見せる。ベーリング海峡を挟んだ広がりと同様にシベリアに起源する特異な石器製作技術の広がりは、集団移住を反映したものである。

具体的な移住のルートの一つとしては、アムール川からウスリー川や松花江に沿って南へ広がるルートを想定できる。中国東北部の東北平原やロシア沿海州において細石刃製作技術を持った集団の残した遺跡が確認されており、シベリアからの集団の南下を反映している。別のルートとしては、アムール川下流域から太平洋西岸に半島状に張り出した日本列島北部へ向かうルートである。サハリン島や北海道島では、細石刃製作技術がシベリアから約二万年前には到達している。[3]カムチャトカ半島においても、同様の細石刃製作技術の遺跡がウシュキ湖沿岸でも確認されている（Dikov and Titov 1984）。当初ウシュキ遺跡群の年代は、一万七〇〇〇年前から一万六〇〇〇年前と想定されてきた。しかし、近年の新たな調査によって約一万三〇〇〇年前頃のものであることが確認された（Goeble et al. 2010）。

シベリアへ進出した人類集団は、最終氷河期を乗り越え群棲動物の移動を含む資源の季節的変動に対応した技術と行動様式、そして生活文化を開発した。こうして誕生した北方先史狩猟採集民の集団は、後氷期の環境の下で次の新たな技術革新と文化を生み出して行くことになる。

三、世界最古の土製容器の出現

西シベリアのエニセイ川上流域に位置するマイナ遺跡では、粘土を焼成して作られた人形が見つかっている（**図3**）。[4]その年代は、約一万六〇〇〇年前であり、細石刃製作技術を持った集団が作り出したものである。マイナ遺跡から出土した人形は、最終氷河期の段階ですでにシベリアに居住していた集団が粘土を加熱して焼物を製作する技術を持っていたことを示している。やがてこの粘土を焼成させて焼物を作る技術から、土製容器としての所謂「土器」が生み出される。土器の出現に限って言えば、東アジアは世界最古の土器が確認されている地域であり、土製容器開発の技術的先端地域であった。

北東アジアで最古の土器が知られている地域は、細石刃製作技術の遺跡の分布域と重なっている。このような考古学的証拠は、東アジア地域や北東アジア地域において一万年前を遡る世界最古の土製容器を生み出した集団が、シベリアから移住してきた細石刃製作技術を持った集団であったことを示唆している。

東アジアの土製容器の出現状況を概観した大貫静夫は、東アジアの最古の土器群を①東シベリアの尖底土器群、②極東の平底土器群、③中国南部の縄文丸底土器群に区分した。大貫は、これらの時の出現の背景には、異なる環境条件と生態系の影響を想定しており、①は漂泊的食料採集民の土器、②は定着的食料採集民の土器、③は農耕民の土器であるとみなした（大貫一九九二）。それぞれの地域における土製容器の使用開始は、各地域で独自に発生したと見なされている。

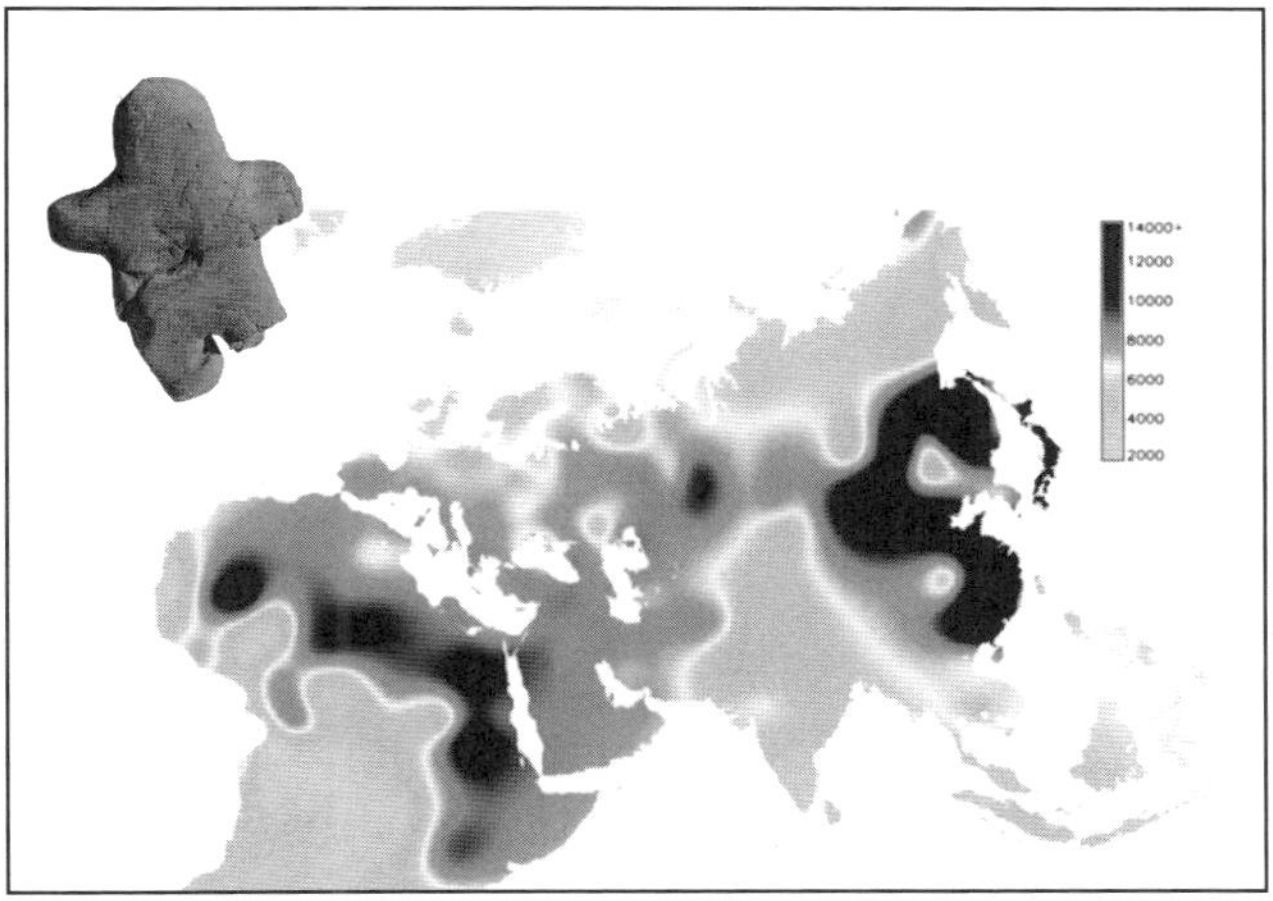

図3　マイナ遺跡出土の土偶と土器出現拡散モデル（拡散モデル図はJordan 2016, fig.3より転載）

どのような生活環境を背景にして、どのような社会文化的な必要性から土製容器が生み出されることになったのか。これまでも多くの研究者が土器の出現の背景について言及してきた。早くから北緯四十八度から五十度域の初期の土製容器の出現の背景に、定着漁労民による魚類の調理や加工処理を想定したのは加藤晋平であった（加藤一九六九）。梶原洋も民族誌を参照しながら、獣肉利用や獣骨からの脂肪抽出、ニカワの加工に加えて、サケ・マスなど魚類の調理技術の出現が土製容器を生み出したと推定している（梶原一九九八）。シベリア地域の細石刃製作技術をもつ遺跡において、魚類が副次的な食料源であったことは、かつて筆者も指摘したことがある（加藤一九九六）。最終氷河期後半にシベリアにおいて開発された資源の季節的変動に対応した適応行動の一つとして、季節的に遡上するサケ・マスを集約可能な食料資源として利用するようになった可能性はある。しかし、細石刃製作技術が生み出された背景と技術基盤の広範囲の拡散を考えるとき、遊動型の狩猟採集民の行動様式と定着的食料採集民による土製容器の製作と利用の間には直接的な関連付けは難しい。

土製容器の用途を推定する方法として近年注目されているのは、有機質残留分析である（Craig et al. 2010, 2013）。日本列島の縄文文化草創期の土器を分析して得られた有機質の同位体データからは、土製容器が内水性と海洋性の水産食料の煮炊きに使われたことを示している（Craig et al. 2013）。また同様の結果はサハリン島出土の初期の土製容器（Gibbs et al. 2017）やロシア沿海州の土製容器（Kunikita et al. 2017）からも得られている。

ここで検討が必要となるのは、漂泊的と表現されてきた季節的資源変動に適応したシベリアの先史狩猟採集民の行動様式と、土製容器を製作し、保有する行動様式との関係であり、加えて水産資源の利用という定着的な行動様式との間に生じる齟齬である。この二つの異なる行動様式のつながりをどのように理解することができるであろうか。ここで注目すべきは、遺跡から見つかる土器の出土量の時期的変化である。

日本の土器出現期から縄文文化早期にかけての遺跡からの土器出土量を調べた谷口康浩は、初期の土製容器の出土量が相対的にどの遺跡でもおしなべて少ないのに対して、縄文文化早期以降になると遺跡からの出土数が著しく増加する傾向を指摘している（谷口二〇〇五）。更に土製容器の保有数と用途の時期差から谷口は、初期の土製容器の用途について日常的な調理などは考えにくく、使用される季節が限定された「特殊な用途」を想定している。

ここで思い起こしたいのは、シベリアやヨーロッパの旧石器時代に見られた粘土を焼成して焼物を作る技術の存在である。旧石器時代には、粘土焼成の技術を土製容器ではなく、人形や動物形彫像など象徴的なものに用いていた。このような事実を踏まえると、初期の土製容器の機能についても、谷口が指摘するように、出現当初の土製容器の用途は、食料などの貯蔵や日常的な食料加工という目的は想定しにくい。むしろ遊動する動物群や渡り鳥、遡河性の魚類など自然界の季節的な資源変動や資源回帰を儀礼と結びつけた特別な場面での利用を考えた方が理解しやすい。出現期の土製容器の出土量の少なさは、そのような出現期の土製容器の特殊かつ限定的な機能を反映している。

最終氷河期から完新世への目まぐるしい気候や自然環境の変動は、約一万年前以降に比較的安定した時期へと移行する。その中で土製容器は、新たな機能と用途を得ることになるのであろう。これ以降の土製容器は、地域ごとに多様性をもち、

器形や文様など新たな機能を持った地域集団を象徴するものへと変化するのである。(5)

四、海洋狩猟採集民社会の成立

シベリアの先史社会は、約四四〇〇年前(紀元前二四〇〇年頃)を境に青銅器文化に移行する。シベリアの青銅器文化は、青銅製品を受容しているが、生活用具にはまだ多くの石器が含まれており、金石併用段階(Chalcolithic)であったと言える。やがて約二八〇〇年前(紀元前八〇〇年頃)にはシベリア南部を中心に鉄器時代へと移行する。青銅器段階に成立した定住社会は、遊牧文化の発達とともに遊動型の騎馬民族へと移行していく。

シベリア南部のステップ地帯が遊牧社会から遊牧国家へと移行するのに対して、シベリア北部のタイガ地帯から北極沿岸地域にかけては、独自の狩猟採集民社会が展開する。遊牧社会や遊牧国家と中緯度地帯に成立する帝国国家との社会経済的な相関性は、文化交流という点において多くの課題を含んでおり、東西文化の交流の観点からも興味深いものがある。しかしながら、人類文化の多様性を考えていく上では、北部のタイガ地帯や海洋沿岸地域の狩猟採集民社会の海洋資源の活用した海洋環境への適応行動の解明もまた重要である。人類進化史における海洋適応の持つ意味については、未だに十分に解明されてはいない(フィッツヒュー二〇〇六)。

シベリアの中でも日本海に面した沿海州を含む北太平洋沿岸は、沿岸域での海洋資源利用が比較的早い段階で開始された地域である。旧ソ連の考古学では、沿海州の人類集団による沿岸資源の開拓は、鉄器時代以降と推定されていた、しかし、完新世初頭の先史文化の海洋適応を示す新たな資料が提示されるにつれ、その開始が完新世初頭に遡るという理解が広がった(Yesner and Popov 2001)。沿海州地域の海洋適応を考察したイェスナーは、この完新世初頭の海洋適応の過程を古気候と海水面変動のサイクルで説明している(イェスナー二〇〇九)。イェスナーは、沿海州沿岸部での完新世初頭の海洋適応が基本的に魚類や貝類を対象とした海洋資源の利用であり、海棲哺乳類を対象とした狩猟活動は副次的と評価した。しかし、約八〇〇〇年前の気候温暖化と連動した大規模な海進時は、ボイスマン文化に代表されるような海棲哺乳類を対象とした狩猟活動の発達を誘引し、この時期に海獣猟という生業基盤の成立を生み出した。(6) そして離頭銛や逆刺を持つヤス、ウル・ナイフなどの物質文化面での新たな道具類の出現がこれを示唆していると主張する。

一方、海洋適応のプロセスを狩猟採集民の適応戦略や技術

表1　海洋適応の島嶼モデル（フィッヒュー2002より作成。）

第一段階	大陸にくらべて孤立した島の陸獣の狩猟は「捉えやすい資源」と理解され、獲物を逃がしやすい大陸側の資源よりも魅了的
第二段階	島での短期的な狩猟活動は、頻繁な集団移動を誘引し、水上交通手段を改良するだけではなく、海洋資源とりわけ海獣についての知識を増加させた。
第三段階	海獣狩猟と海洋漁撈の発達は、島嶼環境へ植民できる方法に変化を及ぼした。特に森林資源が少ない地域では革船が発達し、その原材料確保のために海獣が捕獲された。海獣狩猟（発達）は、陸獣資源が少ない、または全く存在しない島への移住を可能とした。

革新から説明を試みているのがフィッヒューである（フィッヒュー二〇〇二）。フィッヒューは、単純に内陸型の狩猟採集民社会が気候環境変動を要因に海洋適応を果たし、海洋狩猟採集民へと変化するモデルを支持しない。彼は「陸上動物を追い求めるライフスタイルから海洋狩猟採集のライフスタイルへと発展する過程」の解明を目指す（同上：五一頁）。フィッヒューの主張によれば、沿岸とは最も恵まれた生態系であり、「適切な技術さえ持てば、海岸の狩猟採集民たちは陸上の仲間たちよりももっと多様で集約された資源環境を利用することができる」という（同上：四九頁）。そして海洋適応と海洋狩猟採集民の成立を島嶼部という資源開発領域の限定された地理空間において説明するのである（表1）。

フィッヒューの「海岸適応の島嶼モデル」は、海洋適応を単なる沿岸資源の利用に止まらず、海洋資源の開発・利用に適した技術的、戦略的、社会的手段を発達させ、それに依存する段階とみなしている。海棲哺乳類の狩猟や計画的な海洋漁撈を成功させるためには、①ボートの製作技術、②潮流や海の気候、③大海での安全な操作の知識、などの戦略が不可欠であるという。そして海洋狩猟民は、内陸性、沿岸性、海洋性の資源を組合せて生活することで集約的資源利用を成立させるという。このような資源環境の多様性は、陸上の狩猟採集民と比べ居住面での安定性を導き、高い人口密度をもたらすという。

海洋適応という組織的な資源利用を改めて確認することから人類集団の地域環境への適応行動の、どのような様相が見えてくるであろうか。この問題を考える際には、フィッヒューのように内陸型狩猟採集民から海洋狩猟採集民への移行を単なる生業経済の転換や、いくつかの新たな道具類の出現のみで解釈しないという視点が重要となろう。眼前にある食料資源の利用のみであれば、それが陸上資源であろうが、海洋資源であろうが、利用することにさほどの困難が立ちはだかるとは言えない。集団の社会経済的基盤に本質的な変化がもたらされるためには、対象とする資源を戦略的に開発する必要がある。そして新たな海洋資源を開発する適応行動には、フィッヒューが指摘する「海洋交通と海洋資源を発展させるための技術的、戦略的、社会的な労働投下」（同上：五四頁）が行われる必要がある。これによって初めて、海洋適応がなされたと言える。

五、集団統合と民族形成

海洋適応は、やがて約一五〇〇年前（紀元後五世紀頃）にベーリング海沿岸からオホーツク海沿岸において離頭銛に代表される、発達した海洋狩猟採集民の文化を成立させる。これらの海洋狩猟採集民文化には、その物質文化や生活様式に共通項が見出されている一方で、成立背景にどのような気候環境の変化や生態系の変化があったのかは現状では十分に明らかにされていない（山浦二〇一五）。しかしながら、人類史レベルで見ると大きな転換期がそこに存在することは確かであり、後の民族集団の形成期を考える上でも重要な段階として位置付けられる。ここで注目したいのは、この紀元後五世紀以降の段階がシベリア各地に展開する民族集団の形成を考える際にも重要な画期となっている点である。(7)

シベリアでは、南部のステップ地帯からバイカル湖南部にかけてテュルク系の騎馬民族やモンゴル系の集団が、シベリア東部にはツングース系の集団が展開した。彼らの多くは、騎馬民族集団で、中緯度地帯の周辺国家との攻防の中でその生活領域を移動させており、生活領域は固定化したものではない。一方北極圏のタイガとツンドラの領域には、狩猟や漁労、トナカイ遊牧に経済基盤を持つサモエード系や古シベリア系の集団が生活している。

シベリア東部から沿海州では、古シベリア諸族と呼ばれる集団とツングース系集団が点在しているが、内陸シベリアとは異なり、現在ではそれぞれ独立した民族集団として区分され、民族集団的に多様性を持った地域となっている。ここでは沿海州での歴史的動態に注目して、民族集団の形成過程を考えるフィールドとしてこの地域を検討してみたい。

沿海州は、中緯度の華北に展開した古代中世国家の隣接地域であり、文献記録から地域集団に関する記述が見られる。また現在では中国、ロシアと政治的国境により分断されているが、中国とロシア双方に一定の資料的蓄積があり、歴史的連続性を追うことが可能な地域である。

考古学的調査で蓄積された資料をもとに復元された文化複合と歴史資料に記される民族集団とを対比させる試みは、これまでも幾度となく試みられてきた（三上一九六六、大貫一九九八、臼杵二〇〇四など）。その一方で考古学的資料の蓄積が進む中で見えてきたのは、考古学的に把握される物質文化の総体としての考古学文化が特定の地域集団（民族集団）と一対一の関係にはないという様相である。少なくとも「中世期」には、金属製品や陶磁器など特定の工人集団による組織的な生産体制が必要な生産物が流通する、地域間交易を中心とした社会経済圏が成立する。土器の形態や道具製作技術の変化や、外部社会からの物質文化の影響を単純に集団の移住や集団の交代で解釈することはできない（臼杵二〇〇七）。むしろ物質文化に現れる集団表象や集団アイデンティティもまた、その時代の政治的動体や社会経済状況に即して緩やかに変化している。

臼杵勲は、北東アジアの中世期の土器文化圏の動態をたどる中で、靺鞨式深鉢形土器が内陸部の遊牧社会から、大河川流域の雑穀農耕・狩猟漁撈・家畜飼育を組み合わせた定住社会へ波及し、さらにオホーツク海沿岸地域の海洋民社会にまで広がる現象を指摘している（臼杵二〇〇七）。臼杵によれば、この靺鞨式深鉢形土器を生活の中心におく文化は、中国側の文献に現れる靺鞨・女真集団と関連づけられるという。そしてこの土器文化圏が紀元後六世紀から十二世紀まで沿海州からアムール川下流域にかけて広がっていたと指摘する。

すでに他の研究者も指摘するように、この靺鞨式深鉢土器は、オホーツク海沿岸地域の海洋狩猟採集民社会にも影響を及ぼしている。オホーツク沿岸地域ではそれぞれ地域的独自性を持った先史文化が海洋適応を遂げながら展開してきた。しかし、約一三〇〇年前（紀元後七世紀頃）から斉一性の高い同形態の土器が広域に広がる現象が見られる（菊池二〇〇九ほか）。サハリン島や北海道島北部からオホーツク海沿岸部に広がったオホーツク文化もその一部を構成している（**図4**）。

検討すべき課題は、そのような広い地理空間や地域集団の生業経済の違いを超えて土器形態や製作技術が広がる現象の意味や背景である。筆者はかつてオホーツク文化と沿海州の文化との関係を考える際に、オホーツク海沿岸地域の考古学的な物質文化の変化、特定の様式を持った土器や金属製品の広域圏での共有現象を、エスニシティ概念を導入することで解釈する試みを提示したことがある（加藤二〇〇七）。短期的な歴史的時間の枠内においては民族集団のアイデンティティが文化や言語で細分され、民族言語集団として表現されることが多い。しかし、長期的な歴史的時間軸において地域集団の動態を検討する場合には、集団アイデンティティが時に言語や歴史伝統を超えて文化集団として統合される事例も見られる。さらに興味深いことは、そのような地域社会のアイデンティティは、決して半永久的に維持されるものではないということである（スコット二〇一三）。沿海州に出現した中世国家もまたその崩壊とともに、地域的に多様な集団へと分化した。オホーツク海沿岸の海洋狩猟採集民社会もまた、中世世界の終わりとともに、地域的アイデンティティが強まり、多様な民族集団へと分化していった。このような現象は、歴史的に特定の段階に生じた一過性の出来事ではない。現在社会においても生じている集団アイデンティティの変動もまた、同様の動きであるといえる。それは人類の本質である文化的多様性の志向に起因する現象とみなせる。

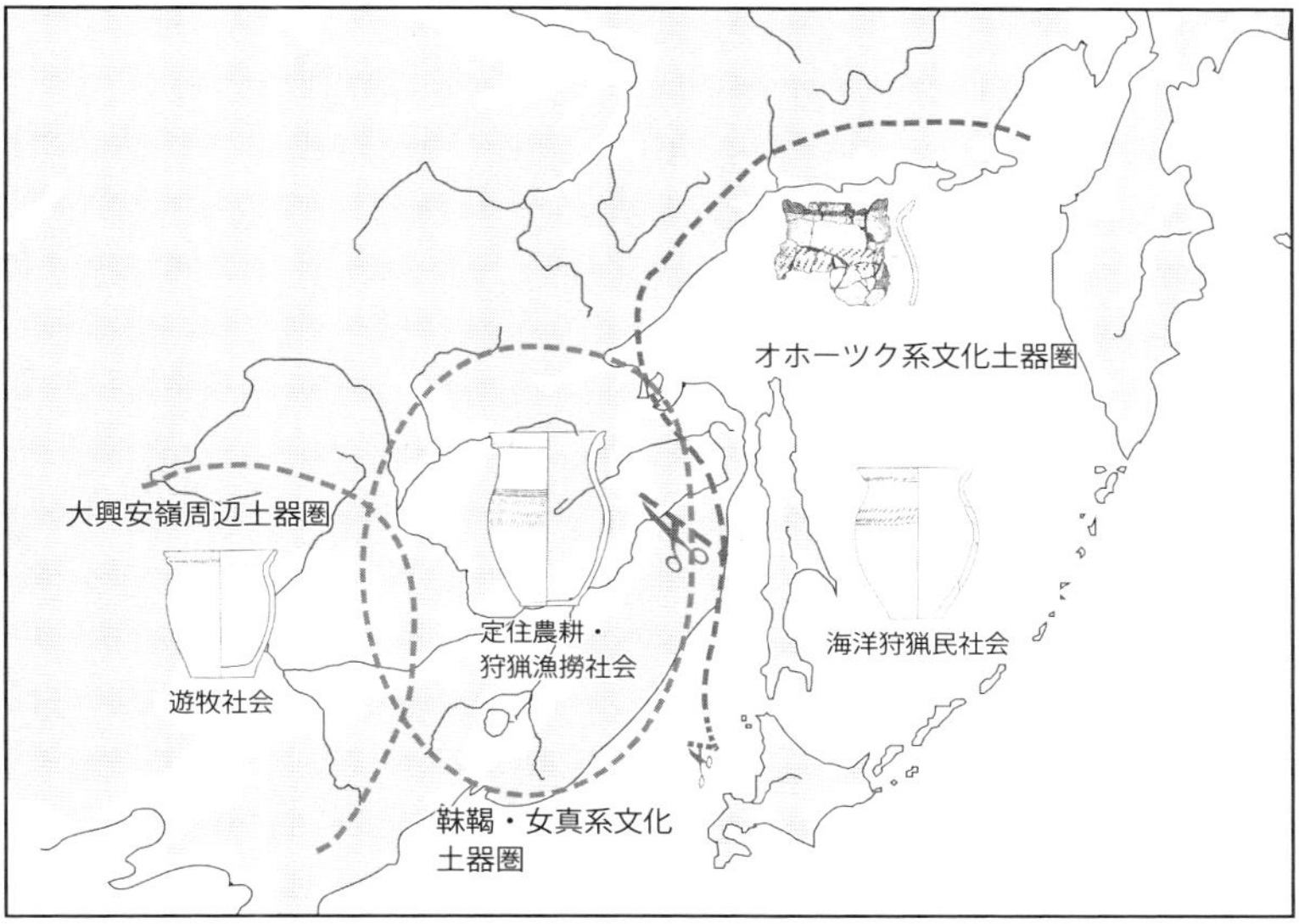

図4　靺鞨式深鉢形土器の広がりと地域文化圏（臼杵（2007）図1に加筆改変）

まとめにかえて

シベリアは、人類史のフィールドとして興味深い地域である。拙論で概観してきたようにシベリアは、人類集団の形成過程において重要な舞台であった。またシベリアの多様な生態環境への人類集団の適応は、人類集団の社会経済的多様性を生み出す際に大きな役割を果たしている。

シベリアは、多様な民族集団が暮らす地域として人類学的・考古学的研究のフィールドとして知られているが、また人類集団の民族帰属やエスニシティの流動性を長期的な歴史軸に沿って検討する上においても興味深いフィールドである。シベリアという広大な領域を人類史として俯瞰する時、規範的かつ伝統的な考古学の時代区分は、必ずしも有効に機能しない。さらに考古学と人類学の境界すらも意味をなさなくなる。今再び人類集団が言葉や文化の壁を超えて移動し、文化的多様性が重視される現代社会において、シベリアが提起する文明史とは異なるもう一つの人類史を捉え直す必要性が高まっているように感じるのは、筆者のみではないであろう。

注

(1) シベリア考古学を牽引するロシア人考古学者の**Anatoli Dereyanko**博士は、アルタイへの最初の到達は、八〇万年前に遡るとも考えているようである（Dereyanko 2015）。

(2) **Marine Isotope Stage（MIS）** 海洋酸素同位体ステージとは、世界各地の深海堆積物のボーリングコアから採集された有孔虫の殻に含まれる酸素同位体比率から、温暖期と寒冷期の変動をステージとして表したもの。

(3) サハリン島ではアゴンキ遺跡群、北海道島では柏台一遺跡に古い細石刃製作技術を持つ集団の生活痕跡が残されている。

(4) ヨーロッパではチェコのドルニ・ヴェストニッツェ遺跡で二万六〇〇〇年前の粘土を焼成して作り出した人形などが見つかっている。

(5) 縄文文化の土偶や、世界各地の新石器文化に見られる人形（ヒトガタ）は、土器の持つ象徴性や呪術製を示す好例であろう。その起源が旧石器時代に遡ることは指摘した通りである。新石器文化や縄文文化においては、土器の生活文化の中で果たす役割が多様化し、機能分化していった。

(6) イェスナーがこの時期の具体的な例として言及しているのは、ロシア沿海州のボイスマン文化と日本列島の縄文文化前期である。ともに貝塚形成と離頭銛の発達という共通性を見出している。

(7) 北太平洋地域が人類文化を考える上で重要なフィールドであることは先行研究の幅を見ても疑いない（Leroi-Gourhan 1949ほか）。また調査研究の蓄積は、多様な言語によりなされており、統一した観点からの研究の相対化が必要な地域でもある。

参考文献

イェスナー・D・N「貝類、アザラシ、そしてサケ――北太平洋における海洋適応の動物考古学的展望」（『国立民族学博物館調査報告』八二、国立民族学博物館、二〇〇九年）四五―五九頁

臼杵勲『鉄器時代の東北アジア』（同成社、二〇〇四年）

――「北東アジアの中世土器地域圏」（『北東アジア交流史研究――古代と中世』塙書房、二〇〇七年）一四七―一七二頁

大貫静夫『東北アジアの考古学』（同成社、一九九八年）

加藤晋平「極東における土器の起源――石刃鏃を手掛かりにして」（『歴史教育』一七（四）、一九六九年）一九―二八頁

加藤博文「細石刃石器群における生業活動の検討――シベリアからの視点」（『古代文化』四八（三）、一九九六年、二八―三六頁および『古代文化』四八（四）、一九―二八頁）

――「考古学文化とエスニシティ」（『北東アジア交流史研究――古代と中世』塙書房、二〇〇七年）四九七―五〇九頁

――『シベリアを旅した人類』（東洋書店、二〇〇八年）

梶原洋「シベリア・極東の更新世―完新世移行期と土器の起源」（小野昭編『シンポジウム――更新世―完新世移行期の比較考古学』国立歴史民俗博物館、一九九八年）二三―三二頁

菊池俊彦『オホーツク海古代文化の研究』（北海道大学大学院文

学研究科、二〇〇九年）
谷口康浩「極東における土器出現の年代と初期の用途」（『名古屋大学加速器質量分析計業績報告書（XVI）』名古屋大学年代測定総合研究センター、二〇〇六年）
フィッヒュー・B「北太平洋における海洋狩猟採集民の起源——コディアック島の事例から」（『国立民族学博物館調査報告』三三、国立民族学博物館、二〇〇二年）四九—八二頁
三上次男「掲婁人の民族的性格とその社会」（『古代東北アジア史研究』吉川弘文館、一九六六年）二二三—二三〇頁
山浦清「北太平洋沿岸における海獣猟の展開——銛・銛頭を指標として」（『国立民族学博物館調査報告』一三二、二〇一五年）七九—一二三頁
Brigham-Grette J.et al. 2003. Chlorine-36 and 14C chronology support a limited last glacial maximum across central Chukotka northeastern Siberia and no Beringian ice sheet Quaternary Research 59（2003）pp.386-398.
Clarkson et al. 2017. Human occupation of northern Australia by 65000 years ago. Nature Nature vol. 547 pp・306-310. DOI: 10. 1038/nature22968
Craig O. et al. 2012. Distinguish wild ruminant lipids by gas chromatography/ combustion/ isotope ratio mass spectrometry Rapid Communication in Mass Spectrometry 26 pp. 2359-2364.
Craig O. et al. 2013. Earliest evidence for the use of pottery Nature 496 pp. 351-354 DOI: 10・1038/nature 12109.
Derevyanko A.P. 2015. Human Origins: New Discoveries Interpretations and Hypotheses
Herald of the Russian Academy of Sciences vol・85 No・5 pp・381-391 DOI:10・1134/S1019331615050068
Dikov and Titov 1984. Problems of the stratigraphication and Periodization of the Ushki sites Arctic Anthropology 21（2）pp・69-80.
Goeble et al. 2010. New dates from Ushki-1 Kamchatka confirm 1万3000 cal BP age for earliest Paleolithic occupation Journal of Archaeological Science vol. 37 issue 10 pp. 2640-2649. DOI: 10・1016/j.jas. 2010・05. 024
Gibbs K. et al.・2017. Exploring the emergence of an Aquatic Neolithic in the Russian Far Easr: organic residue analysis of early hunter-gatherer pottery from Sakhalin Island. Antiquity 91 1484-1500 DOI: 10・15184/aqy・2017・183.
Guthrie R.D. 2001. Origin and cause of the mammoth steppe: astory of cloud cover wooly mammal tooth pits buckles and inside-out Beringia Quaternary Science Reviews vol. 20 Issues 1-3 pp. 549-574.
Hultén E. 1937. Flora of the Aleutian Islands and westernmost Alaska Peninsula with *notes on the flora of Commander Islands Stockholm*
Ineshin E.M. 2017. Humans and the Environment in Northern Baikal Siberia during the Late Pleistocene Cambridge Scholar Publishing.
Kato H. 2013. The Middle to Upper Paleolithic transition in Siberia: Three regional sketches for replacement. Akazawa T. Nishiaki Y. and Aoki K.（eds.）Dynamics of *Learning in Neanderthals and Modern Humans vol・1 Cultural Perspectives Springer pp・93-103.*
Kelly R. 1995. The Foraging spectrum: diversity in hunter-gatherer lifeways. Smithsonian Institute Press.
Krause J. et al. 2007. Neanderthals in Central Asia and Siberia Nature 449 pp・902-904 DOI:10・1038/nature06193.
Kunikita et al. 2017. Dating and Stable Isotope Analysis of Charred Residues from Neolithic Sites in the Premorye Russian Far east.

Radiocarbon vol. 59 Nr 2 pp・565-573 DOI: 10・1017/RDC. 2016・122.
Kuzmin Y. Reconstruction of Prehistoric and Medieval Dietary Patterns in the Russian Far East: A Review of Current Data. Radiocarbon Vol 57 Nr 4 2015 pp. 571–580 DOI:
10・2458/azu_rc・57・18426
Leroi-Gourhan A. 1949. Archéologie du Pacifique-Nord: matériaux pour l'étude des *relations entre les peuples riverans d'Amerique. Institute d'éthnologie Paris.*
Pavlov et al 2004. The Pleistocene colonization of northeastern Europe: a report on recent research. Journal of Human Evolution 47: 3-17.
Pitulko V.V.and Pavlova E.Y. 2010. Geoarchaeology and Radiocarbon Chronology of the Stone Age of the North-East Asia. Nauka（In Russian）.
Мочанов Ю.А. 1977. Древнейшие этапы заселения человеком северо-восточной Азии Изд-во "Наука"
Yesner D.R. and A.N. Popov 2001. Climate change sea level rise and the origins of agriculture in the Russian Far East. Abstruct of the 66th Annual Meeting Society for American Archaeology pp. 299-300 Washington D.C. Society of American Archaeology.

［I　シベリアという地域］

シベリア先住民の豊かな言語世界

江畑冬生

ロシアは多民族・多言語国家である。面積にしてその約七三パーセントを占めるシベリアにおいても、極めて多様な多くの言語が話されている。これらはロシア語の方言ではない。言語の分類法には、歴史的分類（共通の祖先言語を持つか否か）と類型的分類（タイプ的な類似と相違に着目）がある。本稿では歴史的分類に従ってシベリアの諸言語を概観した後、類型的特徴や言語から見る文化について解説していく。

一、歴史的関係と語族

二つの言語の間に、偶然をはるかに超える確率で類似語彙が見られ、かつ両言語の間に規則的な音対応が存在することがある。このような場合に言語学では、両言語の祖先は同じである蓋然性が極めて高いと仮定する。例えば英語とドイツ語の間には、［英 th, d, t, k：独 d, t, z, ch］という規則対応が見つかる（**表1**参照）。従って両言語は、共通の祖先を持つに違いないと見なせる。

同一祖先に遡る関係にある諸言語をまとめて、語族と呼ぶ。シベリアの諸言語には、ウラル語族、チュルク語族、モンゴル語族、ツングース語族、チュクチ・カムチャツカ語族に属するものがある[1]（**表2**）。

一方で、共通祖先を持つ他の言語が見つからないものを孤立言語と呼ぶ。朝鮮語やアイヌ語は、典型的な孤立言語である。日本語も、琉球語を除けば、共通祖先を有する言語は他

えばた・ふゆき――新潟大学人文学部准教授。専門は言語学・チュルク諸語研究。主な著書に「サハ語の世界」（中川裕監修『ニューエクスプレス・スペシャル 日本語の隣人たち』白水社、二〇〇九年）、「第7章 サハ 民話と伝承」（山田仁史・永山ゆかり・藤原潤子編『水・雪・氷のフォークロア 北の人々の伝承世界』勉誠出版、二〇一四年）、「第12章 馬――伝統文化の象徴」他三章（永山ゆかり・長崎郁編『シベリア先住民の食卓 食べものから見たシベリア先住民の暮らし』東海大学出版部、二〇一六年）などがある。

に見つかっていない。シベリアにも、いくつかの孤立言語が分布している。[2]

二、歴史的分類から見たシベリアの諸言語

本節では、言語の歴史的関係からシベリアの諸言語を概観しよう。

(1) シベリア諸言語の歴史的系統

シベリアで話される諸言語のうち、歴史的関係から一つの語族として分類できるグループは五つある。およその分布域として西から東の順で紹介すると、ウラル語族、チュルク語族、モンゴル語族、ツングース語族、チュクチ・カムチャツカ語族である（それぞれの言語の特徴について詳しくは次節および本書の各論文も参照）。

一方でユカギール語・ケット語・ニブフ語は孤立言語、すなわち同一祖先に遡る言語が見つかっていない。

(2) いわゆる「アルタイ仮説」について

チュルク語族・モンゴル語族・ツングース語族の三グループが、すべて同一祖先に遡るとする説がある（アルタイ仮説と呼ばれる）。研究者によっては、これらにウラル語族も加えている。さらに朝鮮語や日本語も含めて同一祖先に遡ると主張されることもある。

表1　英語（左）とドイツ語（右）の対応関係

thank	**d**anken	**t**en	**z**ehn
three	**d**rei	**t**ongue	**Z**unge
ba**th**	Ba**d**	sal**t**	Sal**z**
daughter	**T**ochter	ma**k**e	ma**ch**en
door	**T**ür	coo**k**	ko**ch**en
re**d**	ro**t**	mil**k**	Mil**ch**

※ドイツ語の名詞は大文字始まりとなる

表2　シベリアの諸言語と歴史的分類

ウラル語族	マンシ語、ハンティ語、ネネツ語、セリクープ語、エネツ語、ガナサン語
チュルク語族	シベリア・タタール語、アルタイ語、ショル語、ハカス語、トゥバ語、トファ語、ドルガン語、サハ語
モンゴル語族	ブリヤート語
ツングース語族	エウェンキー語、エウェン語、ネギダル語、オルチャ語、ナーナイ語、ウリチ語、ウデヘ語、ウイルタ語
チュクチ・カムチャツカ語族	イテリメン語、アリュートル語、コリャーク語、チュクチ語
孤立言語	ケット語、ユカギール語、ニブフ語

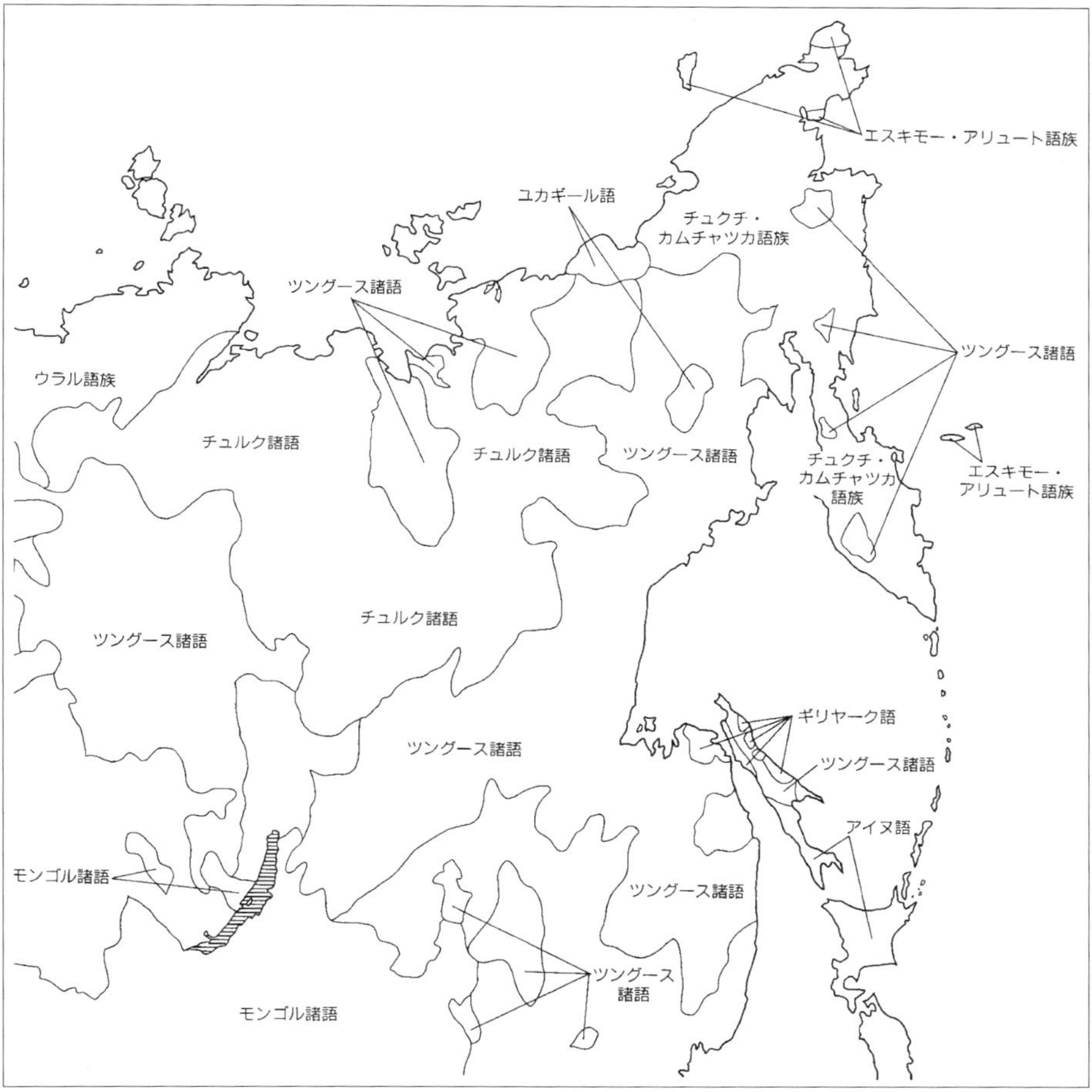

図1　シベリア言語地図（宮岡伯人編『北の言語 類型と歴史』より）

アルタイ仮説は十九世紀頃から主張されはじめたが、二十一世紀の今日に至ってもいまだ十分な証明にも完全な棄却にも至っていない。ただし多くの言語学者はむしろ、アルタイ仮説の成立に否定的な立場にある。

(1)	**min**	**beğehee**	**ırıınak-ka**	**elbex**	**balıg-ı**	**atıılas-tı-m**	**ee**
	私	昨日	市場-で	沢山の	魚-を	買う-た-1単	よ

「私は昨日市場で沢山の魚を買ったよ」

(2)	**kuorat-tan**	**kel-bit**	**kihi**	**manna**	**baar**	**duo**
	町-から	来る-た	人	ここに	いる	か

「町から来た人はここにいますか？」

三、類型的特徴から見たシベリアの諸言語

本節では、言語の構造的特徴からシベリアの諸言語をもう少し詳しく見てみよう。(3)

(1) サハ語（チュルク語族）

まず、チュルク語族に属するサハ語を見る。サハ語の文法は、大まかに言えば日本語に似ている。例文(1)や(2)を見ると分かるように、サハ語の語順は日本語同様であるし、種々の文法形式を名詞や動詞に付加しながら文を形成していく方法も似ている。日本語の格助詞「で」「を」「から」には、サハ語(1)の **-ka**「で」と **-ı**「を」、(2)の **-tan**「から」が概ね対応している（以下、本稿では、1単（一人称単数）や3複（三人称複数）のような略号を用いることにする）。

当然のことながら、細かい部分では日本語に似ていないところもある。第一に、サハ語では動詞述語末尾は人称・数により形を変えなければならない。例えば例文(1)では、主語が一人称単数「私」なので動詞の形が **atıılas-tı-m**「（私が）買った」になるが、**atıılas-tı-bıt**「（私たちが）買った」や **atıılas-tı-gıt**「（君たちが）買った」のように、主語が変われば動詞語末部の文法形式も変えなくてはならない。

サハ語と日本語との最大の違いは、所有表現にある。日本語あるいは英語の所有表現では、「太郎-の本」や「私-の学校」のように、所有者に「の」を付けて所有表現を形成する（例(3)）。ところがサハ語の場合、「太郎本-の」や「私学校-の」のように所有物に文法形式を付けるのであり、この時もやはり、所有者が変わると「の」に相当する文法形式を変えなくてはならない。例えば、「サルグの本」であれば **kinige**「本」に付加される文法形式は(4)のように **-te** であるが、「私の本」であれば(5)のように **-m** を付加する。この **-m** は専ら「私の」を表す形式であるから、所有者が「私」であることが自明である。従って **min**「私」自体は省略することもで

(3)　太郎-の　本
Taro's　book

(4)　sargı　kinige-te
（人名）　本-の(3単)
「サルグの本」

(5)　(min)　kinige-m
私　本-の(1単)
「私の本」

Aグループの母音（o, u, a, ı）のみを使う単語
oğo「子供」、kulgaax「耳」、oskuola「学校」、omunnaaxtık「おおげさに」

Bグループの母音（ö, ü, e, i）のみを使う単語
börö「狼」、süürbe「20」、čümeči「ろうそく」、üörüüleextik「喜んで」

きる。

さて、これまでいくつかのサハ語の文を紹介してきた。その中に現れているサハ語の単語には、面白い規則性がある。サハ語の母音は二つのグループに分かれ、異なるグループ同士の母音は同一単語中に現れることができない。

Aグループの母音とBグループの母音は、同一語中に共起しない。この規則が働くため、同じ文法形式であっても付く単語中の母音の違いにより異なる母音で現れなければならないことになる。例えば次のペアで「ない」に相当する文法形式は、(6)のようにAグループの母音を持つıl「取る」に後続する際には-baだが、Bグループの母音を持つbil「知る」に後続する際には(7)のように-beとなり、同じ意味の文法形式でも異なる母音を用いる必要がある。後続する文法形式についても同様に、すべての母音がAグループまたはBグループのどちらか一方のみが現れる（ここでも略号1複（一人称複数）を用いる）。

(6)　ıl-ba-tax-pıtı-ttan
取る-ない-た-1複-から
「私たちが取らなかったから」

(7)　bil-be-tex-piti-tten
知る-ない-た-1複-から
「私たちが知らなかったから」

このような母音の出現ルールに関する言語現象を、母音調和と呼ぶ。シベリアの諸言語には、母音調和を持つものが多い。**表2**に示した言語のうち、チュルク語族、モンゴル語族、ツングース語族、チュクチ・カムチャツカ語族の諸言語はすべて母音調和を有する。ウラル語族の諸言語にも、母音調和を持つものがある。

(2) ブリヤート語（モンゴル語族）

モンゴル語族の言語の代表は、モンゴル国で話されるモンゴル語である（話者約五〇〇万人）。シベリア地域には、ロシ

(8) ene xene nom be ［疑問詞疑問文］
これ 誰の 本 か
「これは誰の本ですか？」

(9) beješ hain gü ［肯否疑問文］
お身体 元気 か
「お身体は元気ですか？」

アのブリヤート共和国で話されるブリヤート語が分布する（話者約四〇万人）。

ブリヤート語の基本的な文法構造も、日本語と似ている。例えばブリヤート語には、日本語の「か」のような疑問の終助詞が存在する(8)。しかし日本語の場合と異なるのは、疑問詞疑問文ではbeを用いるが、肯否疑問文（Yes/Noで答える疑問文）ではgüが現れる点である(9)。つまり疑問文のタイプによって別の終助詞形式を用いなければならないことになる。実は同様の区別は周辺のトゥバ語やサハ語にも、あるいは朝鮮語や琉球語の一部方言にも存在する。

（3）エウェンキー語およびエウェン語（ツングース語族）

次に、ツングース語族からエウェンキー語およびエウェン語の例を紹介しよう。エウェンキー語やエウェン語の文法構造も、日本語にかなり似ている。例えば格助詞に相当する文法形式を用いる点や動詞が文末に現れる点は、日本語（およびこれまで紹介した諸言語）と同様である。

(10) evenki-l tar ity-va
エウェンキー-たち あの 話-を
e-vki-l omongoro
ない-習慣-複数 忘れる
「エウェンキー人たちはあの話を忘れない」

しかし、否定を表すのに否定動詞を用いる点（しかも否定動詞は本動詞の前に置かれる点）などは大きな相違点と言える。例えば例文(10)では、動詞「忘れる」を否定する要素は否定動詞e-として本動詞「忘れる」よりも前に現れている。

エウェン語からも、日本語や英語などの我々になじみのある言語には存在しない、興味深い言語現象を一つ紹介する。

(11) bii dil-u
私 頭-の(1単)
「私の頭」

(12) bii dila-ng-u
私 頭-分離可能-の(1単)
「私の所持する頭部」

エウェン語では、所有物がその所有者と一体的に存在しない（つまり分離可能）であることを表す文法形式-ngというものがある。例えば次のペアで、(11)は身体部位としての頭を表すが、(12)は所持品、例えば狩った獣の頭部などを表す。

英語には存在するが日本語には無い区別、例えば定冠詞theと不定冠詞aの違いを知ることで、ある意味、我々は新たな発想法に触れることになる。シベリア諸言語には、エウェン語の分離可能を表す文法形式-ngのような、我々に発想の転換を迫る興味深い言語現象が散見される。

（4）ユカギール語（孤立言語）

今度は、孤立言語であるユカギール語を紹介する。二〇一〇年のロシアの国勢調査においてユカギール語の話者は三七〇人とされるが、実際には若い世代のユカギール語話者は皆無に等しい。ユカギール語を流暢に話す能力を持つ人は高齢者のみであり、その数は一〇〇人にも満たないと推定されている。つまりこの言語は、近い将来に消滅する可能性が非常に高い危機言語でもある。

ユカギール語の文法構造には、日本語とは大きく異なる点がいくつかある。例えば、この言語の動詞は現在形と過去形を区別しないが、一方で未来形は別に存在する。加えて自動詞と他動詞には、別々の活用体系を用いる。

⒀ pon'oo-jek［自動詞］
残る -自（2単）
「君は残る」

⒁ lejdii-mek［他動詞］
知る -他（2単）
「君は知っている」

⒂ lem-dik　lejdii-me
何 -係り　知る -結び（2単）
「君は何を知っているのか？」

例えば、同じく「君」を主語としても、活用語尾として自動詞では⒀のように-jekを用いるが他動詞では⒁のように-mekを用いなければならない。しかし繰り返しになるが、現在なのか過去なのかはあくまで文脈から判断される。一つ興味深いのは、日本語の係り結びに似た現象が見られることである。文中の名詞に重要な話題であることを示す文法形式（係り）が付加されると、それと呼応して、述語動詞の活用が自動詞とも他動詞とも異なる形式（結び、⒂では-me）で現れる（2単は二人称単数の略）。

（5）チュクチ語（チュクチ・カムチャツカ語族）

最後に、チュクチ・カムチャツカ語族の一つであるチュクチ語を見てみよう。チュクチ語の文法構造は、日本語や英語から見ると極めて異質なものである。最も特筆すべき点としては、動詞がしばしば目的語やその他の要素を取り込んでしまい、形としては一つの単語でありながらあたかも文のように機能するという特徴がある。

例えば「私は鍋を水でゆすいだ」は、日本語や英語ではどう頑張っても三つないし四つの単語を用いる必要があるだろう。しかしながらチュクチ語では、この内容を一語のみに込めることが可能なのである。

⒃の例では、「私」に相当する二つの文法形式tə-および-ɣʔekが単語の前後両側から挟むように現れている。このような文法形式の現れ方（接周辞と呼ばれる）も、チュクチ語ならではの特徴である。

逆に言うと、サハ語、エウェンキー語、エウェン語、ユカギール語、そして日本語は、文法形式が基本的に単語の後方に付加されていく点ではゆるやかに類似している。

⒃ **tə-kuk-imlə-nilu-ɣʔek**
1単-鍋-水-ゆすぐ-1単
「私は鍋を水でゆすいだ」
'I washed the pot with water.'

本節では、シベリア諸言語の言語構造における豊かな多様性の一端を示したに過ぎない。言語の多様性は、外界の認識・思考様式・世界観の多様性にもつながる。これまで紹介したような、我々にとってなじみのない言語の構造の一端を知ることによっても、我々の世界観を拡げることができる。

四、言語と文化の関係

文化とは、人間が社会の一員として獲得した知識や慣習などの総体である。人間の集団的所産である言語も、文化の一つに他ならない。言語は、文化の中で大きな位置を占めていると言える。

言語には、それを話す集団の文化的様相が反映されることがある。以下ではいくつかの側面から、言語から見た文化について考えてみたい。(4)

（1）語彙と文化

語彙と文化の関わりは、二つの側面に現れる。その一つは、概念を単純語として細かく呼び分けることである（複合語のように要素を組み合わせた語彙は単純語には含まない）。

日本語では〈rice〉に相当する概念を、その状態に応じて「稲」「米」「ご飯」と呼び分ける。エスキモー語の有名な例として、〈雪〉に相当する概念がqanik「降雪」、aniu「飲用の雪」、aput「積雪」、piğtuq「吹雪」、auviq「雪塊」のように細かく分けられることがある。これらの語彙は共通部分を持っているわけではなく、すべて別々の単純語であることにも留意されたい。(5)このように単純語において細かな区別のある語彙群は、文化と密接な関わりがあることが多い。

シベリア諸言語にも、このような言語と文化の密接な関わりを示唆する語彙群がある。例えば先に紹介したサハ語（チュルク語族）では、〈馬〉を**表3**のように細かく呼び分ける。このことは、サハ民族が牛馬飼育を伝統的な生業とし、特に馬を特別に重要な家畜だと考えてきたことと関係があることを示唆する。

語彙と文化の関連を示すもう一つの例は、他言語では複雑なフレーズでしか表現できない単純語が存在することである。例えばトゥバ語（チュルク語族）には、「刈り取った牧草を数日間干すため集めた堆積」を表す語xöpeenがある。この概念が単純語として表される事実は、シベリアの暮らしと密接に関わっている。なぜなら短い夏の間に、家畜たちが長い冬を過ごすための大量の干し草を準備しなければならないから

表3　サハ語の馬関連語彙

sılgı	「馬（全般）」	kulun	「仔馬（半年まで）」
bie	「雌馬」	ubaha	「仔馬（1歳まで）」
at	「去勢馬」	tıy	「1~2歳の仔馬」
atıır	「雄馬」	sonoğos	「若い雄馬」
žöhögöy	「馬の守り神」	tiŋehe	「2～3歳の若馬」

写真1　xöpeen（刈り取った牧草の堆積）

である。シベリアの夏の牧草地では、xöpeenがあちこちに点在する光景を見ることになる（**写真1**）。

(2) あいさつと文化

言語と文化の関係として、あいさつ言葉を取り上げたい。言語は伝達の道具とされる。実際に言語の役割の九九パーセントは伝達であると言える。しかしながら、あいさつによって情報伝達がなされることはない。あいさつ言葉は、もっぱら対人関係のために用いられると言えよう。

あいさつ言葉は言語表現の中でもとりわけ言語社会的であるから、社会集団固有の特徴が出やすい。従って他言語に直接置き換えられなかったり、対応する表現がそもそもなかったりすることも多い。

例えば、出会いのあいさつ表現を特に持たない言語もある。サハリンで話されているニブフ語（孤立言語）もそのひとつである。この言語には「こんにちは」に相当するあいさつ言葉は存在せず、出会いの場面では代わりに健康状態や知人の消息を尋ねるのだという[6]。

トゥバ語（チュルク語族）では、物を手渡す時専用の「あいさつ」がある。物を手渡す際には、手渡す側がmaと発することで相手に気づかせることができる（**図2**）。逆に物を受け取りたい時には、持ち主に対してkayと発することで手

図2　ma!（物を手渡す時専用の「あいさつ」）

図3　kay!（物を受け取る時専用の「あいさつ」）

渡しを促すのである（**図3**）。物の授受に特化した表現がペアで存在する点が興味深いと言える。

（3）言語と文化の消滅

言語が単に伝達の道具に過ぎないのであれば、より便利な言語へ取り替えようと思うのも道理である。実際に志賀直哉は「不完全で不便」な日本語を廃して、フランス語を国語として採用すべしと主張した。現代もっとも多くの人に話されている言語は英語であろう（母語であれ、第二言語としてであれ）。世界のすべての人々が英語を話すようになったならば、意思疎通の観点からは至便である。意思疎通に困ることはなくなるし、翻訳・通訳の労も不要になる。ところが実際に英語以外の言語をすべて無くしてしまうことには、抵抗感を覚えるはずである。言語は、伝達のための単なる手段では決してない。言語が失われれば、それに付随して文化も失われてしまう。

実はシベリアの諸言語の多くは、近い将来に消滅してしまう危機にある。先には、ユカギール語の置かれている状況について触れた。シベリアには（そして全世界には）、話し手の数が極めて少なく、かつ高齢者に限られている言語も多い。ロシアの平均寿命が決して高くはないことも重ね合わせる必要がある。このままの状態が続けば、シベリアの諸言語の大半は死滅してしまうだろう。

前節で紹介した言語のうち四つに関して、その人口と話者数を示せば**表4**の通りである。サハ語のように民族人口の九割以上の話者人口を持つ言語は、他にトゥバ語とブリヤート語くらいであり、シベリアではむしろ例外的な存在である。多くの言語は話し手の割合が五〇パーセントを大きく下回っており、数万人から数十人程度の話者数しか持たない。ロシア国勢調査での言語能力は自己申告に基づくものであり、流暢な話し手の数は統計を大きく下回る可能性が高い点にも留意したい。

　しかしだからといって、シベリア少数民族の人々に、ロシア語ではなく自分たちの言語を使うように強制することなどできない。実情としてはむしろ、現地の親世代の人々が、子世代には進学や就職の不利益とならないよう民族語ではなく正確なロシア語を身に着けて欲しいと願っているケースもある。急速なグローバル化が進む中、シベリア諸言語の未来は決して明るいとは言えない。文化的資産としての言語の姿をきちんと記録に留めておくことも、言語学者の使命である。

表4　シベリア諸民族の人口と話者数

民族	人口	話者数（割合）
サハ	478,085	450,140（94.2%）
エウェン	22,383	5,656（25.3%）
ユカギール	1,603	370（23.1%）
チュクチ	15,908	5,095（32.0%）

（2010年のロシア国勢調査に基づく）

注

（1）言語群の呼称として「語族」ではなく「諸語」が用いられることもある。これには様々な理由があるのだが、本稿では共通祖先に遡る言語群に対して「語族」のラベルを用いることで統一する。

（2）「朝鮮語」は「韓国語」とも呼ばれる。本稿では、朝鮮半島および中国東北部に分布する言語の名称として「朝鮮語」を用いる。

（3）本節の議論の内容の一部は次の拙文と重複するものである：江畑冬生「サハ共和国に暮らす北方諸民族の言語」（『北海道立北方民族博物館 第27回特別展「東シベリア・サハ 永久凍土の大地に生きる」展示図録』北海道立北方民族博物館、二〇一二年）三七―四四頁。

（4）本節の議論の内容の一部は次の拙文と重複するものである：江畑冬生「言語―身体が生み出し、心を伝える」（栗原隆編『感性学 触れ合う心・感じる身体』東北大学出版会、二〇一四年）。

（5）宮岡伯人『エスキモーの言語と文化』（弘文堂、一九七八年）六頁。

（6）丹菊逸治「ニブフ語の世界」（『ニューエクスプレス・日本語の隣人たち』白水社、二〇〇九年）四三頁。

参考文献

江畑冬生「サハ共和国に暮らす北方諸民族の言語」（『北海道立北方民族博物館 第27回特別展「東シベリア・サハ 永久凍土の大地に生きる」展示図録』、二〇一二年）八七―九六頁

――「言語――身体が生み出し、心を伝える」（栗原隆編『感性学 触れ合う心・感じる身体』東北大学出版会、二〇一四

年）一九一―二〇九頁
丹菊逸治「ニブフ語の世界」（中川裕監修『ニューエクスプレス・日本語の隣人たち』白水社、二〇〇九年）三〇―四七頁
宮岡伯人『エスキモーの言語と文化』（弘文堂、一九七八年）
宮岡伯人編『北の言語 類型と歴史』（三省堂、一九九二年）

附記　図2および図3は、ネウストローエヴァ・ナターリヤさんに描いて頂いた。本稿を準備するにあたり、以下の専門家諸氏から極めて有益かつ貴重なご指摘を頂いたことを記して感謝する。エウェン語：鍛治広真（東京大学）、ユカギール語：長崎郁（国立国語研究所）、チュクチ語：呉人徳司（東京外国語大学アジア・アフリカ言語文化研究所）。

◎コラム◎

エウェン語のフィールドワークとサハ共和国の多言語使用

鍛治広真

かじ・ひろみ――東京大学文学部・大学院人文社会系研究科助教。専門は言語学。主な著書・論文に「キルギス語基礎語彙集――言語調査実習の報告」（共著、『Contribution to the Studies of Eurasian Language Series 19』二〇一四年）、「エウェン語における母音の挿入と脱落について」（『東京大学言語学論集』三九、二〇一八年）などがある。

シベリアという地域には様々な先住民族が居住しており様々な言語があるが、その一つにエウェン語という言語がある。エウェンの人々は主にサハ共和国（ヤクーティア）、マガダン州、ハバロフスク地方、カムチャツカ地方に住んでいる。筆者はサハ共和国でのフィールドワークを通じて、エウェン語の調査・研究を行っているが、ここでは調査地の多言語使用状況と言語調査のフィールドワークのことを述べたいと思う。

その前にまず、エウェン語についての大まかな説明をしよう。この言語は系統としては満洲・ツングース諸語と呼ばれるグループに属する言語で、このグループの言語の多くは中国北東部やアムール川流域、サハリンといった地域に話し手が主に分布していることから見ると、エウェン語は同じグループの中でも北方の広い地域に位置している。主語―目的語―動詞の語順は日本語と同じだが、否定文の作り方や人称の表し方など日本語と異なる点もある。

少数民族と呼ばれるようにエウェン人の人口は二万二三八三人と多くないが、エウェン語の話者となるとさらに少なくなり五八七七人、民族全体の人口に対して約二六パーセントである。（人口は二〇一〇年ロシア国勢調査より。以下も同様）。言語を調査・研究したい者の立場からすると、話者数が少ないこと、特に若い世代で言語を継承する人が少なくなっていることは言語の消滅につながり危機感を覚えることだが、しかし彼ら彼女らにしてみれば公用語のロシア語が使えれば実用上の問題はない、あるいはロシア語の方が便利と感じられる状況である。つまりエウェン語や家族や友人間の会話には使われるが、店や学校、空港といった施設やテレビ、映画、新聞、書籍で使われるのはほとんど公用語である。エウェン語の話者は実際ほとんどがロシア語を併用する二言語使用者である。

　言語調査のフィールドワークもロシア語を使って進めていくことになる。エウェン語の母語話者を訪ね（エウェン語をよく話すことができ、かつ調査に協力して下さる人を人づてに見つけなくてはいけない）、ロシア語の単語や文をエウェン語に訳してもらったり、話者が話したエウェン語の意味をロシア語で説明してもらったりする。そうしながら、エウェン語の語彙項目の記録や文法記述を目指す。

図1　サハ共和国政府庁舎建物の入り口。建物入り口右側の看板がロシア語、左がサハ語。どちらも「サハ共和国（ヤクーティア）政府」と書かれている。（2009年3月撮影）

　民族語話者の割合が低いことはシベリアの少数民族にとって珍しくなく、同じようにサハ共和国を含む地域に居住する他の少数民族を見ると、例えばエウェンキの場合は約一六パーセント（人口三万七八四三人、話者数五八九五人）、ユカギールは約二三パーセント（人口一六〇三人、話者数三六三人）となっている。

　一方、サハ語（ヤクート語）についてはやや状況が変わってくる。サハ人の人口四七万八〇八五人に対してサハ語の話者数四七万九〇九六人である。サハ人の全てがサハ語の話者というわけではなく、他民族のサハ語話者がいるためこのような比率になっている。ロシア全体としてはロシア語が公用語であるが、シベリアのサハ共和国ではこの他にサハ語が公用語である。そのため、サハ語はロシア語と比べると使用される範囲は多少限定されるものの、人によっては家の外でも、例えば学校や職場などでもサハ語を使用する場面がある。ロシア語のものほど多くないが、サハ語によるテレビ番組や新聞もある。店や施設の看板がロシア語とサハ語の二言語で併記されていることも多い（**図1**）。このような社会的な多言語使用状況であるためか、共和国内ではサハ人でなくてもサハ語を使う人がおり、筆者がフィールドワークで訪ねる調査協力者も場面や話し相手によってエウェン語とロシア語とサハ語を使い分ける。

先に書いたようにエウェン語の調査自体はロシア語を使って進めるので、サハ語を使わなくてもフィールドワークは問題なく行うことができる。何度かサハ語で質問しようとしたこともあるが、どうやら日本人の筆者と話すときにはロシア語を使うことにしているらしく、すぐにロシア語での会話に戻ってしまった。ただ、こちらが多少サハ語がわかるということになると、「お前の今の発音はサハ語の発音だ」とこちらの発音の間違いを指摘してもらえたり、「サハ語のあの言葉はエウェン語でこうだ」とか「サハ語と比べるとエウェン語の発音はこうだ」という言語に対するイメージを教えてもらったりと言うことがある。

調査に協力してくれるエウェン語話者を探したり、移動手段を確保したりといった場面で話者以外にも土地の人の助けを借りることがある。サハ語が優勢な地域であれば、サハ語でコミュニケーションをとると比較的好意的に受け入れられる（気がする）。調査の本質的な部分ではないが、そのような場面ではサハ語を使うことで少し自身が助けられているように感じられる。

シベリア史における先住民の成立
――先住民概念と用語について

吉田　睦

よしだ・あつし――千葉大学大学院人文科学研究院教授。専門は北方ユーラシア先住民文化研究。主な著書・論文に『トナカイ牧畜民の食の文化・社会誌――西シベリア・ツンドラ・ネネツの食の比較文化』（彩流社、二〇〇三年）、「シベリアのトナカイ牧畜・飼育と開発・環境問題」（高倉浩樹編『極寒のシベリアに生きる――トナカイと氷と先住民』新泉社、二〇一二年）などがある。

ロシアの先住民のほとんどは、シベリアに居住してきた原住／先住民である。その先住民に相当する用語については、帝政期より様々な用語が使われてきた。ソ連期になるとその名称は一変するが、やがて一定の概念や用語が使用されるようになる。さらにソ連崩壊による変動期を経て現在に至る。ロシア・シベリア史を通じた先住民の用語とその概念の変遷を追ってみた。

はじめに――ロシアの構成要素としての辺境と異民族

帝政期からソ連期に跨いで研究活動を行った歴史家M・K・リュバフスキーは、『ロシア植民史概説』（出版は一九九六年）においてこう述べる、「ロシア民族の歴史の要となるものは、領土的拡張――部分的には空白地であり、部分的には結果として移住者との共住や、新規の土地への移住を余儀なくされた他民族の居住地であったりした東ヨーロッパと北アジアの広大な空間への居住である。」「ロシア史は本質的に間断なく植民化する国家の歴史であった。」[Любавский 1996: 73] ロシアにとって帝国としての領土拡張政策を維持する限り、領域内の「異民族」の存在と統治の問題は不可避的であった。その意味ではシベリアに限らず、ヨーロッパ・ロシアにおいてもロシア人ないしスラヴ系諸民族とそれ以外の「異民族」との様々な形での遭遇、接触、対峙、紛争、戦争、同化といった諸現象が常に歴史のプロセスで問題となってきたはずである。もちろんそのような接触が、ロシアおよびその周辺における民族文化形成の重要な要素となっている、という側面を強調することも可能である。中でもシベリアは、特に中央ロシアにとって東方の辺境として、歴史的にも、また今日でも異質な、異郷の地という性格を有し続けてきている。そのシベリアという領域に焦点を当て、そこにおける異民族、先住民の歴史的用語とその変遷を、紙数の許す範囲で範疇、意味とその時代性をも含め概観してみたい。

一、シベリア史と先住民——概念の成立と用語

ロシア帝国、ソ連邦、そして現在のロシア連邦は多民族国家として知られてきたが、常に国内にどのくらいの（異）民族を擁しているのか、ということが様々な契機において関心を集め、また問題になってきた。主要な国勢調査時における認定民族数を追ってみると**図1**の通りである（各々の国勢調査資料による）。

このように時代背景により認定民族数はめまぐるしいまでに変化してきた。ここに示す民族数の変遷は、民族そのものの物理的増減を反映するのでは勿論ない。一定の住民集団を民族という単位で承認するか否か、どのような括り方で民族集団を決定するか、という問題である。本稿では民族をとりまく政治的背景に言及する余裕はほとんどないが、用語の変遷やその用法、意味合いに関しては、政治情勢が後景にあることは念頭に置かなければならない。このような中で、「先住民」という現在の概念を適用してみると、その大部分はシベリアという地域に居住してきた諸民族がそれに該当することになる。通称でいう「シベリア北方民族」は、一九二〇年代後半に民族数が二十六民族に固定化して以来、一九九〇年代初めまではこの数で推移した。それ以降はまた民族数が増加し、現在登録されているロシア連邦全体の先住民は四十七民族、うちシベリアに居住するのは三十九民族となっている（現在の先住民数は［Единый перечень 2015］による）(1)。

帝政期　1897年：194民族
ソ連期　1926年：190　→　1939年：62　→　1979年：100
　→　1989年：128（うち現ロシア連邦内に92）
ロシア連邦期　2002年：142　→　2010年：146

図1　ロシアにおける認定民族数の変遷

まず、現在「先住民」という概念・用語に相当するロシア語の用語を若干整理しておきたい。現在国際機関で使用される「先住民」に相当する英語、indigenous people(s)に対応するロシア語は**коренное население/коренные народы**であろう。公的文書を離れれば、

индигенное/аборигенное/автохтонное/（население）（いずれも「原住民、土民、土着民」）という英語のindigenous, aborigine, autochthonからの翻訳語（前者二つはラテン語起源、後者はギリシャ語起源という違いはあるが）と思われる用語も使われることがある。しかしこれらの用語はロシア語にはあまり馴染んでいるとはいえず、使用範囲・機会は限定されている。

「先住民」該当用語の利用状況を『大ロシア百科事典』（二〇〇四〜二〇一七年）によりみてみると、ロシアの人類学者S・V・ソコロフスキーの執筆による項目として「先住民」（〔коренное население〕及び〔коренные народы〕）の用語が掲載されている。前者は国連ＩＬＯ第一〇七号条約（一九五七年採択）で採用されていたが、第一六九号条約（一九八九年採択）において後者に取って代わられた。（ＩＬＯ一〇七号及び同一六九号条約等における用法については後述する）。当該項目には、ロシア史を通じた現行の「先住民」概念の類似用語が記されている。それによれば、帝政時代の「先住民」に該当する用語として異郷民（イノゼームツィ）〔иноземцы〕、異教徒（イノヴェルツィ）〔иноверцы〕、土着民（トゥゼムツィ）〔туземцы〕、異民族／異族人（イノローッツィ）〔инородцы〕が挙げられている［БРЭ 2010］。そのほかにヤサーク民〔ясачные〕という用語等もある。その後ロシア革命を経てソ連期に入ると、これら用語の用法ないしその使用頻度には劇的な変化が生じる。そしてソ連崩壊を経て、現代ロシアにおける上掲の用語に至るわけである。

上記に挙げられた用語のうち、「イノローッツィ」（異民族）に関しては、一八二二年の「異民族統治規約」において法令用語として使用されて以来、十九世紀を通じてシベリア及びその周辺の異民族全般を指し示す用語として広範に使用されてきた。帝政期の大百科事典であるブロックハウス百科事典では、「イノローッツィ」について、一般的用法として「非スラヴ系種族〔племена〕であるロシア臣民」と述べている［ЭСБЕ（T.25）：224-225］。即ち、現在少数という枠組みを前提とする先住民概念から多くが外れるタタール系、モンゴル系、テュルク系等の諸民族をも包摂した広い範疇の用語であった。なお「イノローッツィ」の邦訳としては、近年本邦のロシア史研究者の間では「異族人」が定着しているようである。しかし本稿では「異民族」としておきたい。(2)

二、「先住民」の用語とその範疇

S・V・ソコロフスキーには、現代ロシアの先住民〔коренные народы〕概念に相当する諸用語の歴史的用法を含む「他者」概念に関するいくつかの論考がある。［Соколовский

1998］において帝政期の用語として、トゥゼムツィ〔туземцы〕、イノヴェルツィ〔иноверцы〕、ヤサーチニィエ〔ясачные〕、イノローッツィ〔инородцы〕を挙げて解説しているので、それらを参照しつつ概要をまとめたい。これらの他の用例も少なくないが、重要性や頻用性の観点からここでは省略しておきたい。

（1）「土着民」（トゥゼムツィ〔туземцы〕）

まず「土着民」という用語があるが、この用語は後述の「イノローッツィ」と共にシベリア・北アジア開拓史の黎明期より使用されてきた。《зем》「土地」という語根を有するこの用語は、意味論的説明としては「彼の地の住民」〔население《тех земель》〕としている［Соколовский 1998: 58］。「イノローッツィ」との違いとしての最大の特徴の一つは、ソ連期初期の一九二〇～三〇年代にも使われたことであろう（後述）。

一八八一年刊行のダーリの辞書では、「当地、彼の地の出身者、当該国の生粋の住人」《здешний, тамошний уроженец, природный житель страны, о коей речь.》とあり、上記の歴史学的用法と少しばかり異なる内容になっている［Даль 1980 (T.4)］。現代ロシア語文章語辞典（以下「アカデミー版ロシア語辞典」）では、（古語／廃語との記載はなく）「文明の中心から僻遠の地ないし国の出身者と先住居住者で、来訪者と外国人の対語」、（「古語」として）「任意の地方の先住の、土着の住人」とあり［ССРЛЯ 1964 (T.15)］、歴史学的用法に合致する。

「ロシアが他の西欧の植民地宗主国と違って、新規開拓地、植民地の住民を根絶・絶滅させる意図を有さず、それらの住民を自国民化し、『他者』を『身内』にする方向性を有していたという主張は、ロシア帝国史全般、殊にロシア帝国思想研究者には周知の通り」であるが、「トゥゼムツィ」は「イノゼームツィ」〔иноземцы〕と共に、そのようなシベリア史の当初より使用されてきた用語であった［Соколовский 1998: 59-60］。トゥゼムツィはイノローッツィと同様、広くロシア人（および周辺スラヴ系諸民族）以外の異民族全般に対して適用可能な概念であったが、少なくとも公的文書において適用されない民族の例外として、小ロシア（ウクライナ）、沿バルト及びコーカサスの諸民族があった。その他に南シベリアにも同様の例外があった（彼らは「ヤサーチヌィエ・イノゼームツィ」〔ヤサークの賦課された異邦民〕等と呼ばれた）［同：61］。ソコロフスキーによれば、トゥゼムツィとは、「通例植民地化され、開拓され、その意味であたかも**無主の地**（強調は原著者）であるかのような土地の居住者を呼んだ」としている［同：62］。同時にこの用語には十八世紀ロシアにおいて、ロマンチシズムや異国趣味的な要素を含意することにも言及がなされている［同：63］。この点は少なからず重要ではあるが、本稿ではこれ以上追及しないことにする。

（2）「異民族」（イノローツィ〔инородцы〕）

イノローツィはトゥゼムツィを含めた類義語に比べ、帝政期を通じより広くまた頻繁に使用された用語である［同：65］。他方でソ連期に入ってからはほとんど使用されることがなかったという意味では明白に帝政時代、特に十九世紀に頻用された時代限定的な用語ではあった。ダーリのロシア語辞典には簡単な説明がなされ、「他の、異なる種族ないし民族出身者」とある［Даль 1978（T.2）］。アカデミー版ロシア語辞典では、（古語として）「専ら東方の辺境地域出身の非ロシア系諸民族〔ナロードノスチ〕の名称であって、革命前のロシアにおいて公的に確立したものである。」とされている［ССРЛЯТ.5（1956）］。この用語は英訳でも定訳語が決まらない用語とみられ、シベリア先住民史の専門書である［Forsyth 1992］では《natives》、［Slezkine1994］では《aliens》というように統一されていない。

当該用語は十六世紀から十九世紀までの間、多様な文書において使用されてきたが、最も著名な公文書は一八二二年七月二十二日付の「異民族統治規約」〔Устав об управлении инородцев〕であろう。当該法文書中においては、類義語としてはその他に「異種族」〔инородные племена〕、異教徒〔иноверцы〕、土着種族民〔туземные племена〕、ヤサーク民〔ясачные〕という表現もみられる。本規約は、ロシア帝国内（特にシベリア）の異民族を①定住〔оседлые〕、②遊動〔кочевые〕、③漂泊〔бродячие〕の三つの範疇に分類して統治するというものである。[3] ここでは本規約の詳細には立ち入らないこととするが、以下に冒頭の第一部（異民族の諸権利）第一章（分類）の第一条を訳出しておきたい。

> 第一条　現在ヤサーク民〔ясачные〕と称するシベリアに居住する全ての異種族民〔инородные племена〕は、市民的構成状況と現在の生活様式により、三つの主要な等級に分類される。第一の等級には**定住民**、即ち都市や集落に居住する者、第二は一定の場所を占有し、季節により移動する**遊動民**、第三は**漂泊民**、即ち河川や地条を一つの場所から他の場所へ移動する採捕民である。
>
> ［Конев 1999: 85］（強調は本稿筆者）[4]

イノローツィのうち、定住民は事実上ロシア人定住者と同様の扱いを受け、諸権利と納税義務を含む義務を保有した。これに対して遊動民と漂泊民は、ヤサークと称する現物貢租を賦課され、毎年一回これを貢納する義務を負った。本規約公布後は、ロシア革命の二十世紀初頭まで、イノローッツィの用語がシベリア（及びそれ以外の諸民族を含む）先住民を意味する用語として使われた。

ブロックハウス百科事典より約二十年出版が遅く、一部はソ連期になってからの出版になったグラナト百科事典によると、この間の状況の変化を一定程度把握することができる。まず、異民族〔инородцы〕の項目は「遊牧民族〔кочевые народы〕を見よ」〔ЭСГ: 1914（T.22）〕とあるだけである。「遊牧民族」の項には、「定住民」、「遊牧民」、「漂泊民」について掲げて、これらは文化発展段階論的に全ての民族が順に歩むべきものであるとされていたが、今はそのまま受け入れられている訳ではない、と述べ、これらの三つの分類の相対的性格についての言及がなされている。さらに「定住民と遊牧民とを（文化程度の）高低で対置することは全く正しくない」と断言すらしている〔ЭСГ 1914（T.25）〕。その一つ前の項目に「遊牧民族」の項の筆者と同じ筆名（А. Мкс）による「遊牧異民族」〔кочевые инородцы〕という項がある。そこには、法令用語としての用法説明を主体とするブロックハウス百科事典とは異なり、遊牧と定住ないし漂泊との関係性や相対性についての記載が延々と続いている〔同〕。

ソ連期初期のイノローッツィの用語とその範疇に対する公権力の立場を多少とも分かりやすく記述をしていると思われるのが、未完の書、シベリア・ソヴィエト百科事典である[5]。ここでは簡述するにとどめるが、それによれば、イノローッツィは、革命前に次の二つの用法があった。

①狭義で農民と同等ではあるが、幾つかの点で相違のある特別な階層に属することを意味する法律用語。

②より広義の用法で、辺境の多数の先住民（但しここではナロードノスチ〔коренные народности〕）を意味する民族誌学的用語。

ソ連期の初期（一九二九〜一九三二）に編纂された同事典の本項目では、帝政時代の独裁的統治の否定的な影響や施策（搾取、体系的飲酒の強要、ヤサークその他多数の現物貢租の賦課と徴収）を挙げている。「資本主義的な辺境地域の発展や先住諸民族の間の生存のための闘争の先鋭化により…少数にして経済文化面で遅れたシベリアの諸種族は絶滅しかけている。」〔ССЭ 1931（T.2）〕（「異民族統治規約」の内容や十八〜十九世紀における帝国政府のシベリア政策の特徴点に言及した後）一九一七年の革命以降、階層の根絶と共に特別な住民範疇としてのイノローッツィの用語も消滅した。土着民の抑圧された状況を反映したイノローッツィは、現在は古語となっている。シベリアにおけるソヴィエト政権の樹立と共に、また多様な所謂

「遅れた」民族〔народности〕を過去の事実上の文化的経済的不平等から強制的に脱却させる過程において、この用語も過去の抑圧さながらに全く駆逐され、新たに広く認められた用語である「先住地方民族」〔коренные местные народности〕がこれに取って代わった（ここにいう「先住地方民族」という用語は他用の例はあまりに見られないようで、この時期（一九二〇〜一九三〇年代）の民族範疇を示す用語の暫定性の一端が窺われる）。〔同〕

二十世紀初めに民族学者L・Ya・シュテルンベルグが「イノローッツィ（異民族）」と題する論考を残している。そこには有効な記載があるとしてS・V・ソコロフスキーが引用しているので、ここにも掲載しておきたい。つまり、イノローッツィは政府系と民族主義系報道の言語において、政治的なものと技術的法的なものの二様の意味で解釈されている。前者の意味では、当該用語の主要な標徴は言語である。大ロシア人の言語、ロシア語を話す住人のみが「ロシア人」という名称が賦与される特権を有していた。人種も宗教も政治的忠誠心も、本質的な役割を演じない。例えばポーランド人はスラヴ語の方言（原著のまま：本稿筆者）を話す故に「異民族」であり、グルジア（ジョージア）人はギリシャ正教徒であるが「異民族」であった。しかしながら公的な用例でも別の、より狭義、かつ若干奇妙な用法がある。それは技術的・法的な意味で一連の非スラヴ系諸種族を意味する、というものである。(6) その後、言語で何らかの分類をすることは、それが文化水準や言語保持者の民族意識の程度を特徴付けるものではないので不可能であるとし、さらに人種的要素も言語も宗教もこの用語の標徴として決定的役割を果たさない旨述べている［Соколовский 1998: 66-68］。

ソコロフスキーによれば「イノローッツィ」と「トゥゼムツィ」の使用される範囲は一致しないとし、前者は旧ロシア植民地（カザン汗国・アストラハン汗国）と帝国のステップ南部に及ぶのに対して、後者は（小ロシア〔ウクライナ〕、バルト、コーカサスを除く）新規植民地にのみ及ぶとする［Соколовский 1998: 61, 68］。

(3)「異教徒」（イノヴェルツィ〔иноверцы〕）

ダーリの辞典では、「別の、他と異なる、当該国に支配的ではない宗教を信奉する人」という解説がある［Даль 1978: (T.2)］。アカデミー版ロシア語辞典では、古語として、「優勢ではない宗教に帰依する人」とある［ССРЛЯ T.5 (1956)］。注目に値するのは、いずれもキリスト教／正教という基準からの記載がないことであろうか。ブロックハウス百科事典はその点より現実的な解説で、イノヴェルツィは「法的用語であって、ロシアにおいて認められた非キリスト教の宗教（ユダヤ教、イスラム教、ラマ教及びその他の土俗宗教）の一つに属する人々を示す。しかしながらしばしば海外のキリスト教徒を指す。」と定義する［ЭСБЕ T.25（1894）］。実際のところ、当該用語の守備範囲は、イノローッツィが事実上、ロシア帝国内の非ロシア人全体に適用されたのとも類似し、非正教徒住民全体に及んだ。とはいえ多くの但し書きが必要で、例外的用法もある。全ての異教徒が土俗信仰者というわけではないが、これらの用語は同義的であり代替可能であった。但しユダヤ教徒の場合は、異教徒ではあるが土俗信仰者ではない、というような例外があった［Соколовский 1998: 70及び同脚注18］。概して宗教的関係に関わる先住民の分類に関しては、これらの人々の宗教（つまり異教）は、いかがわしい「邪教」の土俗信仰に関わるもの、という扱いであったと言える［同：71］。

（4）「ヤサーク民」〔ясачные〕

文字通り現物貢租ヤサーク[7]を賦課された人々の集団を言うため、必ずしも民族的集団とは一致しないが、多くの場合民族地域集団を構成したものとみられる。

ヤサーク民なる用語はロシア帝国の公的文書には頻繁に登場した。使用範囲は「土着民（トゥゼムツィ）」より広範で、異民族（イノローッツィ）に近い。つまり北方、沿ウラル山脈、シベリア、沿ヴォルガ地方の住民の大多数のみならず、ロシア人農民の個々のオプシーナ（共同体）、特にシベリアのロシア人古参住民[8]をも包含したからである。［同：72］ヤサークを賦課された帝国臣民はヤサーク民であり、民族的標徴は無視されてしかるべきということになろう。ロシア人古参住民の多くは「先住民」と同じようにヤサークを賦課される場合があり、その意味ではヤサーク民の一部を構成していた。

ヤサークの賦課というと、帝国政府に搾取された異民族という構図が想像されるかもしれない。しかし実際はそうでもない側面もあるようである。まず、ヤサークは十七世紀以降、ロシア政府が現地民との交易、交換に資するような経済活動を創設することが困難であることから象徴的に課した帝国臣民としての義務であり、それは国内最小規模の課税であった。それは自由意志によるもので、交換財としてパン、塩、金属製品などが用意された［Симченко 1998: 11］、との民族学者の記述もある。ヤサークが強制的でかつ重荷になっているという説の反証としては、ロシア人農民にとってヤサーク民としての地位は時に誘惑的なもので、彼らの国税規模はヤサーク民のそれをはるかに凌駕していたことや、ヤサーク民と隣接して居住するタタール系農耕移民が、「ヤサーク異民族」のカテゴリーに移行することを望んだことなどが例示されている［Соколовский 1998: 72-73］。しかしながら、多くの「異民族」にとって、ロシア人の出現までは賦課されることのなかった租税としてのヤサークが負担ではないとする見解に直ちに与することはできない旨述べるにとどめたい。

（5）ソ連期における「先住民」概念の諸用語の変遷

既述の通り、一九一七年の十月革命以降、「異民族」（イノローッツィ）、「異教徒」（イノヴェルツィ）、「ヤサーク民」はソ連の公的文書において事実上使用されることはなくなった。従来の用語で残されたのは「土着民」（トゥゼムツィ〔туземцы〕）と「種族」〔племена〕くらいであった。一九二四～一九三二年の間は用語上の多様性と法制定のピークであったが、その間、「先住の」を意味するコレンノイ〔коренной〕は一回使用されただけで、「土着民」が一時的に多用された時期であった。[9] このソ連期初期は事実上帝政期の諸用語が更新されていく移行期で、「先住民」概念に相当する用語は不安定、不確定な状況にあった。《Малые туземные народности Севера》（北方小土着民）、《туземные народности и племена северных окраин》（北方辺境土着民・種族民）、《северные нацменьшинства》（北方少数民族）、《туземцы северных окраин》（北方辺境土着民）、《Малые народы Севера, Сибири и Дальнего Востока》（北方、シベリア、極東小民族）といった用語が使用された［Соколовский 1998: 75; 同 2008: 67］。

現在一九九九年採択の「先住民基本法」（後述）でいう「先住少数民族」の大部分を構成するシベリア北方（極東）諸民族は、ソ連期初期の一九二〇年代に保護政策の対象になった北方少数民族としてカテゴリー化された（例えば一九二六年十月の全露中央執行委員会ВЦИК及びソ連人民委員会議СНК決定「北方辺境土着民及び種族民の統治に関する暫定的決定」等）。この時の北方少数民族というカテゴリーとその内訳としての民族数（二十六民族）は、事実上ソ連期を通じてソ連崩壊時まで維持され、諸施策の基本的範疇として機能した。

「土着民」の用語は一九三〇年代以降ほとんど使われなくなり、北方**小民族**〔**малые народы** Севера〕といった用語に取って代わられた［Соколовский 1998: 77］（例えばＭ・Ａ・セルゲーエフの『北方**小民族**の非資本主義的発展の道』一九五五年；強調は本稿筆者）。「小民族」に関しては、例えば『ソヴィエト大百科事典』（第三版、一九七四年刊）においてシベリア民族学者のＩ・Ｓ・グールヴィッチの署名入りの項目として《Малые народы Севера》が挙げられている［БСЭ 1974（Т.15）］。

一九八〇年代中頃までは、ソ連の法的文書には北方民族〔народности Севера〕、北方小民族〔малые народности Севера〕が常用、混用されていた状態が続いた。「ナロードノスチ」

は、ソ連民族学の民族発展段階論の中で説明される、種族〔племена〕と民族〔народы〕との中間段階に位置づけられるエトノス（エスニック集団）の一類型とされ［Тишков 1994: 458］、ソ連期を通じて使用された用語である。しかし、この用語はソ連において一時期理論的に重要視されたエトノス理論と同様、ソ連民族学の衰退とともに、二〇〇〇年前後以降、使用頻度は急激に低下した。そのナロードノスチは「少数民族〔малочисленные народы〕」、「先住民」〔коренные народы〕といった用語に代えられた。

「北方、シベリア、極東小民族」〔малые народы Севера, Сибири и Дальнего Востока〕や「先住エトノス」〔коренной этнос〕なる用語の組み合わせも使われたことがある。このような表現、特に「小民族」〔малые народы/ малые народности〕の表現に対しては、民族自立の機運の強まったペレストロイカ期には批判的な論調が展開された。例えば『民族が小さいなんてあり得ない』〔《Народов малых не бывает》〕［Коробова 1991］といった先住民の論客による論集が出版されたりした。

ソコロフスキーによれば、公式にはソ連期には所謂「先住民」は存在しないという立場であった。少なくとも一九八五年の国連先住民部会においてソ連の国連大使は、「『先住民』が有意味であるのは（ポスト）植民地主義的文脈においてのみである旨発言している［2008: 59］。

（6）「先住民」概念の成立（コレンヌィエ・ナロードィ〔коренные народы〕、コレンノエ・ナセレーニエ〔коренное население〕）

「先住民〔коренные народы〕」の用語が頻用され、定着する契機になったのは、後述するように一九八九年の国連ＩＬＯの第一六九号条約であったが、ソ連期に**коренное население/коренные народы**という用語は比較的早い時期から存在し、限定的ながら使用されてきた模様である。筆者の管見でも、例えば一九五六年刊行の『シベリアの諸民族』においては、前者〔коренное население〕が使われることがあり、また一九六〇年刊行の『一般民族誌学概説（ソ連邦アジア地域）』のシベリア諸民族について言及する部分では双方の用語が散見される［Толстов и др. 1960］。しかしいずれも現在の国際機関による「先住民」の用法につながる意味合いではない。シベリア原住民／土着民という程度の意味である。

ソ連崩壊前後以降使用頻度が高くなった**коренные малочисленные народы**に含まれる《**коренной**》（単数）は「根」〔корень〕の派生語（形容詞）であるが、一義的に「原住の、古来の／根本的な／主要な」という意味で使われる。その点では時間的先行性を含意する日本語の「先住民」や、土着性を含意する英語の"indigenous"とは一線を画する用語であるが、双方の意味合い（時間的先行性や土着性）を副次的には有しているともいえる。

現在の先住民概念と用語は、国際機関の条約等の用例が成立の一要因になっていることはロシアにおいても同様といえよう。ロシアでは国連先住民部会等で一九九〇年代以降慣例的にも法令上も使われてきた先住民〔indigenous people/s/〕に相当するロシア語として〔《коренные народы》〕がある。これに関しては、まず一九五七年のＩＬＯ一〇七号条約「独立国における土民並びに他の種族民及び半種族民の保護及び同化に関する条約」に関して、このロシア語版名称《Конвенция о защите и интеграции **коренного и другого населения**, ведущего племенной и полуплеменной образ жизни,в независимых странах》（強調は本稿筆者）の中で使用された「先住民」に相当する用語、即ち**коренное население**がある。(10) 第一〇七号条約は、その名称に「同化」の用語があるように、同化推進条約として知られたが、その後の国際的情勢、特に先住民運度の流れを受けて成立する、反同化主義に転じた一九八九年のＩＬＯ第一六九号条約に引き継がれる。国連ＩＬＯ第一六九号条約（「独立国における原住民及び種族民に関する条約」（一九八九年六月二十七日採択、一九九一年九月五日発効）はロシア語版も正文の一つである。(11) その名称Конвенция о **коренных народах и народах, ведущих племенной образ жизни в независимых странах**（強調は本稿筆者）において、その後ロシア語における先住民の用語として一定の定着をみせる「コレンヌィエ・ナロードィ」の用語が採用されている。ロシアにおいてこの用語が「先住民」の定訳として定着していくのは、この条約の採択から少し後の話で、英米圏からは遅れた一九九五年前後と言ってよいかと思う。少なくともソコロフスキーが言うように、一九九三年までは、先住民（コレンヌィエ・ナロードィ）の用語は公的文書には、一九九二年の大統領令に二度現れただけ、という状況のようである[Соколовский 1998: 77]。

現行のロシア連邦憲法（一九九三年制定）第六十九条〔「ロシア連邦は、国際法の一般的諸原則と諸規範、ロシア連邦の締結する国際条約に基づき**先住少数民族**の諸権利を保障する。」[Конституция...]（強調は本稿筆者）〕には「先住少数民族」〔коренные малочисленные народы〕の文言がある。また、先住少数民族の権利基本法（「ロシア連邦先住少数民族の諸権利の保障に関する法律」）が一九九九年に採択されているが、そこにおいても同上の用語が使用されている。いずれも「少数」という規定が挿入されているが、これには意味があり、同基本法において当該民族の範疇に入る要件として「五万人以下」という人口上の上限規定がなされていることに反映されている〔最大の人口を有するネネツ人は四万四六四〇人（人口は二〇一〇年ロシア連邦国勢調査による）〕。その「先住民基本法」採択以降は、シベリア北方民族に関しては**коренные малочисленные народы Севера, Сибири и Дальнего Востока**の用語がかなりの程度定着しているといえる。これらの用語の定着と共に、公文書において使用されるその意味や範疇は国際法規と同様の定義になってきている旨の指摘がなされている［Соколовский 2008: 68］[12]。二〇〇七年採択の「国連先住民の諸権利宣言」に関しても、そのロシア語版は《**Декларация ООН о правах коренных народов**》、即ち「コレンヌィエ・ナロードィ」が使われている。

他方でソコロフスキーによれば、ロシアの法的文書における先住民概念は同化主義と反同化主義の双方を折衷した内容を含んでいる。即ち、ロシアの法体系とそれにより確立した「先住民」のステータスは、国際法に基づくリベラルな脱植民地主義的レトリックを一方に、マルクス主義的基盤を有する「遅れた北方少数民族」を支援するという温情主義的イデオロギーを他方とする両者の折衷主義的結合である、としている［Соколовский 2008: 69］。つまり、ロシアでは法的・政策的に「先住民」という用語を使用していても、実際の法的・政策的意味合いは国際的規範とは同床異夢的な側面を包含していることを示唆している。そのことは現代ロシアの対先住民政策にも容易に見出すことができるが、その検討と分析は別の機会に譲ることとしたい[13]。

注

（1）「ロシア連邦先住少数民族統一リスト」〔**Единый перечень коренных малочисленных народов Российской Федерации (с изменениями на 25 августа 2015 года)**〕による。それによれば、二〇一五年の時点で先住民として登録されているのは以下の諸民族である。

（〔　〕内はシベリア以外、傍線はソ連期に認定されていた二十六民族）（名称は日本語の通称）

〔アバジン〕、アレウト、アリュートル、〔ベセルミャン〕、〔ヴェプス〕、〔ヴォチ〕、ドルガン、〔イジョル〕、イテリメン、カムチャダール、ケレキ、ケット、コリャーク、クマンジン、マンシ、ナガイバク、ナーナイ、ヌガナサン、ネギダル、ネネツ、ニヴフ、オロキ（ウイルタ）、オロチ、〔サーミ〕、セリクープ、〔セトィ（セト）〕、ソヨト、ターズ、テレンギット、テレウト、トファラル（トファ）、トゥバラル、トゥヴァ＝トージャ、ウデヘ、ウリチ、ハンティ、チェルカン、チュヴァン、チュクチ、チュルィム、〔シャプスギ〕、ショル、エヴェンキ、エヴェン（ラムート）、エネツ、エスキモー、ユカギール（なお、アリュートル人はリストには記載されているが、二〇一〇年の国勢調査時の人口はゼロである。)

(その内訳等については本書一〇ページの民族名一覧表と同脚注を参照のこと。このように広範な範疇の民族集団の名称として、少なからず異様な語感すら感じる「異族人」の用語は適正とは言い難い。)

(2) 理由として三点挙げておきたい。

(i) 訳語「異族人」については、ロシア語の《род》(氏族、親族、族《やから》)という語根の意を考慮したものと憶測されるが、この用語は、十九世紀当時すでに《род》という本来的意味を超えた用法で使用されていた。

(ii) 本稿に示したように十九世紀における「イノローッツィ」の適用・対象範囲は非常に広範である。なお、この他に「ロシア連邦シベリア北方極東先住少数民族」というカテゴリーがあり、四十民族が規定されている(二〇〇六年四月十七日付ロシア連邦政令第五三六―r)。本邦歴史学者も、「広義のロシア人(ウクライナ人とベラルーシ人を含む)以外の民族を全て異族人と呼ぶことが増えていた(J. Slocumの引用:本稿筆者)。これはロシア人が非ロシア人を同じ帝国臣民というより異質の存在としてみる感覚が強まったことの現れだった。」旨述べる[宇山二〇一七:六―七]。

(iii) 邦語の「異民族」に対応するロシア語の定訳はなく、当該用語[инородцы]の訳語として使用しても特段混乱をきたすことはない。

(3) 本稿筆者は、内容的には不十分ながらかつて当該規約に関するコメントを含むシベリア(特に西シベリア)の「非定住民」に関する論考を著したことがある[吉田二〇〇二]。

(4) 遊動と漂泊の訳語に関して、кочевыеは日本語では遊牧と訳すことが多いが、ここでは牧畜民のみならず、農耕を含む牧畜には従事しない移動民や狩猟民をも包摂する範疇であるので「遊動」という訳語を採用しておく。бродячиеも遊動/放浪と訳すことも可能であるが、前者と区別する必要と、より遊動の程度が高い生活様式を送る人々という点を考慮して「漂泊」としておく。

(5) 当初四巻本として第一~三巻(Hまで)はソ連期(一九二九~一九三二年)に刊行された。さらに第四巻(Съездまで)が米国で刊行(一九九二)されたが、それに引き続き出版される予定であった第五巻は未刊行。

(6) その内訳としてL・シュテルンベルグは以下の八つを挙げている。

(i) シベリア土着・種族民、(ii) サモエード、(iii) アストラハン及びスタヴロポリ県(なぜかドンスコイ州は除かれている)のカルムィキ、(iv) キルギス、(v) コーカサスの山岳民、(vi) トゥルケスタンの土着民、(vii) ザカスピ州のオルドィンツィ、(viii) ユダヤ人(!)[Соколовский 1998:67](感嘆符は原著者)

(7) ヤサークは当初は進物であったものが国税(現物貢租)として新規に併合されていった領域――沿ヴォルガ・ウラル(十五/十六~十八世紀中葉まで)、シベリア・極東(十七世紀から一九一七年まで)――の住民から徴収されたものである。多くの場合、毛皮獣の毛皮(テン、カワウソ、リス、キツネ、イタチ)や皮革(トナカイ、ヘラジカ)、家畜が徴収されたが、十八世紀からは金納が併用された[БРЭ 2017]。

(8) ロシア人古参住民《русские старожилы》という用語でまとめられる当該住民集団は、ロシア人によるシベリア進出の過程で一定の地所、特に北極海に注ぐ大河川の下流部等に留まり定着して世代を重ねていった地域集団で、多くは十八世紀中葉には形成されたものとみられる(マルコフツィは一八四〇年代)。

ルスコ・ウスチンツィ（インジギルカ川河口）、コルイムチャーネ（コルィマ川中・下流域）、ギジギンツィ（北西カムチャツカのギジギ川流域）マルコフツィ（アナドィリ川流域）等が知られる［Вахтин и др. 2002］。彼らはロシア人のアイデンティティを維持する一方で周辺先住民たちと文化的・言語的借用・流用関係にあり、生存生業に近い漁撈、狩猟等に従事してきた者が多い。

（9）一九三一年十二月二一日付全露中央執行委員会〔ВЦИК〕決定において、《коренные народности Севера》,《коренное население Дальнего Севера, Сахалина и Камчатки》の表現が、туземные народности Севера, нацменьшинства といった用語と共に使用された［Соколовский 1998:75］。

（10）本条約の英語版のタイトルは"Convention concerning the Protection and Integration of Indigenous and Other Tribal and Semi-Tribal Populations in Independent Countries"。

（11）本条約の英語版のタイトルは、"Convention concerning Indigenous and Tribal Peoples in Independent Countries"。因みに日本語訳定訳には現在に至るも「原住民」という用語が使用されている。

（12）例えば一九九六年六月十九日付連邦法「ロシア連邦北方の社会経済発展の国家規制に関する法律」（二〇〇〇年一月二日修正）における定義（第一条六）［Соколовский 2008: 68］。ソコロフスキーは当該論文［Соколовский 2008］において、先住民概念の国際法規とロシア国内での用法との相違や類似、変化、また同化政策と反同化政策の流れやロシアの先住民概念の折衷主義的性格、先住民の同化の進展の程度比較について詳述している。そして最終的には、戦略的本質主義に言及しつつ、先住民間において生活・就業様式／社会的構成状況等の差異化が生じていることを指摘し、先住民保護の対象としては「民族」ではなく、個々の人々、家族、家族の集団であるべき、という論調を展開している［同］。

（13）本論考に関連する最近の論考として、ロシアにおける対先住民政策や諸権利関係、環境問題等を扱った［高倉 二〇一七］、また帝政時代を中心にシベリア先住民のアイデンティティについて論じた［佐々木二〇一七］を参照のこと。

参考文献

邦語

宇山智彦「総説　ユーラシア多民族帝国としてのロシア・ソ連」（松戸清裕他編『ロシア革命とソ連の世紀5　越境する革命と民族』岩波書店、二〇一七年）一―三四頁

佐々木史郎「シベリア先住民のアイデンティティ・帝政ロシアの東方進出と民族意識の顕在化」（川田順三編『ナショナル・アイデンティティを問い直す』山川出版社、二〇一七年）九〇―一二二頁

高倉浩樹「先住少数民族の権利と資源環境問題――ポスト社会主義ロシアへの一視角」（松戸清裕他編『ロシア革命とソ連の世紀5　越境する革命と民族』岩波書店、二〇一七年）二八九―三一四頁

吉田睦「ロシアの異民族（先住民）統治史における『非定住民』――概要と西シベリアの状況」（『東北アジア研究シリーズ⑤　東北アジアにおける民族と政治』二〇〇三年）八九―一〇九頁

英語

Forsyth J., *A History of the Peoples of Siberia. Russia's North Asian Colony 1581-1990*. Cambridge University Press. 1992.

Slezkine Y., *Arctic Mirrors. Russia and the Small Peoples of the North.* Ithaca and London: Cornell University Press. 1994.

ロシア語

Вахтин Н.Б., Головко Е.В., Швайтцер П. *Русские старожилы Сибири. Социальные и символические аспекты самосознания.* М.: Новое изд-во, 2004.

Даль В., *Толковый словарь живого великорусского языка.* Т.1-4, М.: Русский язык. 1978-1980. 2-е изд. [1880-82]

Единый перечень коренных малочисленных народов Российской Федерации. Постановление Правительства РФ от 24 марта 2000 года. N 255 (с изменениями на 25 августа 2015 года). 2015.

Конев А.Ю. (редактор-составитель), *Сословно-правовое положение и административное устройство коренных народов Северо-Западной Сибири (конец – начало века). Сборник правовых актов и документов.* Тюмень: Изд-во Института проблем освоения Севера СО РАН. 1999.

Коробова Э.С., *Народов Малых не бывают.* М.: Молодая Гвардия, 1991.

Левин М.Г. и Потапов Л.П. (ред.), *Народы Сибири. Этнографические очерки.* М.; Л.: Изд-во Академии наук СССР. 1956

Любавский М.К., *Обзор истории русской колонизации.* М.: Изд-во Московского университета. 1996.

Сергеев М.А., *Некапиталистический путь развития малых народов Севера.* Труды института этнографии. Новая серия. Т.27. М.; Л.: Изд-во Академии наук СССР. 1955.

Симченко Ю.Б., *Народы Севера России. Проблемы. Прогноз. Рекомендации.* (Исследования по прикладной и неотложной этнологии. №112). М.: ИАЭ РАН. 1998.

Соколовский С.В.,《Образы《Других》: историческая топология мышления о коренных народах России》. В кн.: *Этнометодология* Вып. 5: Сборник статей. М.: 1998, стр. 57-84.

Соколовский С.В.,《Коренные народы: от политики стратегического эссенциализма к принципу социальной справедливости》. *Этнографическое обозрение.* 2008 (4), 59-76.

Толстов С.П., Левин М.Г. и Чебоксаров Н.Н. (ред.) *Очерки общей этнографии. Азиатская часть СССР.* М. Изд-во Академии Наук СССР, 1960.

ССРЛЯ: *Словарь современного русского литературного языка.* М.; Л.: Академия наук Институт русского языка. 1950-1965. (Т. 5:1956; Т. 15:1963)

ССЭ: *Сибирская Советская Энциклопедия.* Новосибирск: Сибирское краевое изд-во. (Т.1); Западно-Сибирское отделение ОГИЗ (Т.2-3), Т.1-3:1929-1931. Т.2 (1930).

Тишков В.А. (гл. ред.), *Народы России. Энциклопедия.* М.: Большая Российская энциклопедия. 1994

インターネットURL

БРЭ: Большая российская энциклопедия. М., 2004-2017. Т.15(2010), Т.35 (2017)
https://bigenc.ru/

БСЭ: Большая советская энциклопедия. М.: Советская энциклопедия, 1970-1981 (3-е изд.)
http://bse.uaio.ru/BSE/bse30.htm#x000

Конституция Российской Федерации:
http://www.constitution.ru/

ЭСБЕ: Энциклопедический словарь Брокгауз и Ефрон под ред. проф. И. Е. Андреевского. СПб. : Ф. А. Брокгауз, И. А. Ефрон, 1890-1907. Т.25（1894）:
https://dlib.rsl.ru/viewer/01003924235#?page=1
ЭСГ: Энциклопедический словарь Товарищества "Бр. А. и И. Гранат и Ко" 1910-1948（Т.22: 1914; Т.25: 1914）
https://dlib.rsl.ru/viewer/01003996818#?page=5

ロシアの先住民今と昔
（左）帝政時代：19世紀半ばに出版されたサモエード（現在のネネツ人）に関する出版物の挿絵。手に持っているのは氷突き棒。Иславин В., Самоеды в домашнем и общественном быту. СПб. : Типография Мин. гос. Имущества. 1847.（裏表紙）
（右）現在：西シベリアのツンドラで遊牧生活を送るネネツ人（1997年12月）

シベリア地方主義と「女性問題」――シャシコフの評価をめぐって

渡邊日日

一八六〇年頃から一九二〇年代、シベリアの社会的・文化的自立を希求する運動、シベリア地方主義は様々な論点を扱った。大きい論点ではなかったにせよ、「女性問題」は、ロシアとシベリアとの関係を考える上で隠れたアポリアであったことを、地方主義者セラフィム・シャシコフを例に論じていく。

わたなべ・ひび――東京大学大学院総合文化研究科教員。専門は文化人類学、シベリア民族学、ロシア思想史。主な著書・論文に「ロシア民族学に於けるエトノス理論の攻防――ソヴィエト科学誌の為に」（高倉浩樹・佐々木史郎編『ポスト社会主義人類学の射程』国立民族学博物館調査報告、第七八号、二〇〇八年）、『社会の探究としての民族誌――ポスト・ソヴィエト社会主義期南シベリア、セレンガ・ブリヤート人に於ける集団範疇と民族的知識の記述と解析、準拠概念に向けての試論』（三元社、二〇一〇年）、「航空事故をめぐるリスクの増殖――コミュニケーションというリスクに関する理論的寓話」（東賢太朗・市野澤潤平・木村周平・飯田卓編『リスクの人類学――不確実な世界を生きる』世界思想社、二〇一四年）などがある。

はじめに――帝政ロシアとシベリア進出

それまでにすでに、黒テンの毛皮を求めて商人が奥深く入っていたが、一五八一年（諸説あり）、ストロガノフ家の後援を得たカザークの隊長エルマークがウラル山脈を越えて東進を開始した。それ以降、ゆるやかな過程を経てシベリアはロシアに併合されていった。東方の国境が確定――正確にはこれも、〈とりあえず〉といった性質のものだけれども――するには、一八五八年の璦琿条約と二年後の北京条約を待たねばならなかったが、徐々に、暫時的に東へと拡大した帝政ロシアにとって、その北東ユーラシアの広大な領土たるシベリアの位置や意味づけは、判然としたものではなかったし、歴史的にも変化していった。[1]

そうしたなか、シベリアとはどういう場なのか、ロシアとの関係はどうあるべきなのか、を深く問う思潮が生まれた。微細な違いを内部に抱えながらも、一つの思想と運動の流れとなり、結果的には一九二〇年代に、少なくとも地表からは消えたのが、シベリア地方主義（Сибирское областничество、以下、地方主義とのみ記す）である。本稿では、地方主義の一側面に関心を集中し、ロシアとシベリアの関係、シベリアを議論することの難しさについて考察していきたい。[2]

一、地方主義とシャシコフ

(1) 小史

まずは地方主義の流れを簡潔に押さえておこう。大河の最初の一滴はもう少し前に遡るのだが、具体的な最初の一歩を踏み出したのは、ペテルブルグにて、一八六〇年に、後の民族学者グリゴーリー・ポターニン（一八三五～一九二〇）と、歴史家・民族学者のニコライ・ヤードリンツェフ（一八四二～一八九四）を中心として、シベリア出身の大学生らを集めてシベリア郷人会が発足した時である。その頃にはすでに、地方主義思想の主な始祖である歴史家アファナーシー・シチャーポフ（一八三一～一八七六）が、周縁と地方の動態を重視する歴史観を積極的に公表していた。[3] 当初は、確かに〈学生サークルのノリ〉の性質もなくはなかったが、ヤードリンツェフの「シベリアの文学的回想」で語られているように、真摯な論議の主要な対象は何よりも「地方での大学の意義と、シベリアにおける大学の必要性」[4]であった。シベリア生まれの優秀な若者がペテルブルグの大学で学業を終えたのち、そこにとどまらずにシベリアに戻るためには、シベリアに大学および高い文化水準の生活環境がなければならない、と考えたからであった。そうして、シベリアを多面的に捉える視座が確立していった。

(2) 基本的思潮

地方主義は一八六五年、ロシアからシベリアを分離・独立させようという思想を流布したとの理由で一斉逮捕（一八六八年に結審、公民権剥奪・流刑）された通称「分離事件」を通過し、二大立役者の片方ヤードリンツェフの死、そしてボリシェヴィキとの確執を経て一九二〇年代に消滅していった。その過程で紆余曲折や内部での意見の食い違いもあったが、反中央集権的で多元的・連邦制的な政治・社会構想に基づいたシベリアの自治の拡大、それを促進し、促進することでもって支えられる知的環境の向上（シベリアでの大学の設置など）、が一貫した基本的思潮であった。具体的には、ポターニン自身のまとめを引用すれば、地方主義思想は次の五つの課題から成り立っていた（なお括弧の中に、その地方主義的解を補足しておく）。

①シベリアへの刑事犯流刑［の廃止］

②モスクワの手工業地帯へのシベリアの経済的依存状態［からの脱却］

③シベリアからヨーロッパ部ロシアへの、若年層の退出と優秀な人材の移動［の阻止］

その他に、もう二つとして、移民問題と異族人［先住民］[5]問題［の解決］[6]

この五大目標を実現するべく地方主義者がとった主な戦術は、言論・ジャーナリズム活動の展開であった。自らの主張をロシアの論壇に訴えるべく大量の論文を、専門的研究や一般向けジャーナリズムの文脈を問わず書き、同時に自分たちの声をより体系的、集約的に公にできるよう、シベリアでシベリアのための雑誌や新聞を刊行していった。シベリア各都市に拠点を設け、時には移動を余儀なくさせられながら、学校を創設したり、大学設置に奔走したり、美術館を開設して啓蒙活動を展開するなど、言論活動だけでなく様々な社会・地域活動も同時に繰り広げていった。

地方主義者はどれくらい存在したのか、答えるのは簡単ではない。地方の行政官や商工業経営者などの支持層も含めると計算ははなはだ困難であるが、地方主義思想の形成に寄与した文筆家で言えば十五名前後と算出される。これから見ていくシャシコフ[7]はそのうちの一人である。なお、地方主義の関係者で、日本で名が知られている人をあえて指摘するならば、童話的作品「せむしの小馬」[8]の著者、ピョートル・エルショーフ（一八一五～一八六九）となろう。エルショーフは、青年期に執筆したこの作品のみで文学史に名を連ねることになった作家だが、トボリスクをこよなく愛し、地方主義の揺籃を作った人物の一人でもあった。[9]

二、シャシコフ

(1) 生い立ち

セラフィム・セラフィーモヴィチ・シャシコフは、一八四一年十一月五日、イルクーツクにて誕生した。ポターニンより五歳若く、ヤードリンツェフとは一歳も離れていない生まれである。母親は有名な商家の出身であったが、アルコール中毒に陥っていた聖職者の父のせいで生活は困窮を極めた。イルクーツク神学校で学び、一八六〇年に卒業後はカザン神学大学に進学した。すでに一八五八年、初めての論文を『イルクーツク県通報』に掲載し、文筆活動を開始していた。なお、それはブリヤート人に関する民族誌的記述であった。大学ではシチャーポフに近づく機会を得た。勉学を続けるためにペテルブルグに移住。カザンから追放され、同地にいたシチャーポフのもとに暮らしつつ、ペテルブルグ大学東洋学部に通った。[10]首都滞在中は数々の論考をものし、ヤードリンツェフやポターニンと知己を得、シベリア郷人会に参加、活動の場を広げていった。経済的困窮ゆえ勉学を続行できなくなると、シャシコフは首都を離れ、イルクーツクおよびキャフタでしばらく過ごしたあと、クラスノヤルスクに移り住んだ。同地で私立学校を開設するも一年後に閉鎖に追い込まれた。一八六四年にクラスノヤルスクで、翌年トムスクで行ったシベリア史に関する連続講演会は、熱狂をもって迎えられ、初期地方主義の輝かしい思想史的事件にもなった。

「分離事件」で逮捕、アルハンゲリスク県のシェンクルスクという小村に流刑となった。健康を損なった一八七三年、移住が許され、各地を転々としたのちノヴゴロドに居を構えた。すでに晩年とされる時期になったこの頃、『事件（*Дело*）』誌と深く関わるようになり、二〇〇本以上の論考を寄稿しては糊口をしのいだ。総じてシャシコフの生涯は悲惨と貧困、不運と病苦に満ちていたが、見舞いに行ったヤードリンツェフによると、シャシコフの「両足は麻痺していて、ベッドから机まで這っていったものだった。彼は本の山に囲まれ、倦むことなく働いていた」[11]という。一八八二年八月二十八日、死去。四十歳の生涯となった。[12]

図1　シャシコフ（出典：К. Дубровский, *Рожденные в стране изгнания* (Петроград: Типография Виктория, 1916), стр.148/149. 写真の電子データは、プーシキン記念トムスク公共図書館の、同書を掲載しているサイト（http://elib.tomsk.ru/purl/1-5907/）より）。

（2）著作の特徴①

短い一生であったが、シャシコフは膨大な著作群を残した。その特徴は次のように挙げることが出来る。

一つに、他の地方主義者と比べてみた場合、シャシコフの異色ぶりはその高度な外国語能力にあった。当時のロシアの知識層で幾つもの言語に精通していることは普通であったが、シャシコフの場合、その語学力（とりわけドイツ語、フランス語を自在に読みこなす読解力、古代ギリシャ語、ラテン語にも通じ、後述のように英語も）をフルに用いて外国の状況を詳しく論じた点に特徴がある。例えば一八七五年産の『歴史概論』では、スペインの通史を扱う章から始まり、英国の農業問題を論じた章があるかと言えば、アイルランドの将来を考察するといった感じである。多くは書評論文の体裁をとっており、これまた当時の論壇ではよくあった状況——つまり、貧困にあえぐ評論家・著述家が雑誌に記事を多く寄稿することでかろうじて飢えをしのぎ、家族を養っていかなければならないゆえの「量産体制」で、それゆえ多岐にわたる論点を結果的にカバーすることになった——とはいえ、シャシコフの博識ぶりには驚くべきものがあった。

第二に、頭脳明晰ゆえのペシミズムとでも評しうるシャシコフの筆致である。このことを論じるまえに、シベリアを議論することの難しさについて少し考えておこう。

(3) 議論の難しさ

主義思想の器でありその母体でもあるシベリアについて主張していくことは、シベリアはロシアのなかにあるがロシアではない、という一見矛盾することを論じることでもある。地方主義の視座からすれば、シベリアはロシアの単なる田舎、ロシアの他の地方と同じような地域であってはならないし、そうではないのだと、歴史的・民族学的・自然科学的(気候の特徴などを考えればよい)研究のうえ結論を出したがゆえに地方主義が(少なくとも本人たちの認識上は)成立していた。

独自の単位としてシベリアを把握し、それを説得的に示すという頭脳労働は、シベリアがロシアとは異なることを示すことに他ならないが、実際にその作業を成し遂げるには、様々な論理の荒波を避けて船を操縦する技が必要であった。シベリアが抱える様々な社会問題を暴露し、その改善の必要性を主張する戦略は、それはそれとして言説展開上必要なことだが、それのみであればシベリアについてマイナスのイメージだけが言論空間に増殖することになり、シベリア内部に向かってはネガティブ・キャンペーンにも映る可能性がないわけではないゆえ、優秀な若い男女をシベリアに「引き留めておく」にはいささかリスキーな試みとなるからである。

(4) 著作の特徴②

すぐれて慎重かつ大胆、繊細かつ向こう見ずな言説戦略を要請される地方主義者は、常に綱渡りをしなければならなかった。実際ヤードリンツェフの主張は、今に至るまで、矛盾をなんども指摘され続けている(後の例で言えば、「シベリアで女性が置かれている環境はヨーロッパ部ロシアに比べれば民主的だ」という主張と、「ヨーロッパ部ロシアよりシベリアの女性のほうが辛苦に耐えている」という主張が混在する、など)[13]。対して、シャシコフの論調は極めて一貫したもので、論理の隙がない。一言でいえば話が〈暗い〉のである。引用を幾つか交えて論述すべきだろうが、ここではソ連時代の史学史家ウラジーミル・ミルゾエフが、シャシコフの著作について的確に特徴を言い当てているのでそれを引用するにとどめよう。

シャシコフの歴史叙述のライトモチーフとなっているのは、歴史的過去においてシベリア社会が完全に知性を欠いており、物理的にも道徳的にも堕落しているということであった。［略］シャシコフは、シベリア人に向かってヒューマニズム的特徴などどこにもないと否定し、どんな手段を使ってでも金儲けしようという目的のみシベリア人に見出す。従って、シャシコフに従えば、シベリア社会で進行しているのは「万人の万人に対する戦争」ということになる。(14)

周知の通り、「万人の万人に対する戦争」とは、トーマス・ホッブズが、各人によって権力の一部がプールされ、それを管理することでもって主権の所有者としての国家が是認されると説いたときの一種の思考実験場であるが、シャシコフに至ってはあたかもシベリアには人間的主体は存在せず自然状態そのもののようである。

三つ目の特徴は、シャシコフが「女性問題」に深くコミットしたことである。高範囲の言語能力を駆使して世界の歴史と動向を押さえ、ペシミズムに押されながらも、女性の〈抵抗史〉を掘り起こそうとしたのだが、地方主義の歴史および研究史でシャシコフのこうした側面は、その業績の大きさにしては過小評価されてきた。

三、「女性問題」

（1）十九世紀ロシアの「女性問題」

一八三〇年代、フランスの「女流」作家ジョルジュ・サンドの思想がロシアに輸入され、女性の性・結婚・自立をめぐる議論が活発になった。それを受け、五〇年代後半から多くの知識人をのみこみ、大きな論点となった。一八六〇年代前半まで、婚姻法の改正といった大きな社会問題にもなり、また、描かれる女性像をめぐって文芸批評が闘わされた（ツルゲーネフの『その前夜』、そのドブロリューボフの評論、チェルヌィシェフスキーの『何をなすべきか』など）。この議論の束は、「女性問題（Женский вопрос、英訳では the "Woman Question"）」と言われている。(15)

「女性問題」の論点は、合州国の優れた精神史家リチャード・スタイツの研究によれば、大きく三つの柱から構築されていた。一つは、女性はどこまで高等教育を受けるべきかという点、二つ目は女性はどういう職種で働くことができるかという点、三つ目は急増する売春婦をどうすべきかという点である。五〇年代から六〇年代にかけてということは、農奴解放などの「大改革」の時代であり、価値観も、また生活環境も（貴族の女性といえども左うちわの有閑マダムとはいかず、手に職をつける必要が出てきた、など）大きく揺れ動く時代であり、「女性問題」が論壇の多大な面積を占めることになったのも不思議はない。(16)

（2）地方主義者と「女性問題」

地方主義のなかで「女性問題」が大きな争点でなかったのは確かだとしても、同時代の風潮として無視できるようなものではなかった。シチャーポフは一八七〇年代前半に女性を扱った論考を、少なくとも三本、「ロシアの女性の社会的地位に対する世論の影響」（一八七一年）、「前ピョートル時代的見解でのロシアの女性の地位」（一八七三年）、「ロシア社会史における世界観・思想・労働・女性」（一八七三年）を公表している。ヤードリンツェフもまた、興味深いことにシベリアに限定して、短いながらも重要な「一七世紀・一八世紀シベリアにおける女性——歴史的概論」（一八六七年）を出している。だがシャシコフの「女性問題」への貢献は、三冊の浩瀚な著作（『女性の歴史的運命・嬰児殺し・売春』［第二版、一八七二年］、『アメリカにおける女性問題』［一八七五年］、『ロシア女性史』［第二版、一八七九年］(17)）によってなされたもので、質量ともに地方主義者のなかで突出していた。

（3）シャシコフの「女性問題」の叙述

『女性の歴史的運命・嬰児殺し・売春』は世界各地の事例をもとにしており、また『アメリカにおける女性問題』はそのタイトルが暗示するように北米の事例のみを論述しており、ロシアは比較の見地から言及される扱いになっているゆえ（後者ではロシアへの言及は全くといっていいほどない）、もっぱらロシアの事例を論じた『ロシア女性史』を簡単に見ていきたい。

『ロシア女性史』は基本的には歴史書である。氏族社会的な構成を持っていた古代ルーシからピョートル改革期を経て、現在までの女性史という形をとっている。それというのも「序論」で論じられるように、過去があってこそ現在があるゆえ、現在のことを知るには過去を知る必要があるという姿勢ゆえである。出だしの文、「ロシアの女性はこれまで自らの歴史家を有してはいない」(18)には、自分がその大役を引き受けようとするシャシコフの意気込みが感じられる。

『ロシア女性史』は、過去の事例を紹介し、そのついでに現在のことを指摘するという語法が目立つものとなっている。スラヴ系諸民族（古い時代では「ロシア」の枠を超えて記述されている）で見られた未亡人の後追い死の慣習を指摘したあとで、例えば、こう記述している。

小ロシア人［ウクライナ人の旧称］の信念では、相手がいないまま亡くなった者にはあの世に居場所はないのであって、今になっても、白ロシアの幾つかの場所では、若者、特に若い女性の葬式は婚礼に似たものとなっている。若い女性が死ぬと、あの世に向かう彼女のため花婿が指名されるのだが、彼は亡くなった彼女を墓まで見送り、死んだ彼女の家族での女婿と見なされるのである。[19]家父長制で男児が重視される慣習の紹介でもこう論じている。

今に至ってさえ、例えばアルハンゲリスク県の幾つかの場所では、結婚した女性が、厳しい夫に対して女児を産んでしまったことを恐れるあまり嬰児殺しをするのもまれではない。[20]

シャシコフはロシア各地から様々な、女性の「隷属化」の事例を自由自在に引用し、それが生じる社会構造上の特性（家父長制、男性権力など）を暴いていく。彼の叙述に特徴的なのは、同時に女性側からの抵抗の事例を指摘し、その重要性が歴史的に高まってきたと論じる件である。最終的には、女性の地位の向上のためには、「いまほど、女性の教育への欲求が強いときはない」[21]ゆえ、いち早く女性の教育制度を整備すべきである、と主張する。シャシコフの筆致は、過去のうえに現在があり、過去の一部はいまなお現在でも持続していることを指摘することで強い社会批判の力を帯びるものとなっている。さらに、ここでは触れられなかったが、『女性の歴史的運命・嬰児殺し・売春』では、ロシアの〈遅れた〉事例を西洋との比較のもとに引き出すことで、批判の力を増強させる形になっていた。シャシコフの短い評伝を記したコンスタンチン・ドゥブロフスキーが、そのタイトルを「歴史家かつ女性の見方」としたのも、[22]また現代ロシアのフェミニズム史の代表的研究者ワレンチナ・ウスペンスカヤが、「女性問題」論に寄与した男性執筆者の選集を編んだとき、『ロシア女性史』から一章を掲載したのも、[23]十分に肯けることである。

四、ポターニンのシャシコフ評価
――ロシアとシベリアを議論する難しさ

（1）シャシコフに対するポターニンの不満

様々なテーマで論陣を張ったシャシコフであったが、地方主義者は彼のことをどう見ていたのか。シャシコフに与えられる評価は、ロシア〈と〉シベリアを議論する難しさ（ロシア〈あるいは〉シベリアと言い換えられるか、という問い）を考えるうえで無視できない。

ポターニンの回想録でシャシコフは、端的に言って、良く書かれていない。常に真面目な勉強家で、「自分たちの仲間のなかで最も教養ある人物」で、外国語に堪能、監獄ではさらに英語を極めようと「ベッドのそばの壁は全面、英単語のリストが書き付けられていた」ぐらいであった。賞賛を惜しんでいないのは確かだが、読後感として残るのは不満や批判である。

ヤードリンツェフと比べ、知識量ははるかに凌駕していたにせよ、シャシコフは実際にはオリジナリティーに乏しかった。主体的なものの見方も、感情も乏しかった。ただただ知性しかもっておらず、机上の社会評論家だった。彼はあたかも西洋との国境に腰掛けて、ヨーロッパの商品をかき集めてはそれでロシアの領土を満たそうとしていたかのようだった。ロシア・ジャーナリズムにリベラルな論文を供給する機械であった(24)

図2　ポターニン（出典：К. Дубровский, *Рожденные в стране изгнания* (Петроград: Типография Виктория, 1916), стр. 242/243. 写真の電子データは、プーシキン記念トムスク公共図書館の、同書を掲載しているサイト（http://elib.tomsk.ru/purl/1-5907/）より）。

かなり辛辣な書きっぷりである。ポターニンの生誕八十周年になる一九一五年、T・ファラフォントヴァは、前年に面会したポターニンとの一種のインタビュー記録を『ロシア思想』誌に寄稿しているが、それを読むとここでもまた、シャシコフへの否定的言及に気づかされる。ヤードリンツェフがいなかったら地方主義というのはありえたでしょうか、と、インタビュアーに質問されて答えるなかで、ポターニンはこう語っている。

シャシコフとヤードリンツェフとの間には、驚くほどの違いがあります。前者にあっては、論理は素晴らしく、議論の相手を容赦なく追い詰めていましたし、読書量はたいへんなもので、ばりばりと仕事をこなす力があり、大量に執筆して、一般的な社会評論上の問題に取り組んでいました。ヤードリンツェフと言えば、一般的な社会評論には一度も関わりませんでしたし、自分の仕事の領域を限定していました。とはいっても、シャシコフの論文はどれも紋切り型で、彼は血や、神経の髄液といったものでものを書くということをしませんでした。怒るということがあったにせよ、彼は心でなく頭で怒ってペンを握っていました。ヤードリンツェフはちょうどまった

く逆でした。(25)

対照例として、ヤードリンツェフを見てみよう。ヤードリンツェフのシャシコフ評——結果的にヤードリンツェフの最後の論説で、自殺が疑われるような、阿片による中毒死の直前に書かれたと言われている——は、すでにその一部を引用したが、全体的に優しさに満ちている。シャシコフが「女性問題」に関する著作を記したことについて、こう述べているのである。

これらの作品のなかで我らが同郷人［シャシコフ］は、弱い立場の人々、不当に抑圧されている人々、人間を原因とする不正で侮辱された人々の情熱的な闘士、擁護者となった。彼は人間の権利のため、解放のため、平等のために働いていたのであり、彼の仕事は深いヒューマニズム、歴史家と社会評論家としての優れた視点に貫かれていた。(26)

（2）ポターニンの不満の背景

ポターニンのシャシコフに関する評価の厳しさ、低さは、長年の戦友たるヤードリンツェフとの比較という文脈にあるにしても、やや理解しがたいところがある。それゆえ、これまで研究者もこの点に注目し、例えば彼の回想録を「シベリア文学遺産」シリーズの一つとして編んだ一人は、「シャシコフの活動の評価においてポターニンは客観的ではない」(27)と注記をつけている。ドイツの思想史家ヴォルフガング・ファウストも、その浩瀚な地方主義研究のなかでシャシコフ評価について一定の考察を加えている。ポターニンはシャシコフに見られる「思考の冷酷さ（Verstandeskälte）」を批判するが、こうした批判に見られるポターニンの「怒り」は、シャシコフがシベリア固有の問題と深く、長く取り組むことをせず、ロシア一般に関する議論を展開した経緯に、端的に言えばシベリアを論じるのではなくロシアを論じるようになった経緯に、地方主義へのシャシコフの「背教」を見たからだろうとファウストは推察している。(28)

ポターニンの評価を考えるには様々なポイントがあるだろうが、回想、それも、地方主義という思想と運動が斜陽化しているのが明らかな時期での回想という点は見のがせない。ポターニンの回想録がトムスクの『シベリア生活』紙で掲載が始まったのは一九一三年であった（連載が終結したのは一九一七年）。他のあらゆる思想運動と同様、地方主義にも幾つかの段階や栄枯盛衰があるが、状況の変化（例えばシベリア鉄道の敷設）、目的の一部達成（トムスクにシベリア初の大学が一八八八年に創設）、有力思想の出現（ナロードニキ主義のあとのマルクス主義の攻勢）などによって地方主義は、少なくとも初期の勢いと輝きは衰え、特に二十世紀初頭では、シベリア独自の代表者のドゥーマ（国会）への派遣問題という現実政治の渦に巻き込まれることとなった。これらの要因のなかで、マルクス主義、つまり、シベリアという地域の論理が後退し、階級というロシア一般的な次元が最も枢要な原理となる立論の体系は、地方主義者には、シベリアという地方の問題の、ロシアという全体の問題への置き換えと同じように映った。(29) 実際、すでに一八九四年の段階でヤードリンツェフは、自分たちより若い世代のシベリア知識層がロシアの議論に熱中して、自力で、すなわち、シベリアの大地に足を付けた形で思考していないことに憤る手紙をポターニンに送っていた。(30)

（3）「女性問題」に見られるロシアとシベリア

不思議なことにファウストは、何をもってポターニンはシャシコフの「背教」を見て取ったのか、具体的に探ろうとはしていない。管見のかぎり解は明瞭で、要するに、シャシコフがロシアの「女性問題」の論客になったことであった。先ほど見たポターニンの文の三つ前の段落の最後では、収監中シャシコフが、研究を続ける一環で女性問題や嬰児殺しについて文献目録を作成、資料を収集し始めたこと、また、このテーマに関する論文の註で、自分は「今後、シベリアの歴史やシベリアの問題に取り組むのはやめて、一般的なジャーナリズム活動に移る」と宣言している、と書いている。そして、最初に引用した評価の直前の文章で、シャシコフは「ロシアの女性の状況に関する分厚い著作〔『ロシア女性史』のこと〕をものし、さらに分厚い一冊、女性一般の状況に関する著作〔『女性の歴史的運命・嬰児殺し・売春』のこと〕をものして、要するにリベラル派ジャーナリストの仲間入りをしたのだった」としている。(31)

となると次の問いは、ロシアの「女性問題」に着手し、著作を刊行することが、地方主義への「背教」や裏切りになるかどうか、ということである。ポターニンの語法で「ジャーナリズム」という術語は彼のヤードリンツェフ評価にも関わるゆえ拘泥して考えたいのだが、それは別の場に譲り、ここではシャシコフの弁護だけで甘んじようと思う。

第一に、シャシコフは、晩年に至るまでシベリアに関する著述を続けている。一八七九年には、雑誌『事件』に、「一九世紀初期のシベリア社会」、「自らの記念祭が近いシベリア社会」、亡くなる一八八二年にはヤードリンツェフの『植民地としてのシベリア』の書評「三〇〇年祭にあるシベリア」を寄せている。確かに、プーシキンやレールモントフ、ベリンスキー、フォンヴィージンなど、ロシア文学者について論じることも多かったが、シベリアについての考察を捨てた訳ではない。[32] ドゥブロフスキーはシャシコフの業績を、シベリアの歴史学・民族学、特に社会問題に注目した一般的な歴史研究、そして「女性問題」の解明の三つに分け、特に最後のが優れてオリジナリティーあるものと評価しているが、最初のシベリア関連のものが低いレベルというのでもない。[33]

第二に、ロシアにおける「女性問題」はシベリアで先鋭化していたとも考えられる。すでに見たように流刑制廃止は地方主義者の最大のアジェンダであったが、流刑制は、私見では二つの点で女性への暴力をより残酷にしていた。一つは、流刑などから逃亡して放浪者となった男性が道中で働く暴力である。放浪者（бродяга）は様々な経緯で生じ、よりよい生活の場を求めて彷徨うのはロシア民族のメンタリティーだとヤードリンツェフも述べるところだが、[34] シベリアの場合徒刑から逃げた者もその一構成要素であった。女性のほうと言えば、家庭での重労働、「シベリアで、妻を殴らない夫はまれ」という状況ゆえ、「家を出たいという農民女性の願いは無理からぬこと」であり、放浪者が、〈白馬の王子〉ではもちろんないにしても、辛い境遇から一瞬でも抜け出させてくれる存在に映ったこともあった。しかし放浪者について村を後にするのは、それはそれでリスキーな行動であった。言語に絶する悲劇も生じた。ある若い女性が、上記のような流れで、放浪者について行った。道中、別の放浪者が加わり、女性をめぐってもめたところ、この二人の放浪者は、諍いの原因として女性を暴行した。「二人は女性の衣服を剥ぎ取り、強姦し、女性を自身の髪の毛で木に吊し上げたうえ放置した。後に発見されたとき、この女性はまだ亡くなっていなかった。そのむくんだ体は、生きたまま、蝿や昆虫、蚊に喰われていた」という。[35]

もう一つは、流刑社会に起因する人口のアンバランスゆえ、女性が圧倒的に少ない状況が生まれ、それゆえ性暴力が生じやすかったということである。イギリスのシベリア史家アラン・ウッドは、「ジェンダー間のこうした極端な不均等ゆえ、レイプや先住民女性の誘拐、売春、近親相姦、児童虐待、同性愛《ママ》、獣姦がよくあるような環境が出来上がった」[36] と述べている。人口の性的不均衡の実態は別にしても、男性人口が圧倒的に優位になる時空間がシベリアで点在していたのは間違いなかった。

（4）シベリアの奴隷制・異族人・女性

そもそも、と言っていいだろう、「女性問題」はある意味シベリア内在的であった。「本土」ロシアと異なるシベリアの独自な点、それも肯定的な意味での独自性を、「本土」とは違ってシベリアには地主貴族層が薄く、農奴制がなかった、という歴史的背景に求める向きがあり、地方主義者もこのことを強調する傾向にあったが、「冷たい思考」の持ち主たるシャシコフは違った。そのペシミズムも手伝っていたのだろう、彼はシベリアの歴史の〈恥部〉を容赦なく暴いていった。そうした彼の筆づかいが特に出ているのが、「シベリアにおける奴隷制」論文である。七〇頁ほどのこの論考の論調は単純明快である。曰く、シベリアにも奴隷は存在した、シベリアの奴隷制の問題は異族人と大きく関係することであった、と。シャシコフはこう論じる。

［シベリア進出の過程で］ロシア人男性にまず何よりも必要であったのは妻であった。彼らは異族人女性を奴隷にし、彼女らを自分の愛人や妻、奴隷のような家事従事者とするのである。［（略）教会の反対がありながらも］ロシア人は異族人から彼らの妻や娘を連れ去り、彼女らと妻のように、彼女らが洗礼を受けていなかったり、教会で結婚式をあげていなかったりしても、共に生活した。［（略）こうした］慣習はシベリアが一八世紀末に完全に平定されるまで続いた。(37)

確かに、「女性問題」に関するシャシコフの筆致はロシア一般的であった。だがそれは表面的なことであり、議論の構図や問題設定の面でシベリアの地方主義的問題系と地下で途切れなくつながっていた。

おわりに

ロシアとシベリアの関係を論じることの難しさは、すでに本稿で紹介した引用文でも明らかだろう。ヤードリンツェフの「シベリアで、妻を殴らない夫はまれ」という記述は、考えてみれば妙である。なぜ「ロシアで、妻を殴らない夫はまれ」となっていないのか、ロシア「本土」よりもシベリアのほうで妻がDVの被害に遭うのが多いという統計的エビデンスでもあるのだろうか、なぜわざわざ「シベリア」と言う必要があったのか、などと疑問が当然にも出て来るが、これこそ地方主義者が抱えたアポリアだった。

シャシコフはこう述べている。

人間の尊厳と他者の自由を尊重することができるのは、一度も自らの手に奴隷制の鎖を手にしたことのない人間のみである。(38)

十九世紀ロシアで、奴隷や農奴の〈恩恵〉をこうむらなかった人間は、文筆家や知識層では少なかっただろう。かくして厳しい倫理的基準をシャシコフは要求していたのだが、このことは「思考の冷酷さ」とも関わるのだろうか。いずれ

にしても、ロシアの矛盾が集積していたシベリアという理解を超え、さらに先へと思考し続けることが必要である。(39)

注

(1) シベリアの歴史的位置に関しては、概略的な導入として、拙稿「シベリア――シベリア開発とその課題」(塩川伸明・池田嘉郎編『東大塾 社会人のための現代ロシア講義』東京大学出版会、二〇一六年、一三九―一六八頁)を参照。

(2) 英語にはほとんどの場合、Siberian Regionalismと訳される。なお、「シベリア愛国主義(Сибирский патриотизм)」と言われることもあるが、紙幅の制約上、ここでは違いを無視する。

(3) 文化人類学を専門とする私が、地方主義に並々ならぬ関心を抱くのも、その思想と運動を主導した者の多くが民族学者であったからである(シチャーポフは歴史家だが、ロシア人とブリヤート人とのハーフであり、ブリヤート人の社会生活に関して民族学的論説も残している)。十九世紀シベリア民族学との関係から見た地方主義の特徴などについては、さしあたり拙稿「帝国の文化か、批判の表象か――帝政期シベリアに於ける『民族誌的多様性』について」(『超域文化科学紀要』第八号、二〇〇三年、五―四四頁)を見よ。

(4) Н. Н. Яновский, (ред.), *Литерутурное наследство Сибири*, том 4 (Новосибирск: Западно-Сибирское книжное издательство, 1979), стр. 301. *Cf.* Stephen D. Watrous, "Russia's "Land of the Future": Regionalism and the Awakening of Siberia, 1819-1894" (Ph. D. Dissertation, Department of History, University of Washington, 1970), pp. 287f.

(5) 帝政ロシアは身分制をとっており、シベリア先住民は「異族人(инородцы)」という身分に範疇化されていた。その語法も制度も一貫したものではなかった。ただし、John W. Slocum, "Who, and When, Were the *Inorodsy*?: The Evolution of the Category of 'Aliens' in Imperial Russia" (*The Russian Review*, 57: 173-190, 1998)を見よ。

(6) В. Сапожников, (ред.), *Сборник к 80-летию дня рождения Григория Николаевича Потанина: избранные статьи и биографический очерк* (Томск: Типо-литография Сибирского товарищества печатного дела, 1915), стр. 103.

(7) シャシコフについては、以下の書物の随所で、少なからず言及されている。田中克彦『「シベリアに独立を!」――諸民族の祖国をとりもどす』(岩波書店、二〇一三年)。同所八九頁以下で、『女性の歴史的運命』が『アメリカにおける女性問題』ともども「発行とほとんど同時に発売禁止となった」とあるが、本文部で後述するように、これは誤りである。

(8) ピョートル・エルショーフ『イワンとふしぎなこうま』(浦雅春訳、岩波書店[岩波少年文庫]、二〇一六年)。

(9) Dmitri von Mohrenschildt, *Toward a United States of Russia: Plans and Projects of Federal Reconstruction of Russia in the Nineteenth Century* (Rutherford: Fairleigh Dickinson University Press, 1981), pp. 91f. Сапожников, *Указ. соч.*, стр. 87-88でのポターニンによる記述も参照。

(10) この頃のシチャーポフについては、島田孝夫「シチャーポフおよびカザン大学学生サークルとベズナ蜂起――農民追悼集会をめぐって」(『ロシア史研究』三四号、一九八一年、二一―二四、七三―八〇頁)が参考になる。

(11) Н. Н. Яновский, (ред.) *Литерутурное наследство Сибири*, том 5 (Новосибирск: Западно-Сибирское книжное издательство,

1980), стр. 152.

(12) 生い立ちの記述は主に以下をもとにした。Д. Д. Языков, *Обзор жизни и трудов покойных русских писателей*, вып. 2 (Петербург: Типография А. С. Суворина, 1885), стр. 53, В. И. Клименко, (ред.), *Историческая энциклопедия Сибири*, том 3 (Новосибирск: Историческое наследие Сибири), стр. 523-524.

(13) А. П. Окладников, (ред.), *История Сибири*, том 3, Сибирь в эпоху капитализма (Ленинград: Наука, 1968), стр. 7; Юрий М. Гончаров, “Социальный статус и гендерные роли женщин Сибири во второй половине XIX - начале XX века” (http://sibistorik.narod.ru/project/conf2007/07.html [二〇一八年三月四日にアクセス], 2007) など。

(14) В. Г. Мирзоев, *Историография Сибири* (Москва: Мысль, 1970), стр. 338.

(15) Natalia Pushkareva, *Women in Russian History: From the Tenth to the Twentieth Century*, translated and edited by Eve Levin, Abington: Routledge, 2015 [1997]). p. 234; Elizabeth A. Wood, “The Woman Question in Russia: Contradictions and Ambivalence” (Abbott Gleason, [ed.], *A Companion to Russian History*, West Sussex: Wiley-Blackwell, pp. 353-367, 2009), pp. 353, 355-356.

(16) Richard Stites, *The Women's Liberation Movement in Russia: Feminism, Nihilism and Bolshevism, 1860-1930* (Princeton: Princeton University Press, 1990 [1978]) , pp. 50ff.

(17) 『アメリカにおける女性問題』はすぐさま発禁処分を受け、刊行の翌年の一月二十九日には一五〇〇部のうち一四七五部が処分された。С. С. Выкова, (ред.) *Сибирское областничество: библиографический справочник* (Томск: Володей, 2001), стр. 84. 残り二冊は好評で、それぞれ第二版が出版された。

(18) С. С. Шашков, *История русской женщины*, издание второе, исправленное и дополненное (Санкт-Петербург: Типография А.С.Суворина, 1879), стр. i.

(19) *Там же*, стр. 46.

(20) *Там же*, стр. 49.

(21) *Там же*, стр. 286.

(22) К. Дубровский, *Рожденные в стране изгнания* (Петроград: Типография Виктория, 1916).

(23) В. И. Успенская, (ред.), *Мужские ответы на женский вопрос в России (вторая половина XIX – первая треть XX вв.): Антология*, в 2 томах, Тверь: ФЕМИНИСТ-ПРЕСС, 2005.

(24) Н. Н. Яновский, (ред.) *Литерутурное наследство Сибири*, том 6 (Новосибирск: Западно-Сибирское книжное издательство, 1983), стр. 222-223.

(25) Т. М. Фарафонтова, “Черты из жизни сибирского патриота: к 80-летнему юбилею Г. Н. Потанина” (*Русская мысль*, 9: 144-155, 1915), стр. 154.

(26) Яновский, (ред.), *Указ. соч.*, том 5, стр. 151.

(27) Яновский, (ред.), *Указ. соч.*, том 6, стр. 324, п. 77.

(28) Wolfgang Faust, *Rußlands Goldener Boden. Der sibirische Regionalismus in der zweiten Hälfte des 19. Jahrhunderts* (Köln: Böhlau, 1980), S. 100.

(29) 興味深いことに、シャシコフは『資本論』をよく理解していたということで、ソ連時代には肯定的に評価される。А. П. Окладников, (ред.), *Очерки русской литературы Сибири*, том 1. дореволюционный период (Новосибирск: Наука, Сибирское отделение, 1982), стр. 372.

(30) М. Г. Сесюнина, *Г. Н. Потанин и Н. М. Ядринцев——идеологи*

сибирского областничества (*к вопросу о классовой сущности сибирского областничества второй половины XIX в.*) (Томск: Издательство Томского университета, 1974), стр. 124. 手紙は三月二四日付け。

(31) Яновский, (ред.), *Указ. соч.*, том 6, стр. 223

(32) Быкова, (ред.), *Указ. соч.*, стр. 84-86. この地方主義の研究文献目録は貴重で便利な本ではあるが、漏れも少なくなく、またすでにやや古いものとなっている。

(33) Дубровский, *Указ. соч.*, стр. 166-167.

(34) Николай Ядринцев, *Русская община в тюрьме и ссылке* (Москва: Институт русской цивилизаций, 2015), стр. 383.

(35) 引用は *Там же*, стр. 433. 後半のやや長めの引用は、Alan Wood, *Russia's Frozen Frontier: A History of Siberia and the Russian Far East 1581-1991* (London: Bloomsbury Academic, 2011), p.139.

(36) *Ibid.*

(37) С. С. Шашков, *Исторические этюды*, том 2 (Санкт-Петербург: Издательство Н. А. Шагина, 1872), стр. 98-99.

(38) *Там же*, стр. 98.

(39) 本稿は、文部科学省科学研究費助成事業・基盤研究C「シベリア地方主義と民族学との相関的作用に関する研究——歴史人類学と思想史との融合」（二〇一五～二〇一七年度、課題番号15K03032）による研究成果の一部である。

シベリアのロシア人

――ロシア人地域集団とその文化的特色

伊賀上菜穂

いがうえ・なほ――中央大学総合政策学部教授。専門は民族学・文化人類学、ロシア史。主な著書・論文に『ロシアの結婚儀礼――家族、共同体、国家』（彩流社、二〇一三年）、「ロシア正教古儀式派教会の展開に見る『伝統』の利用――ロシア連邦ブリヤート共和国におけるセメイスキーの事例より」（佐々木史郎、渡邊日日編『ポスト社会主義以後のスラヴ・ユーラシア世界――比較民族誌的研究』国立民族学博物館論集四、風響社、二〇一六年）などがある。

十八世紀以来シベリアの最大民族となったのは、ロシア帝国のヨーロッパ地域から移住して来たスラヴ系のロシア人だった。しかし十六世紀から始まるロシア人とシベリア先住民族との接触は、両者の中間集団を生み出してきた。本稿では東シベリア南部（ザバイカル地方）においてモンゴル系ブリヤート人とロシア人との間に生まれた三つの集団の歴史と現状を見ていくことで、帝政時代の宗教と民族・階層分類の関係、およびソ連時代以降の民族政策の影響について考える。

一、「シベリアのロシア人」とはだれか

（1）ロシア人の大地、シベリア？

シベリアを代表するのは何民族か。

この問いに対して人口にのみ基づいて答えるならば、それはロシアの主要民族であるスラヴ系のロシア人となる。二〇一〇年時点でのシベリア（「ロシア極東地方」も含める）におけるロシア人の比率は、ロシア連邦全体とほぼ同じ約八三パーセントであった。ウクライナ人やタタール人などの西部からの移住者も含めれば、その割合はさらに高まる。

十六世紀後半にロシア国家が本格的なシベリア征服を開始して以来、シベリアにはロシアのヨーロッパ地域（以下、ヨーロッパ・ロシアと呼ぶ）から多くの移住者が流入した。もともと人口密度が低かったこの地域では、すでに十八世紀初頭には統計上の移住者数が先住民族数を上回った。シベリアにおける移住者数はその後も増え続け、ソ連時代にピークに

達した。ソ連解体後は経済状況の悪化のために人口流出が起こるが、それでもこの地域でロシア人が圧倒的多数を占めていることに変わりはない。

シベリアのロシア人というと、日本では流刑囚のイメージが強いが、それは膨大な数の移住者のほんの一部でしかない。移住者たちは時代や地域によって移住の動機も、その規模も、また階層や民族帰属も様々であった。十六〜八世紀までにシベリアにやって来たロシア系移住者は「古参住民（старожилы）」[1]と呼ばれ、後期の、特に大量の移民が押し寄せた十九世紀後半以降の「新移民（новоселы）」とは区別された。またシベリアにはヨーロッパ・ロシアと同じく圧倒的に農民が多かったが、東シベリアの中心地であるイルクーツクには、アラスカで毛皮事業を展開し貴族と姻戚関係を結ぶような大商人もいた。ソ連時代になると、軍人やエンジニア、労働者など、大勢の人々が連邦各地から赴任してきた。

シベリアの歴史、そしてその現在について考えるとき、移住者たちが背負っていたこうした多様性を忘れてはならない。[2]

（2）シベリアにおける移住者と先住民族との関係

シベリアにおける移住者（特にロシア人）とアジア系先住民族との関係を考察するときも、その地域差に配慮する必要がある。簡単にまとめると、ヨーロッパ・ロシアと隣接する西シベリア（特にその南部）では、移住者の流入の時期も早くまたその規模も大きかったため、彼らが持ち込んだロシア文化の影響が大きい。また十九世紀後半になってロシア帝国に編入された沿アムール・ウスリー地方（ロシア極東地方南部）でも、領土のロシア化を急ぐ帝政政府が短期間に大量のスラヴ系移住者（ロシア人、ウクライナ人、ベラルーシ人）を送りこんだため、もともと人口の少ない極東先住諸民族を圧倒する形でロシア化、スラヴ化が進行した。

これに対して両地域の中間に当たる東シベリア、および極北地域では、ロシア系移住者と先住民族とが一定の接触を重ねる環境が生じた。十九世紀中葉に登場した「シベリア地方主義」と呼ばれる知的潮流の中で、シベリア出身の知識人たちは同地の特徴の一つとして移住者（主にロシア人）と先住民族との交流と混交を挙げたが、それがもっともよく現れたのがこれらの地域であった。

東シベリアには、モンゴル系のブリヤート人やテュルク系のサハ（ヤクート）人のように、比較的数の多い先住民族もいたため、移住者と先住民族とが隣接して居住する環境が形成された。極北地域では先住民族も移住者も共に人口が少なかったが、まさにそれゆえに両者の関係が緊密なものにならざるをえなかった。これらの地域では初期の移住者であるロシア人古参住民と先住民族との間で結婚や文化接触が生じ、その結果として両集団の文化的、形質的特徴を受け継ぐ地域集団が形成されていった。

混交集団の子孫たちの中には、ソ連時代にその民族籍（身分証に記載される公的な民族帰属）が「ロシア人」とされた者もいれば、そうではない者もいた。本稿では東シベリアのこうした集団のうち、ソ連時代以降にその民族籍が「ロシア人」とされた人々、あるいはソ連・ロシアのアカデミズムの中で「ロシア人の中の下位区分集団」と見なされてきた人々に注目する。具体的には、筆者が二〇〇〇年からフィールドワークを実施してきたザバイカル地方西部（現ブリヤート共和国）で出会った三つの「ロシア人」地域集団を紹介・比較することで、シベリアにおけるロシア人と先住民族との境界の曖昧さを示したい。

二、帝国の民族政策から見た「民族」の境界

（1）「異族人」という階層

東シベリア・極北地域のロシア人地域集団は、帝政時代に行われた何らかの分類に基づいて形成された集団が多い。そこでまずは帝政ロシアの民族政策において、「民族」の境界がどのように設定されていたのかを見ておこう。

ソ連邦は民族自決の考えに基づいた政策を実施するにあたり、個人は特定の一民族に帰属するという「方針」を立てて、民族画定作業を実行した。一方、ロシア帝国では、人々の「民族」帰属は言語、階層（身分）、および宗教帰属によって緩やかに理解されていた。そしてこれらの要素うち、シベリアについて考える際に重要となるのが、「階層」だ。というのもシベリアの先住民族は、原則として「異族人（イノローデツ）（инородцы）」という階層に登録されていたからである。

「異族人」という言葉には「生まれを異にする者」「異民族」という意味があり、帝政末期には「大ロシア人」（現在のロシア民族の旧称）以外の全ての帝国臣民を指して用いられることもあった。しかし階層としての「異族人」は、一八二二年に制定された「異族人統治規約」によって導入されたもので、シベリア、極東、中央アジア、コーカサス地方の「アジア系」住民、およびユダヤ人にのみ適用されていた。民族間結婚によって生まれた子どもの場合、その階層帰属には様々な要素（たとえば財産や相続制度）が絡みあうが、基本的には父親の階層に入ることが多かった。

（2）啓蒙主義による同化思想

「異族人」階層の興味深いところは、それが不変ではなかったことである。つまりそれは「階層」であるがゆえに、

そこから別の階層へ移行することも、原則的には可能だったのだ。

異族人はその居住様式や生業によって、「定住民（都市や集落に居住する者）」「遊牧民」「漂泊民（主に狩猟・採集に従事、季節移動する者）」に分類されていたが、このうち農耕などを行う「定住民」の文化水準がもっとも高いとされ、遊牧民や漂泊民も定住民に移行させることが望ましいと考えられていた。そしてこの移行は、異族人がロシアの国教であるロシア正教を受容し、ロシア語を身に着けることで達成されるとされていた。

「文化水準」が上がることで異族人がロシア人に並ぶ、という考え方は、「遅れた人びと」をヨーロッパ文明で救済するという啓蒙主義思想に基づいている。だがそれと同時に異族人のロシア化は、税制や移民政策、防衛政策の観点からも有益であると考えられていた。つまり帝政政府は、人頭税や兵役を担い、農耕によって食糧を補給できる「ロシア人（農民）」が増加することを望んでいたのだ。

後で見ていくように、こうした階層の移行は必ずしも厳密には実行されておらず、生活実態に合わない階層に置かれたままの集団も数多く存在した。それでも「定住異族人」本人またはその子孫が、「農民」「商人」「コサック（ロシア帝国の特殊な軍務集団）」といった、ロシア人と同じ階層に移行したケースも少数ながら知られている。

(3) 極北地域におけるロシア人の「異族人化」

帝政時代の「民族」理解に基づけば、スラヴ系移住者とアジア系先住民族との婚姻は後者の「ロシア化」（同化）につながるはずであり、それゆえ否定されるものではなかった。換言すれば、混血によって先住民族の生活水準や文化水準が「上昇」することがあっても、ロシア人が異族人のレヴェルへ「下降」することはないと、考えられていたのである。米国の歴史学者サンダーランドは帝政ロシアのこうした民族観を、啓蒙主義に基づいた「非血統主義、文化主義」だと分析している。(3)

しかしながら、ロシア人移住者の数が少なかった極北地域では、ロシア人の「異族人化」とでも呼ぶべき事態も起こっていた。この地域に移住した古参住民の子孫たちは、先住民族とどれだけ婚姻を重ねても「コサック」や「農民」などの階層に帰属したままであったが、その容貌や生活習慣、言語、信仰などは「異族人」に近接していったのだ。ウラジミル・コロレンコの短編小説「マカールの夢」（一八八五年）の主人公は、そうした「異族人化」したロシア人の典型例である。彼は「ヤクチャニン（ヤクート地方の人）」などと呼ばれ

たレナ川流域地方の住民で、その信仰はシャーマニズム的なものとして書かれている。(4)

ソ連時代になると「異族人化」した極北地域の人々は、ある者はロシア人に、ある者は他の民族に登録された。ただしそれはかなり恣意的な分類で、人々の自意識とは異なる場合もあった。「ロシア人」として登録された集団の中には、「北方少数民族」に認められた生業や教育上の保障を享受できないという不満も生まれ、自分たちは独立した一つの民族であると主張する集団も現れた。一九九一年以降に新しい法定民族として認められていった「カムチャダール人」は、ロシア人移住者とイテリメン人などの先住諸民族との間に形成された集団である。(5)

(4) ザバイカル地方における民族と階層

ザバイカル地方（現ブリヤート共和国とザバイカル辺区）の話に移ろう。帝政時代にはこの地方でも宗教混淆《シンクレティズム》などの現象が見られた。しかし極北地域と比較するとロシア系移住者の数が多かったため、ロシア人の「異族人化」と呼べるほどの状況は一般的ではなかった。それでもソ連時代初期にはこの地方でも、だれが「ロシア人」でだれを「ブリヤート人」とするかという問題が生じた。

以下で紹介する三集団は、主にブリヤート人とロシア人（ウクライナ人やベラルーシ人なども若干含まれる）との婚姻の結果生じたグループである。具体的には、ロシア人古参住民の子孫で「シベリア人（сибиряки）」を自称してきた人々と「カルィム（карымы）」と呼ばれた受洗ブリヤート人の子孫、そして同じく受洗ブリヤート人であったがロシア正教から古儀式派（ロシア正教の一派）へ移行した人々の子孫だ。(6) ソ連時代以降、これらの集団に属する人々のほとんどは「ロシア人」の民族籍を持つことになったが、彼らの祖先が帝政時代に登録されていた「階層」はそれぞれ異なっていた。

これら三集団はいかなる環境下に形成され、どのような生活様式を持っていたのか。以下では彼らが居住する地域の民族状況や、彼らと隣接して暮らす古儀式派教徒「セメイスキー」との関係にも注目しつつ、その歴史や現状を紹介する。なお本稿では煩雑さを避けるために、ロシア帝国で国教とされていたロシア正教主流派を「ロシア正教」または「正教」、国教会から異端視されたロシア正教古儀式派を「古儀式派」と記す。

三、「シベリア人」を名乗るロシア人

(1) ブリヤート共和国ザガン村

ブリヤート共和国の中心地、ウラン・ウデ市から南方に車

で二〜三時間行くと、ムホルシビリ地区と呼ばれる農村地域に出る。同地区公式サイトに掲載されたデータによると、二〇一八年時点でその人口は約二万五〇〇〇人、そのうちロシア人が約七七パーセント、ブリヤート人が約二〇パーセント、タタール人一・四パーセント、その他の民族が一・八パーセ

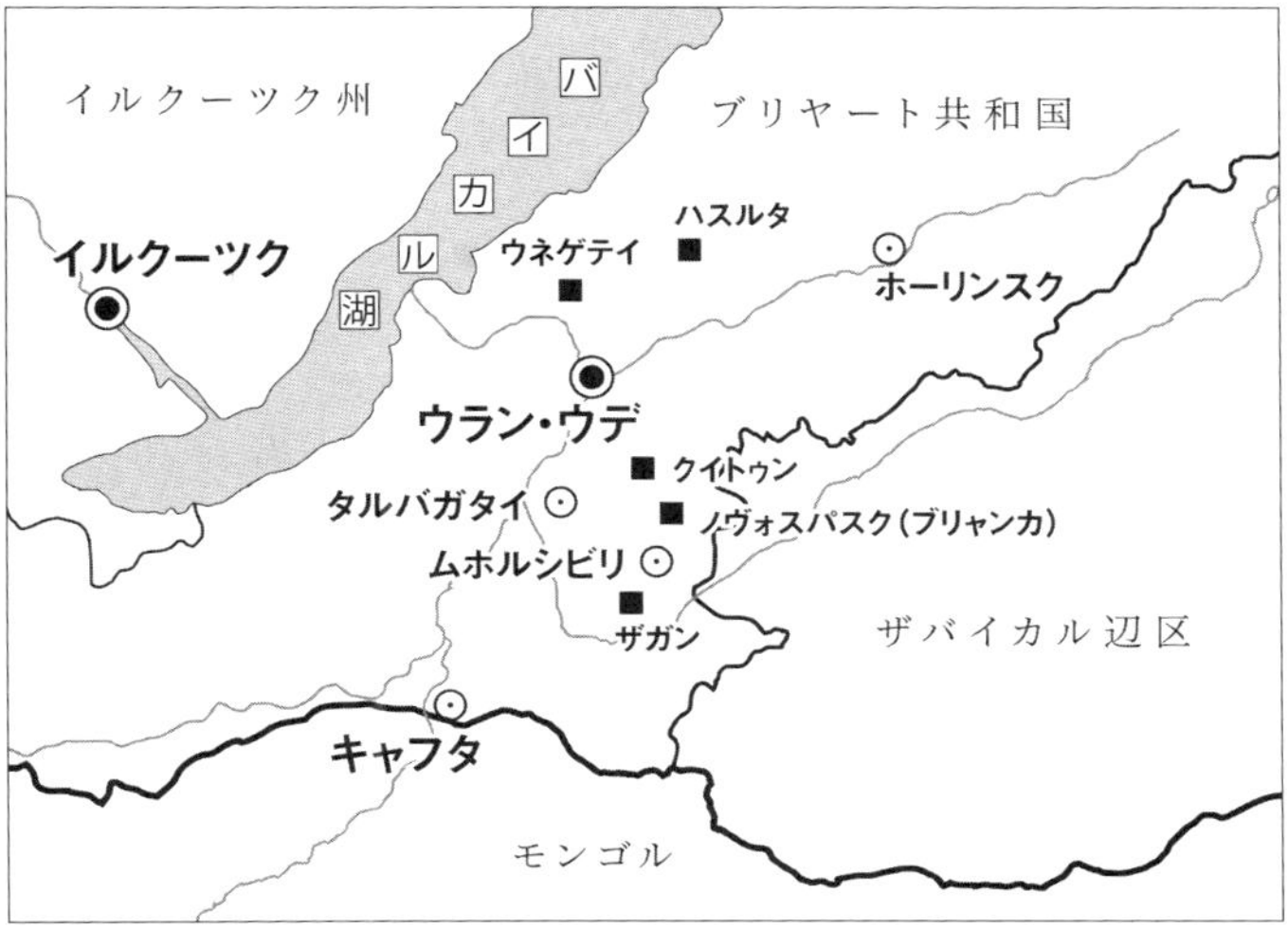

図1　ロシア連邦ブリヤート共和国南部地図

ントとなっている。ブリヤート共和国全体の民族割合と比較して、ややロシア人が多い構成だ。

今回紹介するロシア人古参住民の子孫は、同地区中心部（ムホルシビリ村）に近いザガン村に住んでいる。人口約二〇〇〇人のこの村は、歴史的に二つの部分に分かれている。すなわち、十七世紀末にロシア正教徒が築いた「古ザガン村」と、十八世紀末に移住してきた古儀式派教徒（セメイスキー）が住んだ「新ザガン村」である。

セメイスキーの祖先たちは、十七世紀後半の教会分裂後にロシアからポーランド領（現ロシア・ベラルーシ国境地域）へと逃亡し、その後十八世紀後半に再びロシアへ連れ戻された古儀式派教徒である。古儀式派（старообрядчество）、または旧教（староверство）とは、十七世紀にロシア正教会で実施された典礼改革を否定し、「古い教え」を遵守する宗派である。その信徒は強い信仰心を持っており、保守性や排他性、勤勉さで知られてきた。セメイスキーという呼称の語源としては、彼らが徒刑囚と違って「家族（セミヤ）」で移住してきたことに由来すると説明されることが多いが、定説にはなっていない。[7] なお、彼らは信仰に基づいた独自の文化を持っており、二〇〇一年にはユネスコの「人類の口承及び無形遺産の傑作」（現在は無形文化遺産）に、「セメイスキーの文化空間と

口承文化」が選定された。

かつてザガン村では、道一本隔てて古参住民とセメイスキーが厳格に区別されていた。彼らは通婚せず、別々の墓地を持ち、異なる服装や習慣を持っていた。ソ連時代以降しばらくして、古ザガン村と新ザガン村は統合され、古参住民とセメイスキーの間でも婚姻が進んだ。その結果、現在では居住地の違いも崩れつつある。

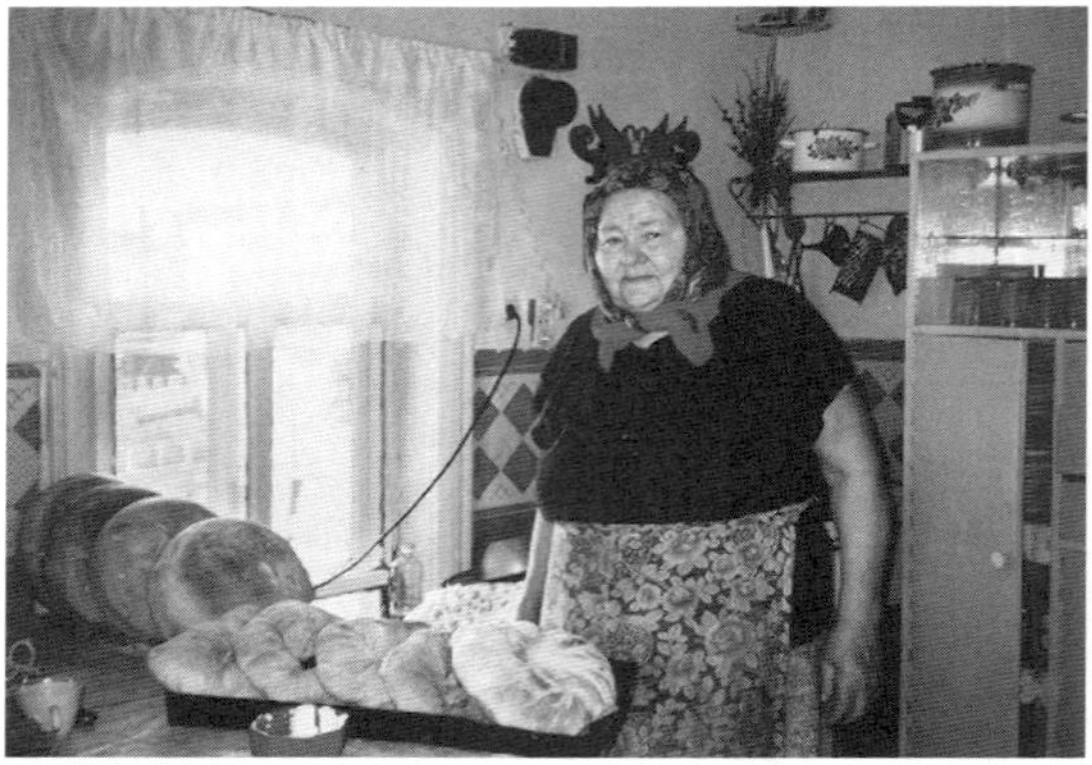
図2　古ザガン村の「シベリア人」女性（2002年2月筆者撮影）

図3　古ザガン村の「シベリア人」男性（兵役時のポートレート。2の女性の夫）

（2）コサック階層から農民階層へ

古ザガン村の古参住民たちは、この地域では「シベリア人」と呼ばれてきた。この呼称はシベリアに住む者全体を指して用いられることもある。しかしかつては、早い時期にシベリアに移住してきたロシア人の子孫と、十九世紀以降にヨーロッパ・ロシアから来た新移民とが、互いに相手を「シベリアの住民」「ロシアから来た人々（российские）」と呼んでいた。ザバイカル地方では現在でもこの用法が生きている。

古ザガン村を築いたのは、コサックだったと言われている。コサック（カザーク）とは十五世紀頃から現在のウクライナ、南ロシアに当たる地域で形成されていった騎馬集団で、もともとは独自の自治制度を持つ自由の民であった。だが周辺国家との交渉を繰り返す中で、徐々に軍事力として利用されるようになり、十八世紀には特殊軍務階層として、完全にロシア帝国に取り込まれた。十六世紀後半に本格化したロシア国家の東漸の過程でも、シビル汗国（西シベリア）に進軍したエルマークを皮切りとして、コサックたちはシベリア征服の先兵の役割を果たした。

古ザガン村を築いたコサックたちは、ザバイカル地方におけるロシア国家の支配がまだ不安定だった一六九八年に、セレンギンスク要塞からこの地へ送り込まれた人々だった。彼らは女性不足から、周囲の先住民族（ブリヤート人やエヴェンキ人）との婚姻を重ねていった。その後古ザガン村の住民は、コサック階層から農民階層に移行した。ザバイカル地方のコサックといえば、一八五一年に創設・整備されたザバイカル・コサック軍団が有名であるが、それ以前はコサック階層への出入りは比較的自由だったのだ。

（3）「ハラヌート」と呼ばれた人々

古ザガン村住民はセメイスキー以外のロシア人農民たち、およびその他の正教徒たちと婚姻関係を結んできた。しかし彼らのアジア系の祖先たちの血は、現在でもその外見に色濃く反映されている。一方で彼らの隣人である新ザガン村のセメイスキーたちは、同じ宗派の者以外との婚姻を避けてきたことで、スラヴ人的特徴の強い風貌をしている。その結果、両者の外見の差はより際立つこととなった。

現在でもザガン村の年配者たちは、セメイスキーが古参住民のシベリア人につけた「あだ名」として、「ハラヌート（харануты）」「バルグート（баргуты）」「ブルグート（бургуты）」という呼称を記憶している。ハラヌート、バルグート（バルガ）はそれぞれ、ブリヤート人ないしモンゴル人の中の下位区分を指す名称である。こうしたあだ名がつけられた理由としては、かつて古参住民たちが彼らの間から妻を得たからだと説明されたり、あるいは「ハラ」がブリヤート語で「黒い」という意味を持つので、古参住民の浅黒い肌を揶揄しているだけだと言われたりする。

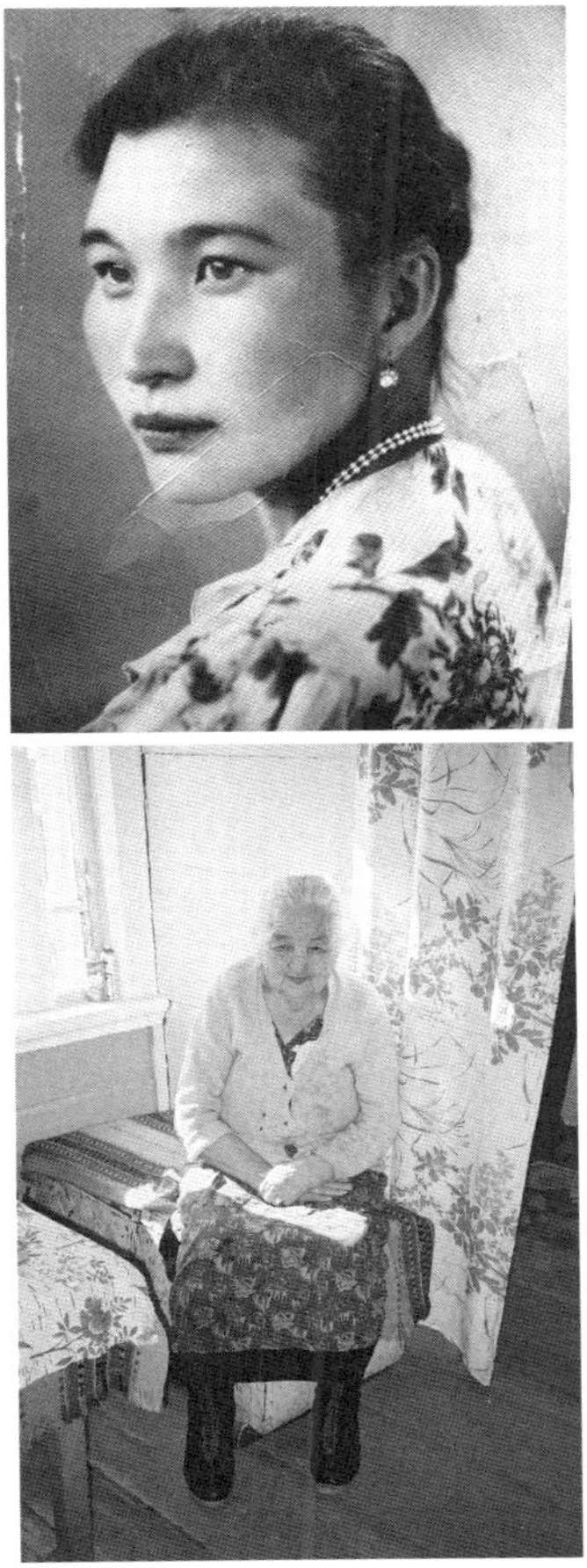

図4、5　ノヴォスパスク村の「カルィム」女性　本人と若い時の肖像画（2002年3月筆者撮影）

ただ一つ強調したいのは、次節で紹介するノヴォスパスク村と異なり、古ザガン村の住民たちは「カルィム」と呼ばれることがほとんどないということだ。それは、「カルィム」が受洗ブリヤート人に対して用いられた呼称であり、「農民階層」としてロシア人意識を保ってきた古ザガン村古参住民には当てはまらないと、理解されていたからだろう。

四、受洗ブリヤート人の子孫たち

(1)「宣教団基地」に作られた村

「カルィム」と呼ばれる人々が住むノヴォスパスク(俗称はブリャンカ)村は、ムホルシビリ地区の東方にある。ここはブリヤート人が多く居住する地域で、この村も帝政時代末期にロシア正教(国教)を受容したブリヤート人のために築かれた。この村の周辺には人口一〇〇〇～三〇〇〇人程度の村落が多いが、それらはソ連時代にブリヤート人の小部落を統合して作られたものである。そうした中、ノヴォスパスク村は人口百人未満で、交通の便も極めて悪い。筆者が訪問した二〇〇四年時点では空き家も多く、まさに消滅しようとする村に見えた。

彼らの自称・他称である「カルィム」は、語源的にはブリヤート語で「他の、よその」という意味を持つ「khari」から派生したと言われている。後述するように、カルィムと呼ばれる人々の多くは帝政時代に異族人階層に登録されていた。このローカルな名称で呼ばれる人々はブリヤート共和国のバイカル湖周辺地域に多く、現代のムホルシビリ地区ではあまり出会わない。

ノヴォスパスク村の歴史は、一八六四年の決定によって建設された「トゥグヌイ宣教団基地(Тугнуйский миссионерский стан)」に始まる。「宣教団基地」とは、ロシア正教の宣教団の駐在地を意味している。ザバイカル地方で宣教活動が強化された十九世紀後半以降、宣教団基地はブリヤート人が多く住む地域に建設され、その周囲に受洗ブリヤート人が集められた。その数は一八七九年当時、ザバイカル州(当時)全体で十八ヶ所であった。トゥグヌイ宣教団基地には一八六七年に教会教区学校が開設され、その翌年には木造教会も建てられた。

(2)だれが「カルィム」になったのか

帝政時代末期の一八九七年の人口調査では、この村の居住者の大半にあたる二十八世帯、一七六人(男性八十三人、女性九十三人)が、「遊牧異族人」として登録されていた。前述のように、受洗者は原則として「遊牧異族人」から「定住異族人」階層に移行することになっていたが、ここでは書き換えが進まなかったようだ。

一般にロシア正教への改宗に同意したブリヤート人には、元の集団を離れてもよいと思えるだけの理由(貧困、犯罪、過失、迫害など）を持つ者が多かったと言われている。筆者がノヴォスパスク村を訪れたとき、年配の住民たちが記憶していた祖先の移住の理由も、ほぼそれに合致していた。この村に移った受洗者たちに対しては、基本的に優遇措置が取られており、彼らは土地を受け取って農業に従事した。村の古老によると、一九三〇年代にソ連で農業集団化が実施されるまで、ノヴォスパスク村は豊かな村として知られていたという。

村人たちは自分たちと同じ受洗ブリヤート人だけではなく、近隣の村の古参住民（シベリア人）や、様々な理由でこの地にやって来た新移民たち（ロシア人やウクライナ人）とも結婚したので、子孫たちは徐々にスラヴ人的な身体的特徴も備えていった。

日露戦争後の一九〇五年、ロシア皇帝ニコライ二世が信教の自由を認めると、強制的あるいは形式的にロシア正教に改宗させられていた受洗ブリヤート人たちが集団で棄教するという事態が生じた。ノヴォスパスク村でも棄教者は出たかもしれないが、その数は多くなかったようで、その後も村の人口は少しずつ増加していった。

(3)「ブリヤート人」と「ロシア人」の分かれ道

一九二二年にロシア革命後の内戦が終了し、ザバイカル地方を統治していた緩衝国家「極東共和国」が解消されると、この地域もソ連邦に入り、改めて人口調査が行われた。一九二三年の記録を見ると、ノヴォスパスク村に住む四六三人の大半は「ブリヤート人またはヤサーシヌィ」と記録されている。「ヤサーシヌィ」とは「ヤサーク税を納める者」という意味で、本来は「異族人」全体を指す言葉であるが、そこから転じて「ロシア化した異族人」、すなわち受洗ブリヤート人の意味でも用いられるようになった。

一九三〇年代に入ると、この村でも宗教弾圧が実施されて、教会が閉鎖された。また同時期に進行した農業集団化によって個人財産も失われ、富農と見なされた人々は弾圧された。こうした中で、同村の「カルィム」の中には正教徒ではないブリヤート人と結婚して村を出ていく者もあった。興味深いことに、このときブリヤート村へ移った者は、後に登録上の民族所属（民族籍）が「ブリヤート人」になり、ノヴォスパスク村に残った者は「ロシア人」になった。

ノヴォスパスク村住民の民族画定が何年に実施されたのか、残念ながら筆者はそれを確認するための史料を発見していない。だが実際の現象として、ノヴォスパスク村に残ったカルィム住民たちは、世代が下るについてブリヤート語を話さなくなり、スラヴ系住民との婚姻も重ねて、ますます「ロシア人」らしくなっていった。村人が話してくれた様々な儀礼（洗礼、婚礼、葬礼、季節祭日など）の内容も、周辺のロシア人古参住民たちのものと大差はなかった。こうして受洗ブリヤート人の子孫たちは、ソ連時代に「ロシア人」になったのである。

五、古儀式派教徒になったブリヤート人

（1）古儀式派教徒はブリヤート人と結婚できたのか

ムホルシビリ地区の二つのケースを見ると、ロシア人古参住民（シベリア人）や先住民族、そして十九世紀後半以降にヨーロッパ・ロシアから移住してきた新移民たちが婚姻関係を重ねていく中で、しだいにこの地に標準的な「ロシア人農民文化」といったものが形成されていったことがわかる。だが少なくとも帝政時代には、この結婚相手の選択範囲に古儀式派教徒のセメイスキーが含まれることは稀であった。

同じ宗派の者としか結婚しないセメイスキーの婚姻行動は、古儀式派特有の潔癖性の表れだと解釈されることが多い。だが裏を返せば、彼らは同じ宗派に改宗した者なら、それがロシア人であろうと、ブリヤート人のようなアジア系住民であろうと、結婚相手として迎え入れようとした。しかしロシア帝国の法は自らの臣民が古儀式派に改宗することを禁止していたため、法を犯してまで古儀式派を受容する者が少なかったのだ。

ところが中には少数ながら、法規制を超えて古儀式派教徒になった人々もいた。本稿で紹介する第三の集団も、そうした人々の子孫である。

（2）ハスルタ村

古儀式派に改宗したブリヤート人の子孫が住むのは、ハスルタという村である。この村はウラン・ウデ市の東方に広がるホーリン地区の西の端に位置している。同地区の名前はブリヤート民族内の最大集団「ホリ・ブリヤート」に由来する。二〇〇六年時点の同地区の人口は一万九〇〇〇人、そのうちロシア人が六二パーセント、ブリヤート人が三四パーセント、タタール人が約二パーセントで、ムホルシビリ地区よりも若干ブリヤート人の比率が高い。

森林に囲まれたハスルタ村は、幹線道路から離れていて交通の便が悪い。過疎化も急速に進んでおり、現在の人口は六〇〇人を切っている。だがこの村は古儀式派研究者の間ではよく知られている。なぜならば、同村の教師で村長も務めたヴィクトル・イヴァノフ氏が、セメイスキー文化復興運動の積極的な活動家であるからだ。イヴァノフ氏は日本のＮＨＫが二〇〇一年にハイビジョン放送として制作・放映した「トルストイの大地――辻井喬のロシア・ユートピア巡礼」にも登場している。

しかしながらハスルタ村を最初に築いたのは、受洗ブリ

ヤート人であった。そして彼らの一部が古儀式派に改宗し、あとから移住してきたセメイスキーたちと婚姻関係を結んだのである。この事実は帝政時代から知られていたが、二〇一一年にイヴァノフ氏が同村と村民の歴史を紹介する本『深くのびゆく根（В глубь уходящие корни）』（ウラン・ウデ）を刊行したことで、再び注目を集めるようになった。以下では同書の記述に依拠しながら、ハスルタ村の歴史を追っていこう。

図6　丘から望むハスルタ村（中央に再建された古儀式派教会が見える、2017年6月筆者撮影）

図7　ハスルタ村合唱団とイヴァノフ氏（ウラン・ウデ古儀式派教会の定礎式にて、2007年6月筆者撮影）

（3）受洗ブリヤート人とセメイスキー

ハスルタ村の名前が初めて文書に登場するのは、一八〇四年のことである。当初「遊牧異族人」に登録されていたこの村の受洗ブリヤート人たちは、一八二六年に「定住異族人」の範疇に移された。

イヴァノフ氏の調査によると、最初の古儀式派教徒（セメイスキー）がハスルタ村に現れたのは、一八一〇年代のことだった。当初はセメイスキーの集住地（前述のムホルシビリ地区をはじめとする、現ブリヤート共和国南部地域）付近に住んでいた定住異族人（ブリヤート人）の男性が、古儀式派教徒の妻を連れてハスルタ村に移住してくるというパターンが多かったようだ。その後こうした女性たちの影響のもと、ハスルタ村の受洗ブリヤート人の相当数が古儀式派に改宗していったらしい。

一八二八年にはセメイスキーの中心的な村の一つであるクイトゥン村から二二人、七家族の

図8　20世紀初頭の古儀式派教徒セメイスキー
（Раднаева Е. Б. и др. ред. Семейские Забайкалья（фотоальбом）（Улан-Удэ, 2001. С. 4）より）

古儀式派教徒がハスルタ村に移住し、古儀式派のブリヤート人たちと婚姻関係を結んでいった。こうしたカップルには、夫がセメイスキーのこともあれば、その反対のケースもあった。

　こうしてハスルタ村では、セメイスキーに由来する姓を持つ一族も、受洗ブリヤート人の男性を始祖とする一族も、共に村の中の古儀式派区域に移り住んで、セメイスキーの生活習慣に基づいた暮らしを営むようになった。それに対して村の反対側に住む正教徒たちは「カルィム」と呼ばれるようになった。彼らはロシア語だけではなくブリヤート語も理解し、古儀式派教徒とは異なる婚姻圏を持っていた。

（4）古儀式派教徒とブリヤート人との婚姻メリット

　セメイスキーと受洗ブリヤート人との間の婚姻は、双方にとってメリットがあった。その一つが結婚相手の確保である。この問題は特にセメイスキー側で切実だった。古儀式派ではロシア正教以上に厳格な法解釈が行われるため、結婚可能な相手の範囲が極めて狭い。古儀式派教徒の数が限定されたザバイカル地方に住み、子だくさんで知られていたセメイスキーたちは、子どもの結婚相手の確保に常に頭を悩ませてきた。

　もう一つのメリットは経済的なものである。ザバイカル地方に来て半世紀、セメイスキーたちは当時すでに土地不足の問題に直面していた。彼らにとって受洗ブリヤート人に割り当てられていた広い土地は魅力的であった。これに対して元来遊牧民であった受洗ブリヤート人たちは、慣れない森林地域での定住生活、特に農耕に苦労していた。村の言い伝えによると、ハスルタ村に最初に来た古儀式派の女性たちは受洗ブリヤート人たちに対して、農耕技術に秀でたセメイスキーを村に招けば、彼らの協力を得られるだろうと説いたという。

　セメイスキー出身の研究者、ボロネフが指摘するように、セメイスキーが時に非古儀式派教徒（ロシア人正教徒、ブリヤート人、中国人など）を改宗させて結婚相手として迎え入れてきたことは、当事者たちの間では比較的よく知られた事実だった。[8] だがハスルタ村のように、ある時期にまとまった数の住民が古儀式派に改宗した歴史を持つ村は、この地方ではかなり珍しい。たとえばハスルタ村の近くにあるウネゲテイ村（ザイグラエヴォ地区）も、受洗ブリヤート人（カルィム）とセメイスキーの子孫が住む村だったが、イヴァノフ氏によるとそこでは、古儀式派に移行する正教徒は少なかったという。

　ハスルタ村で例外的な現象が生じたのはなぜか。まず考えられるのは、この村で受洗ブリヤート人が最初に古儀式派へ改宗したのが、ロシア帝国で古儀式派への弾圧が強まるニコライ一世時代（一八二六年以降）以前だったということだ。ハスルタ村が僻地の小規模な村であったために、官警の目が届きにくく、さらに一人ひとりの行動が村全体に与える影響力も大きくなったということも、関係していると思われる。

(5) 階層と生活様式のずれ、およびその後

　最初に紹介したザガン村と同じく、かつてのハスルタ村は宗教の違いで二分され、ロシア正教徒（カルィム）と古儀式派教徒の生活空間は分離していた。しかし階層上の境界線はそれとは異なるところに引かれていた。当時この地にはブリヤート人の統治機関である「ホリ草原議会（Хоринская степная дума）」が設置されており、受洗異族人たちはその中に別に設けられた「クルバ独立共同体（Курбское отдельное общество）」に登録されていた。そして古儀式派に改宗した受洗ブリヤート人の子孫たちも、カルィム住民と同様、「定住異族人」階層のまま、この独立共同体に登録されていたのである。それに対してこの地に新たに移住してきたセメイスキーの子孫とみなされた人々は、古儀式派ブリヤート人の血を引くかどうかにかかわらず、ロシア人農民の統治区分である「クーリスカヤ郷」に登録されていた。

　ソ連時代になると「異族人」階層は消滅し、ハスルタ村の人々もまた、信仰の別なく「ロシア人」として登録されることになった。そして一つの学校、一つの集団農場でともに時間を過ごし、無神論教育を受ける中で、両者の間の距離も徐々に消滅していった。

おわりに

　以上、ザバイカル地方における三つの集団の歴史を見てき

た。彼らの祖先であるロシア人（およびその他の移住者）とアジア系先住民族が婚姻関係を結んだ時期や、それぞれの文化との関係性の違い、そして自らの祖先に関する記憶、そうしたものが集まって、各集団の自意識に大きな影響を与え、その個性を生んできたことがわかる。またそれと同時に、ソ連時代初期の民族分類が彼らの自意識に与えた決定的な影響も、見過ごすことはできない。

ソ連時代初期の民族政策は、「帝政期に進行した『同化（ロシア化）』を逆転させ、むしろ過去に同化（ロシア化）した人々をも『元来の』民族に復帰させようとする方向(9)」を持っていたと言われる。これは特に、ロシア正教に改宗した非ロシア人に適用された方針であった。だがソ連政権樹立時にはまだ「ブリヤート人またはヤサーシヌィ」と記録されていた「カルィム」たちが、結局は「ロシア人」の民族籍を持つにいたったという事実は、この方針の適用が徹底していたわけではないことを示している。

今回取り上げた三集団は、この地域の標準的な集団というわけではない。しかし数世代にわたってこの地域で生きてきたロシア系住民の多くは、自分たちがヨーロッパ・ロシアベースの民族スタンダードから何らかの点で外れているということを、多少の差はあれ意識している。これに対して近年この地に移住してきた人々もまた、この地の歴史を共有していないことで疎外感を覚えることがあるようだ。様々な思いを抱いた人々が集まり、相互に接触する中で変化してきた土地、それがロシア領となったシベリアの現在である。

注

（1）民族や集合を表す名称は、日本語表記は単数形で、ロシア語表記は複数形で記した。

（2）シベリアにおけるヨーロッパ・ロシアからの移住者人口の形成と多様性の詳細については、たとえば以下を参照。伊賀上菜穂「ヨーロッパ文化圏としての東北アジア」（岡洋樹、境田清隆、佐々木史郎編『東北アジア』朝倉書店、二〇〇九年）二〇八―二一九頁。

（3）Sunderland, W., "Russians into Iakuts?: 'Going Native' and Problems of Russian National Identity in the Siberian North, 1870s-1914", *Slavic Review* 55 (4), 1996, pp. 806-825.

（4）サハ共和国（ヤクート地方）におけるロシア人古参住民の歴史と現状については、以下も参照。藤原潤子「シベリアのロシア人」（『極寒のシベリアに生きる――トナカイと氷と先住民族』新泉社、二〇一二年）六九―八八頁。

（5）「カムチャダール」はイテリメン人の旧称でもあるが、新しく法定化された「カムチャダール人」は、イテリメン人とは異なる集団とされている。カムチャダール人およびその他の極北地域の地域集団については、以下を参照。伊賀上菜穂「ロシア連邦におけるロシア人サブグループをめぐる昨今の状況――民族の境界と『権利』の諸相」（高倉浩樹・佐々木史郎編『ポ

スト社会主義人類学の射程』国立民族学博物館調査報告七八、二〇〇八年）二二五―二六六頁。

（6）ザバイカル地方の三集団のうち、第一のザガン村住民と第二のノヴォスパスク村住民については、以下の拙稿で取り上げた。伊賀上菜穂「ブリヤート共和国ロシア人正教徒の『系譜』と現在――混血、信仰、民族籍」（佐々木史郎編『ポスト社会主義圏における民族・地域社会の構造変動に関する人類学的研究――民族誌記述と社会モデル構築のための方法論的・比較論的考察』国立民族学博物館、二〇〇三年）一七三―一八五頁。同「『洗礼ブリヤート』から『ロシア人』へ――ブリヤート共和国一村落に見る帝政末期正教化政策とその結果」（『ロシア史研究』第七六号、ロシア史研究会、二〇〇五年）一一八―一三五頁。

（7）セメイスキーについては、たとえば以下の拙稿を参照。伊賀上菜穂「南シベリアの古儀式派教徒・セメイスキーの一〇〇年――パルチザン、宗教弾圧、『社会主義労働英雄』、そしてツーリズム」（中部大学編『アリーナ』第二〇号、風媒社、二〇一七年）二八四―二九八頁。同「ロシア正教古儀式派教会の展開に見る『伝統』の利用――ロシア連邦ブリヤート共和国におけるセメイスキーの事例より」（佐々木史郎、渡邊日日編『ポスト社会主義以後のスラヴ・ユーラシア世界――比較民族誌的研究』国立民族学博物館論集四、風響社、二〇一六年）九五―一二五頁。

（8）Болонев Ф. Ф. Оседлые буряты и ясачные в русских волостях Забайкалья // Бураева О. В. отв. ред. Межкультурное взаимодействие народов Байкальского региона. Улан-Удэ, 2004. С. 35-55.

（9）塩川伸明『民族と言語』（多民族国家ソ連の興亡Ⅰ、岩波書店、二〇〇四年）四八―四九頁。

シベリアと周辺世界のつながり

——織物技術の視点から

佐々木史郎

ささき・しろう——東京国立博物館付部長、国立アイヌ民族博物館設立準備室主幹。専門は文化人類学、特にシベリア・極東ロシアの先住民族研究。主な著書に『シベリアで生命の暖かさを感じる』（臨川書店、二〇一五年）、『ポスト社会主義以後のスラヴ・ユーラシア世界——比較民族誌的研究』国立民族学博物館論集4（共編著、風響社、二〇一六年）などがある。

シベリアの諸民族の織物技術の分布は東部、南部、西部の周縁部に限定される。西部のハンティ、マンシではヨーロッパロシアとのつながりが見られ、南部のタタール、西ブリヤートにはカザフなどの内陸アジアの遊牧民の影響が、そして東部のアイヌには日本、中国などの東アジアとのつながりが見られる。しかし、ブリヤートとアイヌの織機の間に類似性が見られ、また桁と錘（菰槌）を使ったタテもじり織りがアイヌ、ナーナイ、ハンティに見られるなど東西を横断するような共通性も見られる。

はじめに

ロシアのウラル山脈から東側に広がる広大な森（タイガ）、ツンドラ、草原、山岳地帯、海岸、河谷平野などから構成されるシベリアは、全体的に夏は冷涼、冬は厳寒に見舞われるために、その衣文化の基本は毛皮などの防寒製の高い素材から構成されてきたと考えるのが普通だろう。実際多種多様な毛皮製の衣類が発達しており、帽子には頭の毛皮、上衣には胴の毛皮、靴やすね当てには脚の毛皮という具合に部位別に使い分けが行われるとともに、同じ種類の動物の毛皮でもその色の相違を利用した巧みで、センスのよい文様や装飾も発達させてきた。一九六一年に刊行された『シベリア歴史民族誌図録』（M・G・レーヴィン、L・P・ポターポフ編、モスクワ・レニングラードで刊行）にはシベリアのさまざまな民族の毛皮の上衣がその展開図とともに紹介されている（Левин и

Попов 1961)。

しかし、他方でシベリアには毛皮、魚皮などの動物性の平面素材しか衣服の材料がなかったかというとそうではない。同じく『シベリア歴史民族誌図録』には綿織物、毛織物、絹織物などの織物を使った衣服も紹介されている。しかし残念ながら、その記述ではすべての織物素材が外来のものとして紹介されている。すなわち、中国製あるいはロシア製で、交易によって手に入れたものとされている。果たしてそうだろうか。シベリアの人々は自分たち独自の織物を作ることはなかったのだろうか。

それに一定の解答を与える研究がすでに一九五五年に世に出されている。それは『図録』の編者、著者たちと同世代の民族学者であるA・A・ポポフの研究である。彼は主にソ連科学アカデミー民族学研究所レニングラード支部人類学民族学博物館（現在のロシア科学アカデミーピョートル大帝記念人類学民族学博物館、通称クンストカーメラ）に所蔵されていた標本資料を丹念に調査し、さらに当時のシベリア民族学研究の専門家やレニングラードに勉学のために来ていたシベリア諸民族出身の学生たちからの情報、そして、彼自身がフィールドワークで直接技術伝承者から得た資料と情報などを元に（Попов1955: 41）、シベリア諸民族の編みと織り、糸作り、紐・縄作りに関する大部の論文を発表した。それはシベリア諸民族の独自の編み、織りに関わる用具と技術に関する空前絶後の論文で、この前にも後にもこれほど体系的にシベリア諸民族の編みと織りについてまとめた論文は見当たらない。

本稿は、このポポフの論文を手がかりにして、独自の織文化と布文化に焦点を当てて、シベリアの諸民族の物質文化における周辺民族との関連性を論じていきたい。

一、シベリアにおける独自の織り技術

「織り」と「編み」の違い、「織機」と「編み機」の違いには多種多様な定義があるが、一般的に織りの場合には「タテ糸」と「ヨコ糸」という直交する二種類の糸の組み合わせによって平面状あるいは立体状の「布」を作り上げる技術であるとされることが多い。その中には、器具を使って何組かのタテ糸をまとめて上下させてその間にヨコ糸を通す仕組みを持つ機械を使うことを必須とするような定義もある。例えば『日本大百科』の「織物」と「織機」の項目を執筆した角山幸洋は、「これをつくるときには織機を使い、手動あるいは機械的操作によって織り出されるが、織機を使わずに手先だけで組み合わせ、織物と同じような組織に構成するときには、織物ではなく編組（へんそ）である」（角山一九六八：六八

〇）と述べ、織物は「織機」を使って作り出されるものであり、織機を使わないで作られたものを「編組」すなわち「編み物」と定義している。彼は「織機」の定義はしていないが、タテ糸を何組かに分け、一斉に上下を入れ替える「綜絖」という装置の発明が織機の登場にとって不可欠であったことを示唆している（角山一九六九：五八九）。

しかし、それに対して吉本忍は必ずしも綜絖はなくても織物を織ることは可能であり、織物そのものの定義を変えるべきだと主張する。彼は、織るとは「張力をかけたタテ糸にヨコ糸を組み合わせる」（吉本二〇一三a：二六）ことであり、織機とは同様に「張力をかけたタテ糸にヨコ糸を組み合わせる仕掛け」（吉本二〇一三a：二六）であり、織機の定義に綜絖の存在は必ずしも必要ではないと論じた。彼によれば、器具を全く使わない日本のわらじ作りも「織り」と定義できるという。手足を使ってタテ糸にあたる部分を引っ張っているからである。また新潟県の「越後アンギン」のような桁と菰槌（錘）を使った「もじり」技術（後述）によって作られた布も「織り」と定義できるという。もじられる糸の先には錘が付けられていて、それが糸に張力をかけるからである。そして、もじられる糸をタテ糸とすれば、「もじり」技術はまさに張力をかけられたタテ糸にヨコ糸を組み合わせていく操作であるといえる。

このようなもじり技術をも「織り」に分類すると、シベリア諸民族の織り技術の分布は若干の広がりを見せる。

シベリア諸民族の独自の織りには大きく分けると二種類しかない。すなわち平織ともじり織りである。もじり織りには「タテもじり」（タテ糸をもじる）と「ヨコもじり」（ヨコ糸をもじる）とがあるが、シベリアや極東の北方地域でヨコもじり技術が確認されているのはアイヌだけであり、他の民族にはタテもじりしか見られない。

平織とはタテ糸を一定の幅に並べて張力をかけてまっすぐに張り、奇数番目の糸（奇数糸）と偶数番目の糸（偶数糸）に分けて綜絖に繋ぎ、奇数糸と偶数糸の上下を入れ替えながら、ヨコ糸を通して、タテ糸とヨコ糸が交互に上下に組み合わさる最も基本的な織り方である。平織は世界的に最も普及している織り組織だが、タテ糸への張力のかけ方、綜絖の種類などによって織機をいくつかに分類することができる。(1) タテ糸への張力のかけ方で分類した場合、シベリアで見られるのは、複数の杭を地面に打って、その間でタテ糸に張力をかける「杭機」と一方の端は杭に留めるが、もう一方は腰にまわして人の腰で張力をかける「腰機」である。少し視野を広げて極北地域まで加えれば、重りを使った重力で張力をかける「錘機」もある（北欧のサーミの事例（吉本二〇一三b：L―六六））。

綜絖の種類では、鎖状に繋いだ二つの綜絖糸の輪のつがい目部分にタテ糸を通す「つがい目綜絖」、輪状の綜絖糸にタテ糸を通す「輪状綜絖」、板に細いスリットと小さな穴を交互に開け、そこにタテ糸を通す「開孔板綜絖」に分類できる。さらに輪状綜絖の場合には固定タイプ（固定式）と手で動かせるタイプ（手動式）とに分類できる。シベリアでは、つがい目綜絖は奇数糸、偶数糸双方に装着され、ペダルを使って上下に動かして糸を入れ替える。「輪状綜絖」は奇数糸か偶数糸のどちらかに装着され、その間に「開口保持具」（あるいは「上下糸分離具」とも呼ばれる）が装着される。固定式の場合はこの開口保持具を前後に動かして奇数糸、偶数糸の上下を入れ替える。手動式では綜絖を手で引っ張り上げたり、離したりして入れ替える。開孔板綜絖ではスリット、小穴それぞれにタテ糸を通して、板を動かすことによって奇数糸と偶数糸の上下を入れ替える（具体的には、つがい目綜絖については**図2**、輪状綜絖については**図3**、**図7**、開孔板綜絖については**図5**、**図6**を参照）。

もう一つのもじり織りの場合、シベリアではその器具の形態には一種類しかない。すなわち、桁と錘を用いた織機（錘機）のみである。しかし、考古学的に確認できる古い時代の場合、桁と錘が遺跡から見つからないケースが多い。そのときにはそのような道具を使わずにもじり織りをしていた可能性も否定できず、もじり織りの織機が桁と錘のみであるとは断言できない。また、アイヌには手でタテ糸を引いて張力をかけ、そこにヨコ糸をもじりながら通していく「ヨコもじり織り」がある。それも加味すると、もじり織りにもいくつかの種類に分類できる。

次節ではこのような織り方と織機の種類に関する分類に沿って、シベリア各地の民族に見られる織機と織り技術を整理していく。

二、シベリア諸民族の織り技術の分布

ポポフの研究によれば、どこにも張力をかけずに線状のものを組み合わせて面状、立体状のものを作り上げる「編み」という技術は、シベリアで普遍的に見られる。それは主に籠作りやござ・むしろ作り、あるいは帯作り、紐作りなどで使われていた。また、紐作りや綱作りの中には張力をかけて行うものがあるが、それはタテ糸とヨコ糸の組み合わせではない。このような紐作り、綱作りもシベリア全土で見ることができる。

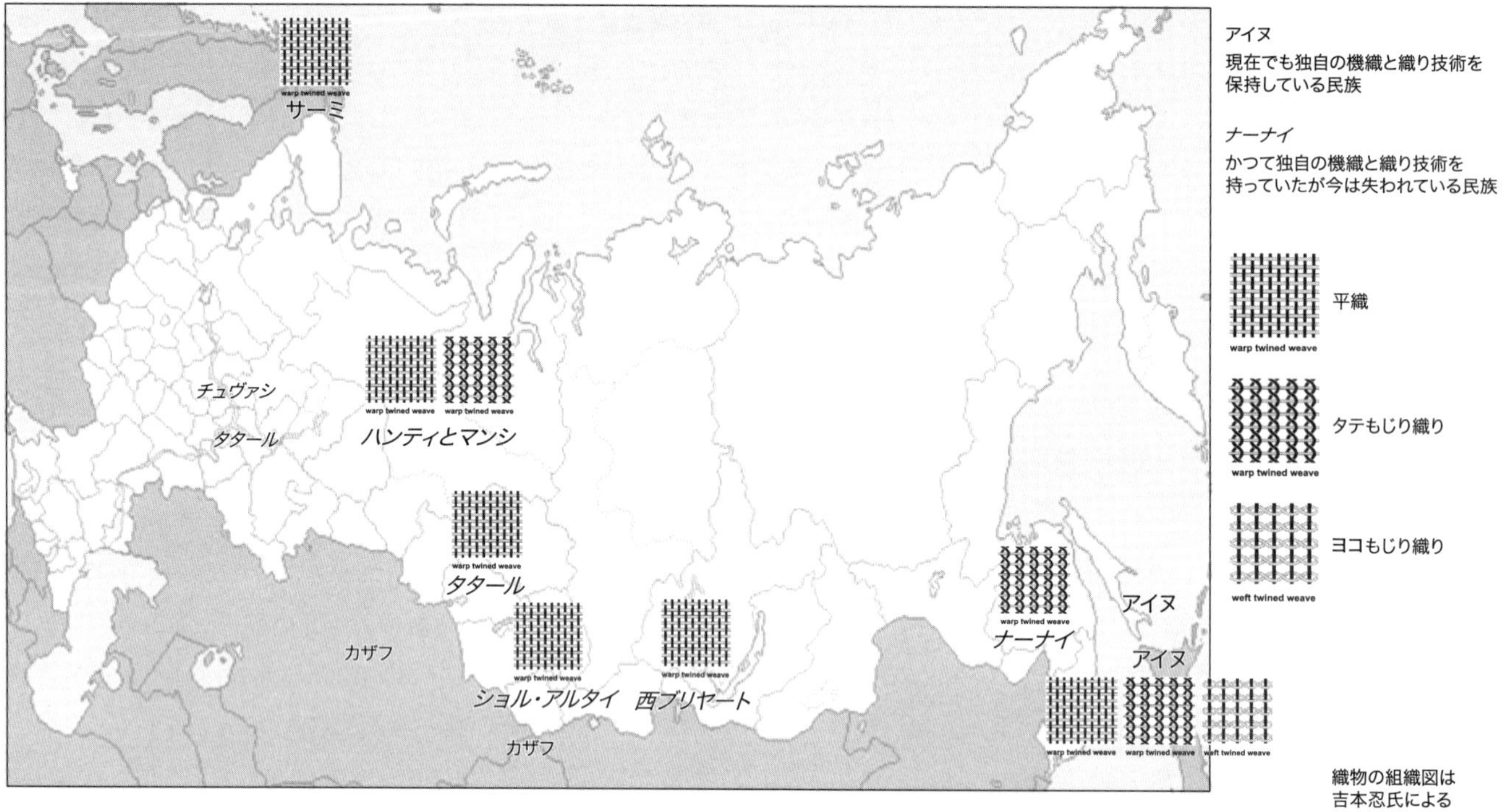

図1　民族誌時代のユーラシアの極北・亜極北における織機と織り技術の分布（19世紀末～20世紀初頭）

しかしそれに対して、張力をかけたタテ糸にヨコ糸を組み合わせていく「織り」という技術を持つ民族は、平織、もじり織りと種類を増やしても限られている。ポポフの研究、それに私自身の調査を加味すると、結局西シベリアのハンティとマンシ（特に南のグループ）、タタール、南シベリアのアルタイ、ショル、チェルカン、ブリヤート（特に西のグループ）、アムール川流域のナーナイ、ニヴフ、そしてサハリン、北海道、千島列島のアイヌである（図1）。アイヌに関してはシベリアの民族とはいえないが、類似の気候帯、生態系の中で文化を築き、継承してきたことからここではシベリアの諸民族とともに考察に加える。ポポフも同様にアイヌを含めて考察した。この分布状況を見ると、独自の織り技術と織り布を伝統的に持つ民族はシベリアの西と南の縁に沿った形で分布している。

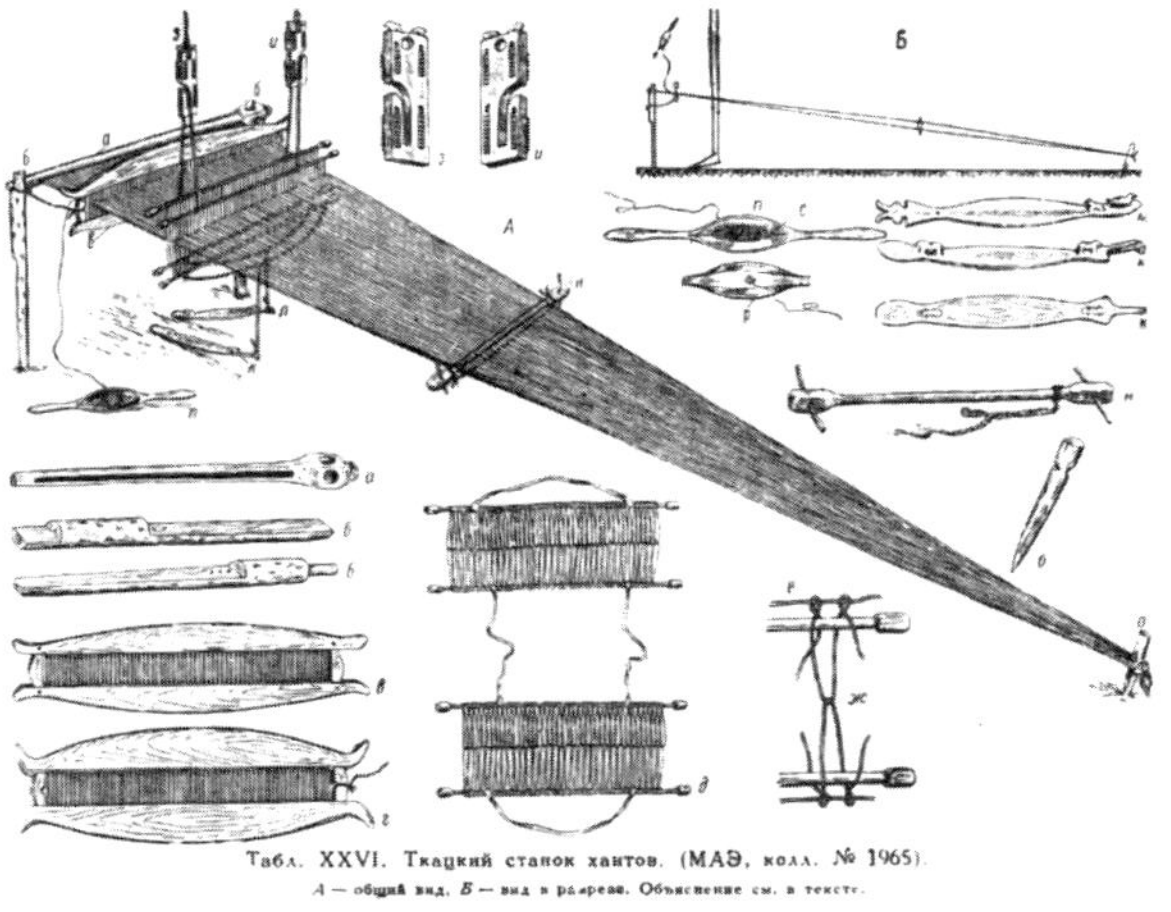

図2　ハンティ、マンシの織機（Попов 1955: 123）

三、平織用の織機

(1) ハンティ・マンシの織機

ハンティとマンシは、イラクサの繊維を使った独自の美しい織物とそれを作るための織機を有していた。その構造については、ポポフが人類学民族学博物館に所蔵されていた織機の実物の観察を元に詳しい記述と図を残している（図2参照）。それによれば、彼らの織機ではタテ糸を杭と棒状の布巻き具（日本で「ちきり」と呼ばれるもの）の間に張って、糸に張力をかけている。綜絖は「つがい目綜絖」で、奇数糸と偶数糸両方に装着される。これらの綜絖は二本の紐でつながっていて、それは天井からつり下げられた鉤型の板にかけられている。また綜絖の下にはペダルが付いていて、それを足で踏むことで、二枚一組の綜絖が連動して上下逆方向に動くように

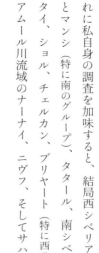

なっている。筬は織り手の近くにあり、タテ糸をそろえ、布の幅を一定に保つと同時に、杼道を通したヨコ糸を引き寄せる、あるいは打ち込む役割も持っている。織り手から見て綜絖の向こう側にはタテ糸どうしが絡まないようにするためにタテ糸整列具が取り付けられている。織り手は、ペダルを踏んで二枚の綜絖を上下に入れ替えながらヨコ糸を通し、筬で打ち込んで布を織る。ある程度織り上がると布巻き具に布を巻き取っていく。張力のかけ方と綜絖の形式とを基準とする分類に即せば、ハンティ、マンシの織機は「つがい目綜絖（足踏み式）をともなう杭機」と分類できるだろう。

彼らの織機について、その基本的な民族誌の一つである『シベリアの諸民族』のハンティとマンシの項目では「非常に原始的な織機」（Левин и Потапов 1956: 590）と定義した。しかし、ポポフはその織機に対してより肯定的な評価を与えている。彼は、「ウゴル（ハンティとマンシの言語グループ的な総称―筆者注）の織機は完成度の高い構造をしている。すなわち足でペダルを踏んで杼道を広げる。構造上それはチュヴァシやマリ（ウラル山脈より西にいる民族で、チュヴァシはチュルク系、マリはフィン系の民族―筆者注）のものとよく似ている。このような織機は、シレリウスが言及している西タタールを除いて、他のシベリアの諸民族の間には見られない」（Попов 1955: 125）と述べている。ハンティ、マンシの織機は杭機の一種だが、二枚のつがい目綜絖を使い、それを足踏みペダルで動かす構造を持っていた。また、筬が織り手の手元にあり、杼道を通したヨコ糸を打ち込む役割を果たしている。綜絖の操作を足で行うことで、両手はヨコ糸を入れて打ち込む作業に専念できる。その点でヨーロッパに広がる織機と共通する。ポポフは恐らくその意味で「完成度の高い構造をしている」と述べたと考えられる。

確かに彼らの織り技術は「最も単純な平織構造の織物を織る以上のレベルには発達しなかった」（Левин и Потапов 1956: 590）。しかし、主にイラクサの繊維を素材とする布とそれを縫製した衣装は白く輝く美しいものだった。彼らはイラクサの繊維をよく洗浄し、漂白までして白さを追求した。さらにそこに赤や青に染めたイラクサや羊毛の刺繍糸による幾何学紋様の刺繍を施して、見事な晴れ着を作った。人類学民族学博物館や同じくサンクトペテルブルクにあるロシア民族学博物館に所蔵されているハンティとマンシの伝統的な晴れ着は、とても一世紀以上の時を経たとは思えない輝きを保っている（**図3**）。しかし、残念ながらこの織機と織り技術、そして独自の織り文化は二十世紀初頭までに完全に衰退した。まだ人々の記憶にはとどめられているようだが、それを研究しよ

うとする研究者はほとんどいない。(2)

（2）シベリア・タタールの布織り用の織機

かつてのソ連、現在のロシア連邦の民族政策では「タタール」というのはチュルク系の言語を話す特定の民族集団とされている。彼らはウラル山脈の東西両側におり、西のヨーロッパ側にはタタール共和国という連邦構成共和国（ロシアの地方自治体の一種）を結成している。しかし、彼らと類似の言語と文化を持つ人々はシベリア側にもおり、広くシベリア・タタールの名称で知られるが、地域・地方ごとに方言、文化などに独自性を持っていた。その独自性を表す文化特性の一つに織機をあげることができる。トボリスク地方など西部のタタールはハンティたちと同じ足踏み式のつがい目綜絖を伴う杭機を持っていたが、その他の地域のタタールたちは別の形式のものを使っていた。それが**図4**の織機である。これもタテ糸の一方の端を束にして杭に留めているので、杭機の一種である。もう一方はやはり棒状の布巻き具にかけられ、それは地面に建てられた杭に留められる。タテ糸を束ねた杭

図3　ハンティの晴れ着（ロシア民族博物館での2014年の企画展示より）

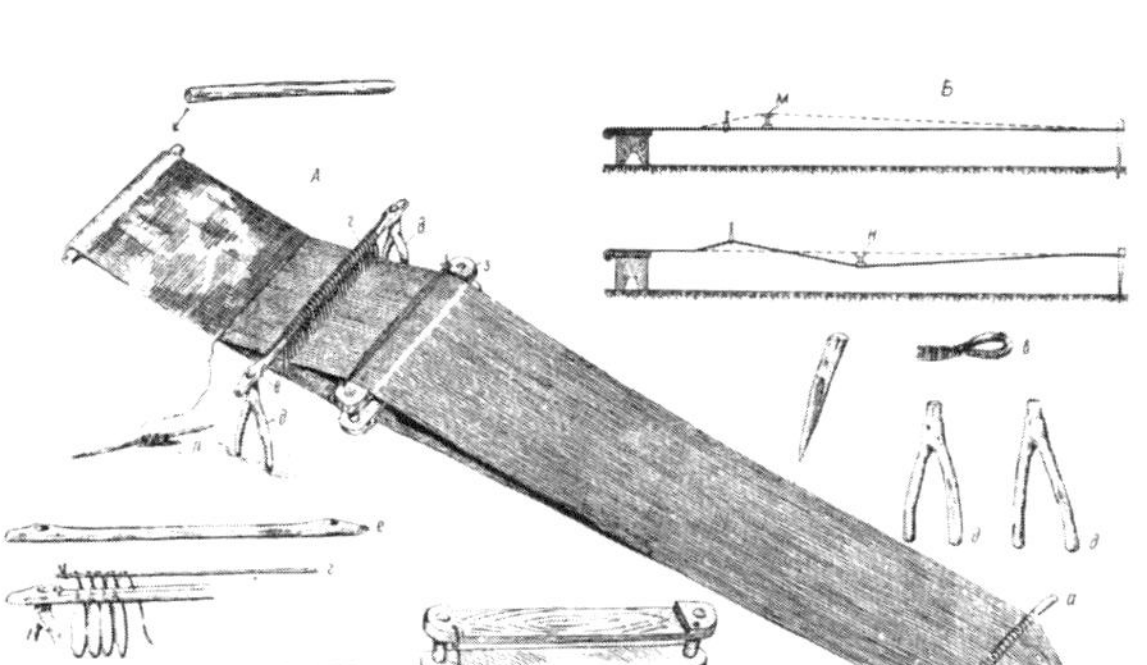

図4　タタールの織機（Попов 1955: 127）

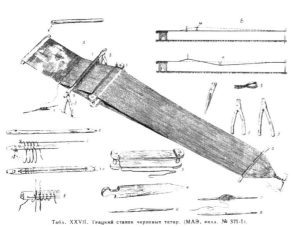

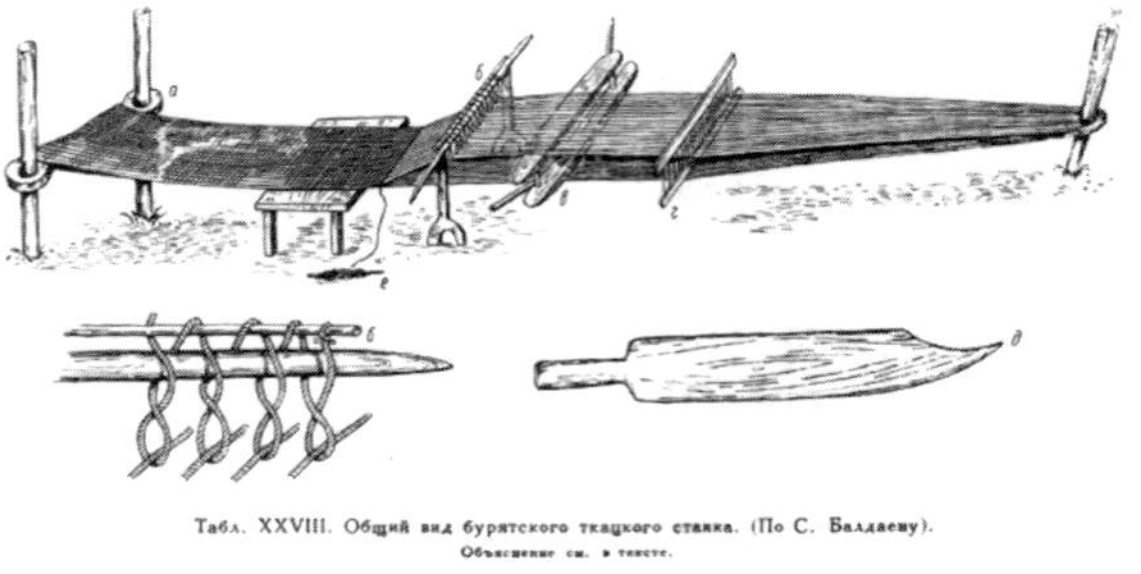

図5　西ブリヤートの織機（Попов 1955: 129）

に近いところにはタテ糸整列具が装着される。それは細かく溝を掘った横棒でタテ糸はその溝を通す。この部品はまた織物の幅を確保する役割も持っている。

タタールの織機の最も特徴的な部分は輪状綜絖と開口保持具である。綜絖はYの字を逆さまにしたような二本の台に固定した横棒に、いくつもの糸の輪を垂らした細い棒を乗せたものである。綜絖から伸びた糸の輪でタテ糸の奇数糸か偶数糸のどちらかをすくい上げ、一定の高さにそろえる。奇数糸を綜絖に固定した場合、偶数糸は上下に動かすことができる。次に織り手から見て綜絖の向こう側に開口保持具を設置する。その時、固定されていない偶数糸はその上を通るように、固定された奇数糸は下を通るようにする。この開口保持具を手前に引いて綜絖に近づけると、その上を通る偶数糸が奇数糸の上に引き揚げられ、その間にできた開口部にヨコ糸を通し、へら状の打ち込み具で打ち込む。続いて開口保持具を向こう側へ押しやると、今度は偶数糸が奇数糸の下に下がるので、逆に開口されて、そこにヨコ糸を通して打ち込む。このような動作を繰り返すことで平織ができていくわけである

この杭機（「輪状綜絖（固定式）を伴う杭機」）と織り方は、タタール以外にもシベリアのチュルク系諸民族の間で共通に見られる。すなわちアルタイ、ショル、チェルカンなどである。また、モンゴル系の民族ではあるが、ブリヤートの西部のグループでもよく似たものが使われていた。このタイプの織機は基本的にはさらに南の中央アジアのチュルク系諸民族（カザフ、ウズベクなど）の杭機と共通する。ポポフによれば、もともとチュルク系（ポポフはアルタイ系という）の諸民族はケンディール（おそらく野生の大麻などの草本を指す）の繊維から布を織っていたが、次第に栽培種の麻に取って代わられた（Попов1955: 126）。それはロシア人との接触によるものだという。その材質から、その布で服を作っていたと考えられる。それに対して、中央アジアのチュルク系の諸民族は同じタイプの杭機で羊毛の糸を織り、長持ちカバーや敷物、壁掛けなどを製作した。それは現代まで受け継がれている（宗

野二〇一四、吉本・柳二〇〇二)。

この種の杭機で長持ちカバーや敷物、壁掛けを作るという伝統は西ブリヤートに受け継がれた。彼らはこの杭機を使って馬のたてがみを紡いで作った糸で、やはり長持ちカバーや敷物、壁掛けなどを織っていた。ただし、彼らはタテ糸整列具として櫛状の筬を使用していた点が大きな特徴で、それはアイヌの織機との共通性を想起させる(**図5**)。この点について吉本忍は、「アイヌの大型の腰機の先端部から輪状綜絖にいたるまでの構造と部品の形状、とくに櫛筬が開口保持具(上下糸分離具)とタテ糸の先端部とのあいだに組み込まれている位置と、2枚の板で構成された開口保持具の形状については、シベリアのブリヤートやタタールのもとで使用されてきた固定式輪状綜絖をともなった地機と酷似している」(吉本二〇〇六:一五三―一五四)と述べている。

このタイプの杭機は、ハンティなどのペダルを伴うつがい目綜絖の織機のように天井から滑車をつるすなどの必要がなく、持って移動するのも比較的容易なので、遊動性の高い牧畜民や遊牧民に愛用された。西シベリアから南シベリア一帯にチュルク系の遊牧民が勢力を拡大するとともにこの種の杭機も普及し、さらにモンゴル系の西ブリヤートにまで影響した可能性が高い。

(3)シベリア・タタールの敷物用の織機

シベリア・タタールには布を織る上記の織機の他にシナの樹皮繊維を使った敷物(ござやむしろの類い)を作るための織機がある。これも平織用の杭機の一種だが、大型で、しかも綜絖には開孔板綜絖が使われた(「開孔板綜絖を伴う杭機」)。タテ糸となる樹皮繊維は家の壁に取り付けられた鉤と、壁から若干離れたところに立てられた二本の柱に固定された横棒の間に張られ、張力を与えられる。綜絖は長さ一メートルあまりの大型のもので、櫛状にスリットが入っており、櫛の歯の中ほどに小さな丸い孔が明けられている。つまり、孔とスリットが交互に並ぶ。その孔とスリットに奇数糸と偶数糸がそれぞれ通される。孔を通る糸は綜絖とともに上下に動き、スリットを通る糸は動かない。綜絖を上下に動かすと孔を通る糸が上下に動き、スリットを通る糸との間にできる杼道も上下に入れ替わる。そこにヨコ糸となる繊維を通せば平織となる(**図6**、**図7**)。

この種の敷物を織るための織機はウラルの西側の民族と共有されている。ロシア民族学博物館には同じチュルク系だがウラルの西側に暮らすチュヴァシの織機が展示されている。それは綜絖の形も操作の仕方もポポフが記述したタタールのものと全く同じである。この開孔板綜絖は、大きさを遥かに

図7　タタールの敷物織機（Попов 1955: 131）

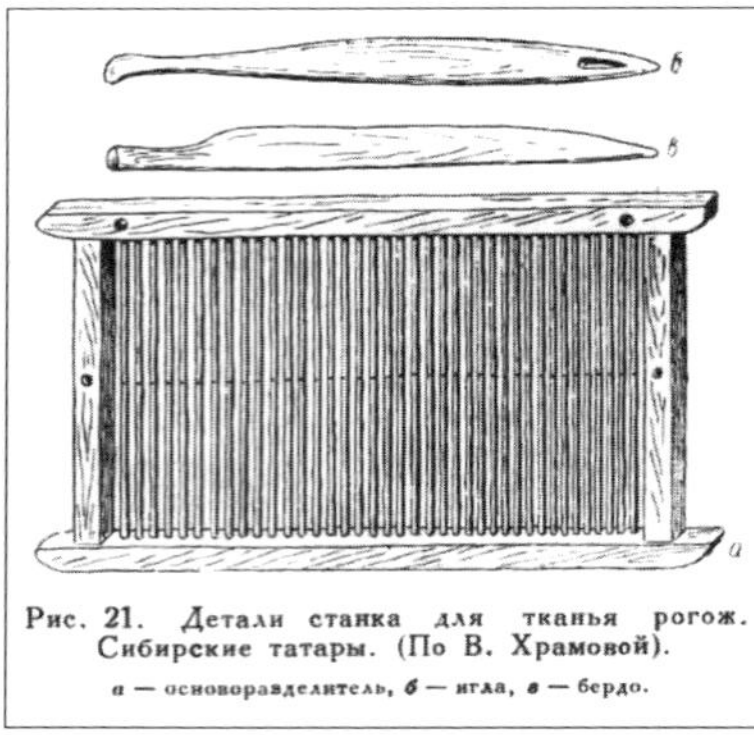

図6　開孔板綜絖（Попов 1955: 133）

小さくして帯を織るための織機にも使われるが、紙幅の関係で帯織に関しては割愛する。

（４）アイヌの布織り用の織機

アイヌはいわゆる「北方民族」の中で独自の織り技術が現代まで受け継がれている唯一の民族である。彼らはイラクサのような草本類の茎からとれる繊維だけでなく、シナ、ニレ、オヒョウといった木本類の樹皮からとれる繊維で織物を作ることで有名である。樹皮繊維の衣類（attus）は北海道のアイヌの間で多用され、イラクサなどの草皮繊維の衣類（tetarpeあるいはretarpe）はサハリンや千島のアイヌで使用されることが多かった。しかし、サハリン、千島でも樹皮繊維の衣類や樹皮繊維とイラクサ繊維の交織織物の衣類はよく使われていた。

アイヌの織機は樹皮繊維でも草皮繊維でも同じ織機を使って織られる。その構造はチュルク系諸民族の杭機と一見似ているが、人が腰でタテ糸を引っ張って張力をかける点と、奇数糸と偶数糸の上下を入れ替える際に綜絖を手で引き揚げるという点で異なる。つまり、「輪状綜絖（手動式）を伴う腰機」である。それは日本を含む東アジアから環太平洋地域によく見られる腰機の系統に近い（吉本二〇〇六：一五四）（**図8**）。

しかし、日本の織機では織り手の近くにあり、杼道に入れたヨコ糸を引き寄せる、あるいは打ち込む役割を持つ筬が、織り手から最も遠くにあり、タテ糸の整列と織物の幅を調整する役割を担わされている。それは、先に触れたタタールやブリヤートの杭機のタテ糸整列具と同じ位置であり、同じ機能である。また、綜絖と筬の間に開口保持具が装着されている。これは実は上糸と下糸を分けるというだけでなく、綜絖による奇数糸と偶数糸の上下の入れ替えに関係している。実際に機織りの様子を見ると、織り手は綜絖を引き揚げる動作とともに開口保持具を向こうへ押しやっており、上下を入れ替えるときにはこの部品を綜絖の方へ引き寄せている。つまり、上下に糸を入れ替えるときに開口保持具を前後に動かしているのである。ポポフはこの点に西シベリアのタタールの織機からアイヌの織機までの杼道開口方法に共通性を見いだしていた。彼は、「誠に興味深いことに、この上下の糸の切り替え方法（開口保持具を前後に動かして切り替える方法―筆者注）は、ウゴル系の民族を除いて、西はショルから東はアイヌまでシベリアの全民族で行われているのである」（Попов1955: 126）と述べている。

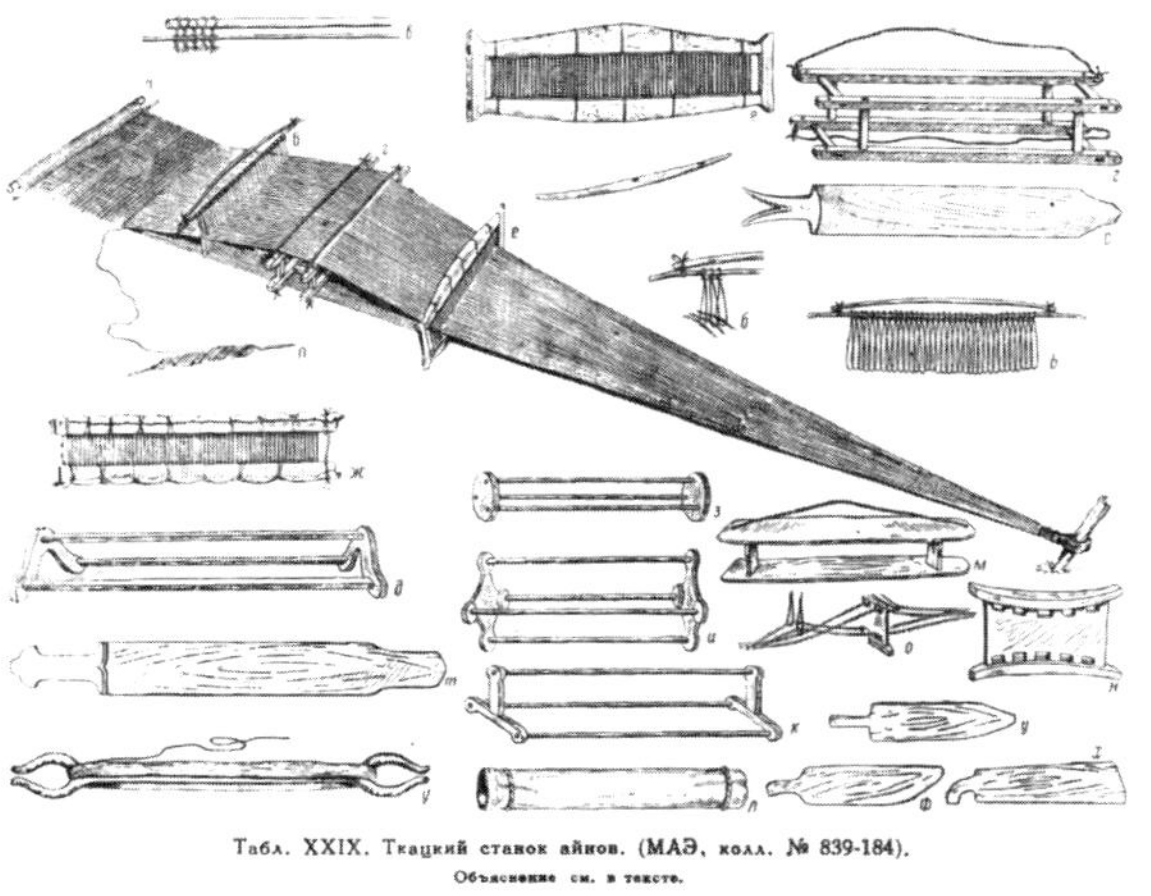

図8　アイヌの織機（Попов 1955: 131）

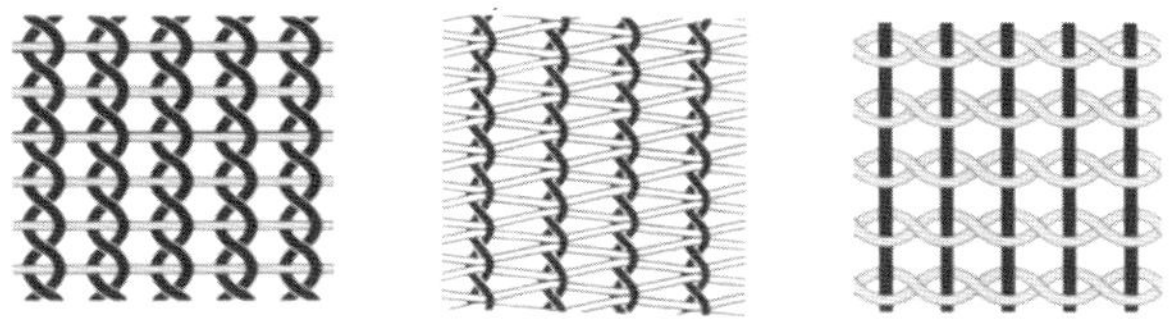

図9　各種のもじり織り組織（左からタテもじり、一つ飛ばし技法のタテもじり、ヨコもじり）いずれの図も黒線がタテ糸を表す。もじり織り組織図は吉本忍氏による

四、もじり織り

「もじり織り」とはタテ糸かヨコ糸のどちらかをねじりながら（あるいは「もじり」ながら）両者を組み合わせていく織り方である（**図9**参照）。例えばタテ糸をもじった「タテもじり」では、張力をかけながらねじった二本のタテ糸の間をヨコ糸が通っていくよう

な組織となる。「ヨコもじり」の場合には、張力がかかって真っ直ぐに伸びたタテ糸を二本のヨコ糸のねじりが挟み込んで行くような組織となる。また、タテもじりの場合には「一つ飛ばし」という技法がしばしば見られる。これは、タテ糸をもじりながらヨコ糸を通すとき、タテ糸のもじりを一列ずつ飛ばしながら行っていく技法である。次のヨコ糸に対しては前のヨコ糸の時にもじらなかったタテ糸をもじる。そうすると、ヨコ糸が交互に二本ずつタテ糸のもじりの中に挟まれ、織り組織がより緻密になる。これは日本では米俵によく使われる技法だが、それは世界中に共通して見られる技法でもあり、シベリアの諸民族も例外ではない。

もじり織りは、多くの民族や地域で「編む」に相当する言葉で表されており、また研究者もそのように認識してきた。例えばアイヌの刀帯（emus at）を詳細に研究した大坂は、刀帯の製作が沙流、十勝本別、静内の各方言で「編む」を意味する**oske**（他動詞）、あるいは「編み物をする」を意味する**ioske**（自動詞）という言葉で表現されていたことを指摘する（大坂二〇一七：六）。また、ポポフももじり織りを含むむしろ作りに関しては「編み物」に相当する名詞である**плетение**と「編む」を意味する動詞**плести**を使っている（Попов1955: 98-102）。しかし、タテもじりにせよヨコもじりにせよタテ糸に張力がかかっている場合が多く、それは本稿で採用した吉本忍の定義に合わせると「織り」となる。したがって、ここでは「もじり織り」という言葉を使用することにしている。

（1）民族資料に見られるもじり織りの織機

一つ飛ばし技法も含めたタテもじり織りを行う人々の間で最も普及しているのが桁と錘（菰槌）を利用した織機である。その構造は比較的単純で、長い桁を台や杭の間に渡して固定し、そこにタテ糸になる糸を何本もかける。そのタテ糸には両端に石や木などの錘が付けられていて、重さで両側から引っ張られる（つまり張力がかかる）ようになっている。タテ糸はその錘の石に何重にも巻き付けられ、必要に応じて伸ばせるようになっている。したがって、タテ糸は地面や床につくほどには垂れない。実際の作業は、桁の上に並んだタテ糸の上にヨコ糸となる材料を置き、タテ糸をもじって錘の位置を入れ替え、再び垂らす。その動作を繰り返す。このときヨコ糸はタテ糸の錘の重力でしっかり締め付けられる。その操作を桁に横たえたヨコ糸にかかっているタテ糸すべてに対して行う方法が「一つ飛ばし技法のないタテもじり織り」で、交互に一つずつ飛ばしながらタテ糸をもじる方法が「一つ飛ばし技法のタテもじり織り」である（両端のタテ糸は常にもじる）。

この桁と錘を使ったタテもじり用の織機はシベリアでも限られた民族にしか見られなかった。すなわち、西シベリアのハンティと、アムール川流域からサハリン、北海道、千島列島にかけての地域にいるナーナイ、ニヴフ、アイヌである(Попов 1955: 98, 102)。これらの民族はシベリアの東西両端におり、その間にいる民族にはこの種の織機があったかどうか確認できない。特に西では今のところハンティにしか確認できていない。東の方ではアイヌ以外にアムール川流域のナーナイの間で使われていたことが民族誌と実物資料で確認できる。筆者自身、ナーナイが作成したもじり織りの敷物の断片を実見している。それはウラジオストークにあるロシア科学アカデミー極東支部極東諸民族歴史学考古学民族学研究所附属博物館に展示されていた資料で、種類は不明だが草本類の茎を、同じく草本系の植物の繊維で作ったタテ糸でもじり織りにしたものだった。この資料も見事な一つ飛ばし技法を使っており、緻密な織り目を確認することができる(**図10**)。

Рис. 13. Станок для плетения цыновок. Нанайцы. (МАЭ, колл. № 1838-69).

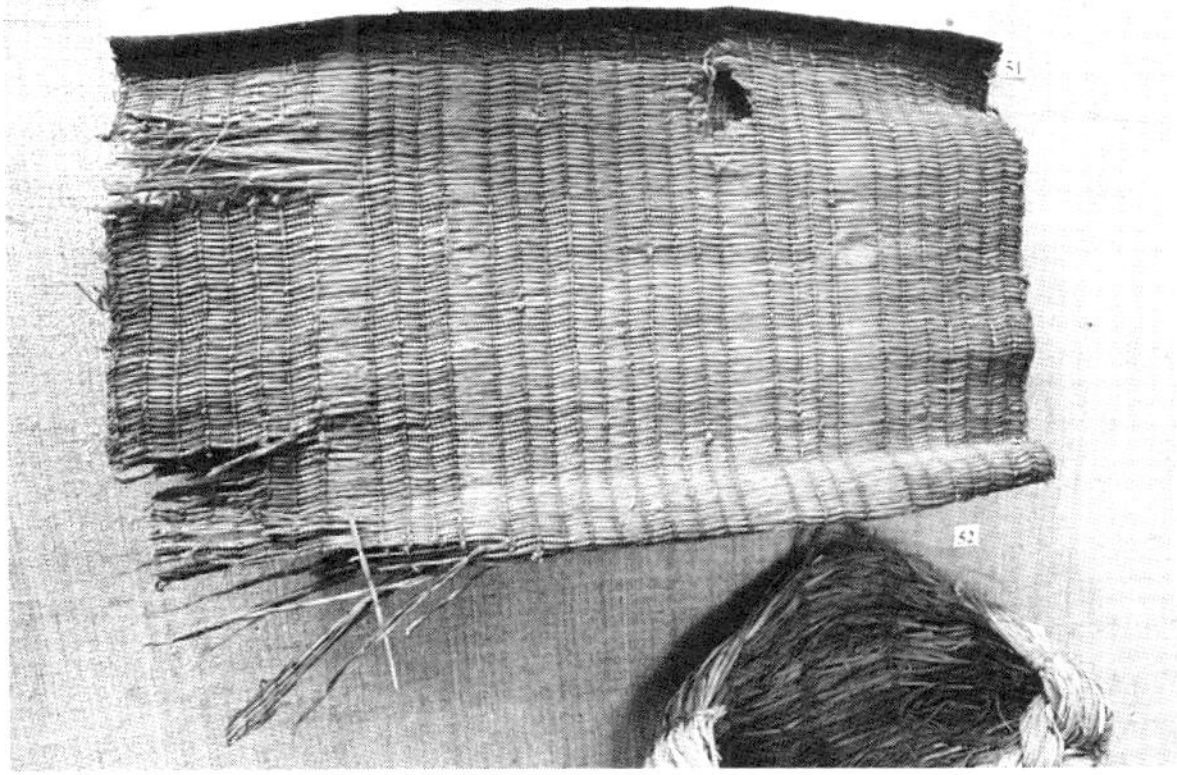

図10　ナーナイのゴザ織り織機(Попов 1955: 102)とナーナイのござ(ロシア科学アカデミー極東支部極東諸民族考古学歴史学民族学研究所附属博物館所蔵)

ヨコもじり技法はシベリアと極東の北方地域では今のところアイヌの刀帯(emus at)でしか確認されていない。大坂拓によれば、タテ糸への張力のかけ方で三種類の技法に分類できるという。そのうちの二つはタテ糸の一方を固定して他方を手で引っ張るもので、三番目の技法は手の代わりに腰当てを使って腰で引っ張るものである（大坂二〇一七：六—八）。前二者は「手機」に分類でき、最後のものは「腰機」に分類できる。それは二風谷（北海道沙流郡平取町字二風谷）で考案された新しい技法のようである（大坂二〇一七：八）。

（2）考古学資料に見られるもじり織り

シベリアやその周辺の北方地域におけるもじり織りの歴史は古い。現在確認されているこの地域で発見されたもじり織りの考古学遺物で最も古いものは、ロシア連邦沿海地方のチョールタヴィ・ヴァロータ遺跡で発掘された約七五〇〇年前の新石器時代のゴザの断片といわれている（ロシア科学アカデミー極東支部極東諸民族考古学歴史学民族学研究所所蔵）。また、北海道恵庭市の柏木川四遺跡で発掘された布断片は三二〇〇〇年前の縄文時代後期のものとされている（吉本二〇一〇：二二三）。時代は下るが、一九三七年に馬場脩たちが発掘した千島列島北端のシュムシュ島の遺跡からはオホーツク文

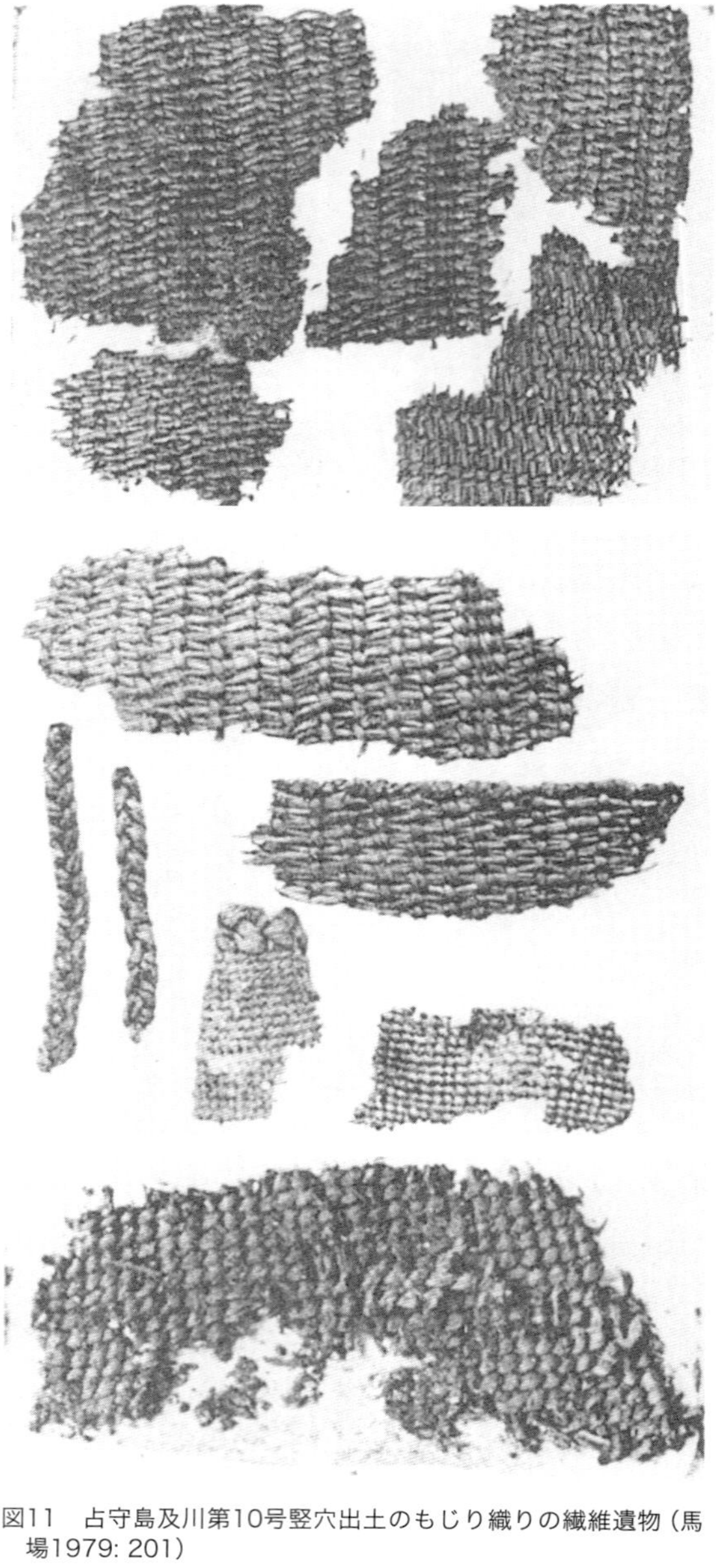

図11　占守島及川第10号竪穴出土のもじり織りの繊維遺物（馬場1979: 201）

化期末のもじり織りの布断片が発掘されている（市立函館博物館蔵の「馬場コレクション」の一部。図11）。また、カムチャツカ半島では新石器時代以来さまざまなもじり織りの敷物や布断片が見つかっている。なかでもカムチャツカ半島北部のガルガン遺跡の約五〇〇年前の永久凍土層からは大量のもじり織りの布断片が発掘されている（いずれもカムチャツカ州立総合博物館所蔵）。

これらの考古学的に発見された布断片は、今のところ何らかの専用の道具を想起させるような遺物を伴っていない。桁や錘のような物は他の遺物と比較しても際だった特徴がないために見落とされている可能性もあるが、現時点ではこれらの布を織りだした道具はわかっていない。複雑な道具を使わずに編み上げたか織り上げた可能性も否定できない。

しかし、両端に錘を付けたタテ糸を桁に垂らし、その上でもじりながらヨコ糸を通していく方が仕事の効率はよく、素早くしっかりと織り込むことができる。また、一つ飛ばしの技法も使いやすい。民族誌時代からハンティ、ナーナイ、アイヌの間で実物が知られ、ニヴフも使っていたといわれる桁と錘を使った技法は、もじり織りの一つの終着点といえるかもしれない。

おわりに——シベリアの織機の種類と周辺民族の織機

以上平織ともじり織りを中心にシベリアの織機と織り技法を地域内、地域外と比較してきた。その結果、各節でも指摘したが、シベリア諸民族の織機と織り技法はその周辺地域、すなわち、ヨーロッパロシア、中央アジア、そして東アジアの世界から強い影響を受け、それぞれの型の織機、技法の分布の延長線上にあることがわかった。すなわち、ハンティ、マンシのつがい目綜絖（足踏み式）を伴う杭機はヨーロッパ側に連なる同様の綜絖を持つ枠機や棒機の延長上にあり、タタール、アルタイ、ショル、チェルカン、ブリヤートなどに見られた輪状綜絖（固定式）を伴う杭機は中央アジアの遊牧民の織物文化の一部をなしている。そして、アイヌの輪状綜絖（手動式）を伴う腰機は東アジアの腰機の伝統を受け継いでいる。ただし、アイヌの織機では筬が織り手からもっと遠いところにあり、タテ糸の整列と布の織り幅を調整する役割を負っていることから、そこには西シベリアや中央アジアにつながる要素を見て取ることができる。ポポフはハンティやマンシの杭機の綜絖との対比を念頭に置いていたと思われるが、奇数糸と偶数糸の上下入れ替え方法に開口保持具を使う

表1　平織用織機の分類とそのタイプの織機を使う民族

綜絖の種類／織機の種類	つがい目綜絖（足踏み式）	輪状綜絖（固定式）	輪状綜絖（手動式）	開孔板綜絖
杭機	ハンティ、マンシ、タタール	タタール、ショル、アルタイ、チェルカン、ブリヤート		タタール
腰機			アイヌ	
錘機			サーミ※	

※サーミについては紙幅の関係で触れられなかったが、羊毛の糸でテント地を織るときに独特の錘機を使用する。吉本（2013: L-66）を参照。

表2　もじり織用織機の分類とそのタイプの織機を使う民族

もじり織技法の種類／織機の種類	タテもじり織	一つ飛ばしのタテもじり織	ヨコもじり織
錘機	ハンティ、ナーナイ、ニヴフ、アイヌ	ナーナイ、アイヌ	
手機			アイヌ※※
腰機			アイヌ※※

※※大坂（2017：7-8）による

という点で、東の外れのアイヌから西シベリアのタタールまでの間の織機にある種の共通性を見いだしていた。

　もじり織りの分布はシベリアの東西両端でしか確認できていない。しかし、この技術がシベリアの外に大きな広がりを見せることは確実である。桁と錘を使用したもじり織り織機の分布もシベリアの外では広く普及している。それがハンティ、ナーナイ、アイヌ以外のシベリア諸民族にどの程度普及していたのか、民族誌を洗い出して確認する必要がある。

　最後に、二節で述べたタテ糸への張力のかけ方と綜絖の種類による分類に従って、各民族の織機を分類しておく（**表1**と**表2**を参照）。

注

（1）織機の種類と部品の名称については、吉本（二〇一三b）に準拠した。

（2）近年それに関心を示す考古学者が現れてはいるようである。例えば、T・N・グルシュコヴァは西シベリアの考古学的研究の中でハンティの織機に触れている（Глушкова1993）。

参考文献

大坂拓「アイヌ民族の刀帯：分類群の共時的分布と通時的変化」（『北海道博物館アイヌ民族文化センター研究紀要』二、二〇一七年）一―三二頁
宗野ふもと「ウズベキスタンにおけるバザールと生計戦略――カ

シュカダリヤ州北部、手織り物売買の事例から」（『文化人類学』七九（二）、二〇一四年）一—二四頁

角山幸洋「織物」（『日本大百科事典　ジャポニカ』第三巻、小学館、一九六八年）六八〇—六八三頁

角山幸洋「織機」（『日本大百科　ジャポニカ』第九巻、小学館、一九六九年）五八九—五九〇頁

馬場脩「占守島及川第十号竪穴出土の繊維性遺物」（馬場脩著『樺太・千島考古・民族誌』一（北方歴史文化叢書）一九七九年）一九〇—二〇四頁（初出は『北海道考古学』第六輯、一九七〇年）。

吉本忍「第七章　北海道とその周辺地域に見る編みと織りの痕跡」（氏家等編『アイヌ文化と北海道の中世社会』北海道出版企画センター、二〇〇六年）一二一—一六三頁

吉本忍「柏木川4遺跡出土の編布の分析」（財団法人北海道埋蔵文化財センター編『恵庭市 柏木川4遺跡（4）——柏木川改修工事用地内埋蔵文化財発掘調査報告書』財団法人北海道埋蔵文化財センター、二〇一〇年）二二三—二三九頁

吉本忍「世界の織機と織物——共同研究●手織機と織物の通文化的研究（2010-2013）」（『民博通信』一四二、二〇一三年a）二六—二七頁

吉本忍『世界の織機と織物』（国立民族学博物館、二〇一三年b）

吉本忍・柳悦州「第Ⅲ部　シルクロードの織機」（シルクロード学研究センター編『シルクロード学研究13　シルクロード織機研究』（シルクロード学研究センター紀要）二〇〇二年）一六三—二八七頁

Глушкова, Т. Н., *Очерки истории по древнему плетению и ткачеству населения Западной Сибири*, 1993 (Автореферат диссертации на соискание ученой степени кандидата исторических наук). Новосибирск: Институт археологии и этнографии СО РАН.

Левин, Л. Г. и Л. П. Потапов ред., *Народы Сибири*. Москва и Ленинград: Издательство академии наук СССР, 1956.

Левин, Л. Г. и Л. П. Потапов ред., *Историко-этнографический атлас Сибири*. Москва и Ленинград: Издательство академии наук СССР, 1961.

Попов, А. А., Плетение и ткачество у народов Сибири в XIX и первой четверти XX столетия, *Сборник музея антропологии и этнографии*, том XVI. стр. 41-146. Москва и Ленинград: Издательство академии наук СССР, 1955.（A・A・ポポフ著、荻原眞子・長崎郁訳「19～20世紀第1四半期のシベリア諸民族における編物と織物（1）」（『北方民族博物館研究紀要』一一、二〇〇二年、一四一—一八四頁）、A・A・ポポフ著、荻原眞子・長崎郁訳「19～20世紀第1四半期のシベリア諸民族における編物と織物（2）」（『北方民族博物館研究紀要』一一、二〇〇四年、五九—一二三頁）

謝辞　本稿は、筆者が研究代表者を務めた二つの研究プロジェクト、日本学術振興会科学研究費助成事業基盤研究（B）（海外学術調査）「北方寒冷地域における織布技術と布の機能」（二〇一四年四月～二〇一六年三月）と、同じく基盤研究（B）（一般）「アイヌ民族の衣文化交流——博物館資料から北東アジア史を見直す」（二〇一七年四月～二〇一九年三月）の研究成果を利用している。調査にご協力いただいた各博物館に謝意を表したい。また、執筆するに当たって吉本忍氏（国立民族学博物館名誉教授）に草稿段階からご指導いただいた。それについてもこの場を借りて篤く御礼申し上げたい。

◎コラム◎

シベリアにある「ポーランド」をめぐって

森田耕司

もりた・こおじ——東京外国語大学大学院総合国際学研究院准教授。専門はポーランド言語文化研究。主な著書・編著書に、*Przemiany socjolingwistyczne w polskich społecznościach na Litwie i Białorusi. Studium porównawcze*, Warszawa: Slawistyczny Ośrodek Wydawniczy, Instytut Slawistyki PAN, 2006; *Civilisation of Evolution Civilisation of Revolution Metamorphoses in Japan 1900-2000*, Kraków: Museum of Japanese Art & Technology Manggha, 2009; *Spotkania Polonistyk Trzech Krajów – Chiny, Korea, Japonia. Rocznik 2014/2015*, Tokyo: Department of Polish Studies TUFS, 2014などがある。

イルクーツクの中心部から一二〇キロほど北上したところに、ヴェルシナ（Вершина／ポーランド語：Wierszyna）という、ポーランド系住民が大半を占める人口五〇〇人程度の村があることを知り、二〇一六年からフィールド調査を実施している。一見したところ、ごくありふれたシベリアの農村のように見えるが、その住民のほとんどがカトリック教徒であり、普段の会話における使用言語がポーランド語とロシア語との二言語併用というユニークな側面を持ち合わせている。

ポーランドでは自国の歴史的背景から、一般的に「シベリア」と聞くと、帝政ロシア時代における政治犯の流刑地という暗いイメージばかりが先行するが、実はこの村の住民たちは一九〇六年のストルイピンの農業改革に伴ったアジテーションにより、一九一〇年五月以降、当時実質的にロシアの支配下にあったポーランド南部地方から職を求めて自主的に移住してきた人々とその子孫たちなのである。当時のロシア政府はシベリアへ移住する者には土地を無償で提供、新生活を始めるにあたっての一時金の支給とシベリアまでの鉄道運賃の割引などの優遇措置により、支配下にあったあらゆる民族にシベリアへの移住を促した。以上のような厚遇を受けて、ポーランド人の多くもシベリアへの自主的な移住を決意したのである。その他にもウクライナ人、ベラルーシ人、リトアニア人など合わせて一〇〇万人以上がシベリアへ移住したといわれている。

この村の住民たちは一九一〇年から一〇〇年以上にわたって、ロシア語化の荒波にも負けず、村ではポーランド人として、ポーランド語を使い続けてきた。村には唯一カトリック教会があり、ポーランドから派遣された司祭がポーランド語でミサや他の宗教行事を執り行っている（**図1**）。この教会の近くにはポーランド文化会館（Польский дом／ポーランド語：Dom Polski）もある（図2）。村に点在する商店では、店員が客によってポーランド語とロシア語を使い分けて臨機応変に対応している。まさに「シベリアの海にぽっかりと浮かんだポーランドの離れ小島」といった様相を呈している。

二〇一七年の調査の時には、この村だけでなく、イルクーツクから北西へ四〇キロほどのところにある人口約二五万人のアンガルスク（Ангарск）とさらに北西へ二〇キロほど先にある人口約一〇万人のウソリエ・シビルスコエ（Усолье-Сибирское／ポーランド語：Usole Syberyjskie）にも足を延ばした。アンガルスクでは、イルクーツクにあるポーランド共和国総領事館の協力を得て、現在シベリアで生き残っている最後のポーランド退役軍人である九十五歳（一九二二年生まれ）の男性と会うことができた。総領事館を通してポーランド政府からの給付金を定期的に受けて生活している。シベリアにおけるポーランドの歴史の奥深さを感じさせる貴重な出会いとなった。また、ウソリエ・シビルスコエには、ポーランド人聖職者が仕えているカトリック教会があった。この教会のポーランド人司祭に話を聞いたところ、ロシア帝国領におけるポーランドの独立運動家による十一月蜂起（一八三〇～三一年）と一月蜂起（一八六三～六四年）失敗後、シベリアへ流刑された蜂起参加者の多くが強制労働（製

図1　ヴェルシナのカトリック教会（筆者撮影）
ポーランドからの移住者たちによって1915年に建立された木造教会。1939年から92年までは閉鎖されていた。

図2　ヴェルシナにあるポーランド文化会館（筆者撮影）
ポーランドからの寄贈図書が多く並んでおり、ポーランド語の勉強会を始めとする様々な活動の場として利用されている。

塩工場、製材所など）のためにこの町へ送られてきたため、現在でもこの地域の住民の二人に一人はポーランド系であるか、もしくはポーランド系の知人がいるというほど、十九世紀後半に起きたポーランドの歴史的悲劇の記憶が未だ色濃く残っているとの説明があった。「強制労働」とはいえ、労働条件や収入が安定していたため、多くの人々が家族も同伴でこの町に根を下ろしたのである。そういった歴史的背景もあり、この町にはポーランド語教育が行われているギムナージヤ（初等中等普通教育学校）がある（**図3**）。この町の第一ギムナージヤ（МБОУ《Гимназия №1》）は、ロシア連邦内の初等中等教育機関の中でポーランド語を追加教育科目として導入している唯一の学校である。以前は町のポーランド文化会館で主にポーランド系市民を対象に教えられていたが、一九九五年よりこの学校の正式な授業科目として教育されることになり、すでに二十年以上の歴史を有する。この学校を訪問した時、校長先生やポーランドから派遣されている教師に話を聞くことができた。インタビューの内容からも、この町の歴史的背景に起因していると思われる、地元の生徒たちのポーランド語への関心の高さが窺われた。

図3　ウソリエ・シビルスコエにある第一ギムナージヤ（筆者撮影）
追加教育科目としてポーランド語の授業が行われている。卒業後、ポーランドの大学へ進学した生徒もいる。

　シベリアにある「ポーランド」は、ヴェルシナのように新しい生活を夢見て自主的に移住した人々によりできたタイプと、ウソリエ・シビルスコエのように政治犯として流刑された人々によりできたタイプの二種類に大別することができるであろう。

　シベリアには、流刑地であった西部のトムスク（Томск）や中部のクラスノヤルスク（Красноярск）周辺にも「ポーランド」が存在していることが明らかになっている。一部の研究者からは、まだ知られていない「ポーランド」がシベリアのどこかに存在している可能性が指摘されており、それらの発見調査が喫緊の課題となっている。

［III アジアとしてのシベリア——シベリア先住民：多様な文化空間①］

シベリアのテュルク系諸民族

山下宗久

やました・むねひさ——和光大学表現学部非常勤講師。専門はシベリア少数民族の口頭伝承。主な論文に「サハ人（ヤクート人）——テュルク最北東端の民族」（小松久男編『テュルクを知るための六十一章』明石書店、二〇一六年）、《Проблема перевода олонхо на японский язык》, *Устойчивое развитие стран Арктики и северных регионов Российской Федерации в контексте образования, науки и культуры*, Якутск, 2006、「英雄叙事詩における英雄とは——サハ（ヤクート）の英雄叙事詩を考察して」（『口承文藝研究』第二二号、一九九九年）などがある。

言語状況は、人口の少ない民族ほど、民族語を母語と見なしている人の割合も、民族語を自由に使える人の割合も低くなっている。宗教はシベリア・タタール人を除くと、イスラム教信者はほとんどいなくて、例えば、サハ人の間ではロシア正教よりも伝統的な宗教の方が優勢で、トゥバ人の間ではチベット仏教が優勢である。

一、人口と主な居住地

テュルク系諸民族の中でよく知られているのは、トルコ人、カザフ人、ウズベク人、キルギス人（クルグズ人）、トルクメン人、アゼルバイジャン人（アゼリー人）、ウイグル人、タタール人、バシキール人であるが、シベリアにもテュルク系諸民族は居住している。ロシア連邦で二〇一〇年に実施された国勢調査の結果をもとに、各民族の人口（多い順に）と主な居住地を紹介していく。(1)

サハ人（ヤクート人）の人口は四七万八〇八五人（前回の二〇〇二年の国勢調査の結果と比較して八パーセント増）で、そのうちの九八パーセントが東シベリアのサハ共和国（ヤクーチア）に住む。

トゥバ人の人口は二六万三九三四人（八パーセント増）で、そのうちの九五パーセントが南シベリアのトゥバ共和国に住む。トゥバ共和国はロシア連邦の中で最も出生率が高い。トゥバ人の下位集団としてトジュ人がいて、人口は一八五八人（五八パーセント減）、その大部分がトゥバ共和国の北東部の森林地帯に住む。(2) トゥバ人はロシア連邦のほかに、モンゴル国に約五〇〇〇人、中国に約三〇〇〇人住んでいる。

アルタイ人の人口は七万四二三八人（一〇パーセント増）で、そのうちの九三パーセントが南シベリアのアルタイ共和国に住む。アルタイ人の下位集団としてテレンギト人、トゥバラル人、チェルカン人がいて、人口は順に三七一二人（五五パーセント増）、一九六五人（二六パーセント増）、一一八一人（三八パーセント増）である。

ハカス人の人口は七万二九五九人（四パーセント減）で、そのうちの八七パーセントが南シベリアのハカス共和国に住む。ショル人の人口は一万二八八八人（八パーセント減）で、そのうちの八三パーセントが南シベリアのケメロヴォ州に住む。ドルガン人の人口は七八八五人（九パーセント増）で、そのうちの六五パーセントがクラスノヤルスク地方に（その大部分が極北シベリアのタイムィル・ドルガン・ネネツ地区に）、二四パーセントがサハ共和国に住む。

タタール人の下位集団であるシベリア・タタール人の人口は、六七七九人（三〇パーセント減）で、そのうちの多くが西シベリアのチュメニ州とクルガン州に住む。(3)

クマンディン人の人口は二八九二人（七パーセント減）で、そのうちの四八パーセントが南シベリアのアルタイ地方に、三七パーセントがアルタイ共和国に住む。

テレウト人の人口は二六四三人（微減）で、そのうちの九五パーセントがケメロヴォ州に住む。

トファラル人の人口は七六二人（九パーセント減）で、そのうちの八九パーセントがイルクーツク州に住む。

チュルィム人の人口は三五五人（四六パーセント減）で、そのうちの五八パーセントがトムスク州に、四一パーセントがクラスノヤルスク地方に住む。

このように、シベリアのテュルク系諸民族の人口は、十万人以上のサハ人、トゥバ人から、一〇〇〇人未満のトファラル人、チュルィム人まで様々である。人口の多いサハ人、トゥバ人、アルタイ人、ハカス人は自分たちの民族共和国を持っている。次に、各民族共和国の民族構成比を見ていくことにする。

サハ共和国（首都はヤクーツク市）の民族構成比は、一九三九年にはサハ人五七パーセント、ロシア人三六パーセントであったが、ソ連時代末期の一九八九年にはサハ人三三パーセント、ロシア人五〇パーセントとなった。しかし、ソ連崩壊後、経済の低迷で鉱山が閉鎖されるなどして、ロシア人の流出が続き、二〇一〇年にはサハ人五〇パーセント、ロシア人三八パーセントとなった。

写真1　アルタイの民族スポーツ祭「エル・オイン」で行われていた「カムチ（鞭）」という競技。長さ3メートルの鞭で12本のピンを1本ずつ倒していく。試技は3回までで、一度にピンを2本以上倒した場合、その試技は無効となる（1996年7月18日、アルタイ共和国オングダイ地区ボーチ村、筆者撮影）

トゥバ共和国（首都はクィズィル市）の民族構成比は、一九五九年にはトゥバ人五七パーセント、ロシア人四〇パーセントであったが、その後、ロシア人の割合は減少し続け、二〇一〇年にはトゥバ人八一パーセント、ロシア人一六パーセントとなり、トゥバ人が圧倒的多数を占めている。

アルタイ共和国（首都はゴルノ・アルタイスク市）の民族構成比は、一九三九年にはアルタイ人二四パーセント、ロシア人七〇パーセントであった。その後、ロシア人の割合は減少し続け、二〇一〇年にはアルタイ人三五パーセント、ロシア人五六パーセントとなったが、アルタイ人よりロシア人のほうが多い状況は続いている。

ハカス共和国（首都はアバカン市）の民族構成比は、一九二六年にはハカス人が五三パーセントで過半数を占めていたが、それ以降はロシア人の割合が増加し続け、二〇一〇年にはハカス人一二パーセント、ロシア人八二パーセントとなり、ロシア人が圧倒的多数を占めている。

二、言語

テュルク系諸民族の共通点は、その名のとおり、各民族の民族語がテュルク諸語に属していることにある。

テュルク諸語の分類は諸説あるが、タタール人の言語学者・テュルク学者のガブドゥルハイ・アハートフ（一九二七～一九八六年）の説を参考にすると、シベリアのテュルク諸語は、まずシベリア・タタール語とその他の言語に分けられ、シベリア・タタール語は「キプチャク・グループ」に、その他の言語は「シベリア・アルタイ・グループ」に属する。「シベリア・アルタイ・グループ」は以下の四つのサブグループに分かれている。

Ⅰ「サハ・サブグループ」―サハ語、ドルガン語

Ⅱ「カラガス・トゥバ・サブグループ」―トゥバ語、トファラル語

Ⅲ「ハカス・サブグループ」―ハカス語、ショル語、クマンディン語、チュルィム語、トゥバラル語、チェルカン語

Ⅳ「アルタイ・サブグループ」―アルタイ語、テレウト語

ところで、ロシア連邦の国勢調査の調査票には言語の運用能力に関する項目があり、まず「あなたはロシア語を自由に使えますか」という質問に「はい」か「いいえ」で答えることになっている。次に「あなたはほかに何語を自由に使えますか」という質問があり、空欄に記入するようになっている。そして、この項目の最後に「あなたの母語」を記入する欄がある。以下（**表1**）でその結果を記していくことにする。数字の意味は、サハ人を例にして説明すると、サハ人の中で、「あなたの母語」の欄に「サハ語」と記入した人の割合が九三パーセント、「ロシア語」と記入した人の割合が七パーセント、「あなたはロシア語を自由に使えますか」という質問に「はい」と答えた人の割合が九〇パーセント、「あなたはほかに何語を自由に使えますか」という質問に「サハ語」と記入した人の割合が八五パーセントということである（※は下位集団を表す。シベリア・タタール人については、国勢調査の結果に記載されていなかった）。

この結果を見ると、人口の少ない民族ほど、民族語を母語と見なしている人の割合も、民族語を自由に使える人の割合も低くなっていると言える。

ユネスコは世界の約二五〇〇の言語を消滅危機言語として位置づけ、各言語の消滅危険度を五段階に分類している。ロシアの諸言語については一三一の言語が消滅危機言語と見なされていて、シベリアのテュルク諸語の消滅危険度は次のように分類されている。

「消滅」―ハカス語（カマス方言）

「極めて危険」―トファラル語、チュルィム語

「かなり危険」―北アルタイ語、ショル語

表1　各民族の言語状況

ハカス人	母語	ハカス語	65%
		ロシア語	34%
	使用	ハカス語	57%
		ロシア語	99%
ショル人	母語	ショル語	35%
		ロシア語	64%
	使用	ショル語	20%
		ロシア語	99.7%
ドルガン人	母語	ドルガン語	61%
		ロシア語	16%
		サハ語	23%
	使用	ドルガン語	12%
		ロシア語	95%
		サハ語	23%
クマンディン人	母語	クマンディン語	24%
		ロシア語	74%
	使用	クマンディン語	18%
		ロシア語	99.9%
テレウト人	母語	テレウト語	60%
		ロシア語	39%
	使用	テレウト語	35%
		ロシア語	99.8%
		アルタイ語	3%
トファラル人	母語	トファラル語	4%
		ロシア語	95%
	使用	トファラル語	11%
		ロシア語	99.9%
チュルィム人	母語	チュルィム語	3%
		ロシア語	97%
	使用	チュルィム語	5%
		ロシア語	100%
サハ人	母語	サハ語	93%
		ロシア語	7%
	使用	サハ語	85%
		ロシア語	90%
トゥバ人	母語	トゥバ語	98%
		ロシア語	2%
	使用	トゥバ語	95%
		ロシア語	83%
		モンゴル語	1%
※トジュ人	母語	トゥバ語	99.8%
		ロシア語	0.2%
	使用	トゥバ語	99%
		ロシア語	71%
		モンゴル語	7%
アルタイ人	母語	アルタイ語	84%
		ロシア語	15%
	使用	アルタイ語	68%
		ロシア語	94%
		カザフ語	2%
※テレンギト人	母語	アルタイ語	99%
		ロシア語	1%
	使用	アルタイ語	95%
		ロシア語	86%
		カザフ語	3%
※トゥバラル人	母語	トゥバラル語	22%
		ロシア語	59%
		アルタイ語	19%
	使用	トゥバラル語	11%
		ロシア語	99.7%
		アルタイ語	16%
※チェルカン人	母語	チェルカン語	55%
		ロシア語	40%
		アルタイ語	5%
	使用	チェルカン語	24%
		ロシア語	99.7%
		アルタイ語	17%

写真2　ハカスの英雄叙事詩の語り手。琴に似た楽器「チャトハン」を伴奏に用いる。原則として、一節を歌ってから同じところをもう一度語るということを繰り返しながら、物語を進めていく（1997年7月17日、ハカス共和国アバカン市郊外の古墳、筆者撮影）

「危険」―南アルタイ語、ハカス語、ドルガン語、シベリア・タタール語(4)

「脆弱」―サハ語、トゥバ語

　現存するシベリアのテュルク諸語の中で最も危機的な状況にあるのはチュルィム語である。チュルィム語にはチュルィム中流方言とチュルィム下流方言があったが、下流方言は二十一世紀の初めに消滅してしまった。チュルィム語には文字がなく、学校で教えられることもなかった。二〇〇六年に、パセチノエ村のアレクサンドル・コンジヤコフが、トムスクの言語学者ヴァレリヤ・レムスカヤの協力のもとで、チュルィム語の学習サークルを設立し、文字教本と語彙集を準備したが、サークルは長続きしなかった。民族の歴史と文化の記憶が保存されているチュルィム語は、まさに消滅の危機に瀕しているのである。

　「かなり危険」に分類されているショル語は、一九八九年の国勢調査では、ショル語を母語と見なしたショル人の割合（五八パーセント）が、ロシア語を母語と見なしたショル人の割合（四一パーセント）を上回っていたが、二〇一〇年の国勢調査では、先に記したように、その割合が逆転している。一九九〇年、ショル語は五十年ぶりに学校で教えられるようになった。ショル語で書かれた教科書、ショル語の文字教本、ショル語・ロシア語辞典、ロシア語・ショル語辞典、ロシア語・ショル語会話集が出版され、地元のテレビ局はショル語の番組「ショルの大地」を放送していて、二〇一六年に放送開始二十周年を祝った。ショル語を取り巻く状況は厳しいが、ショル語を自由に使えるショル人の割合は、今後も下がり続けるのであろうか、それとも、下げ止まって回復するのであろうか。
シベリアのテュルク諸語の中で最も話者の多いサハ語は「脆弱」に分類されている。先に記したとおり、二〇一〇年の国勢調査では、サハ語を母語と見なしたサハ人の割合が九三パーセント、サハ語を自由に使えるサハ人の割合が八五パーセントで、トゥバ語とともに高い数字を示しているが、決して安泰というわけではない。というのも、二〇〇二年の国勢調査では、サハ語を自由に使えるサハ人の割合が九三パーセントであったからである。八年間で八ポイントも下がっている。グローバル化が進む世界の中で、サハ語は今世紀末まで存在し続けるのか、予断を許さない状況が続くであろう。

三、宗教

テュルク系諸民族の宗教というと、イスラム教を連想しがちだが、シベリアのテュルク系諸民族の間では、シベリア・タタール人を除くと、イスラム教信者はほとんどいない。本稿ではサハ人とトゥバ人の宗教を見ていくことにする。

(1)サハ人の宗教

サハ人の伝統社会では、天上世界の神々(アイー)と地上世界の神々(イッチ)が崇拝され、災厄をもたらす地下世界の悪霊(アバーフィ)が恐れられ、シャマンが託宣や病気の治療などをしていた。十八世紀に入ると、ロシア正教が広まり始め、サハ人の伝統的な信仰はキリスト教信仰と融合していった。例えば、天上世界の最高神ユリュング・アイー・トヨンについての概念とイエス・キリストについての概念が混じり合った。ロシア正教会の布教活動により、聖書や祈祷書がサハ語に翻訳されたり、学校が設立されたりして、サハ人は啓蒙され、ロシア式の名字を名乗り、サハ語の文学作品が書かれるようになった。しかし、ロシア正教はサハ人の信仰の奥深くまでは浸透しなかった。彼らがロシア正教を受け入れた最も大きな理由は、正教徒になれば毛皮税を軽減してもらえるからであった。

ソ連時代にはシャマニズムもロシア正教も弾圧された。ソ連崩壊後、サハ人は伝統文化の復興を目指した。宗教もその例外ではなかった。サハ人の知識人たちは新しい時代に即した宗教を模索した。

一九九三年、サハ共和国司法省で「クト・シュル」という団体が登録された。「クト」とは「命を生み出す力」、「シュル」とは「生命エネルギーを与える力」という意味で、この団体が出版した「アイーの教義」では、この二つの力が重要視されている。団体「クト・シュル」は、人間と自然の調和

写真3　学校内に復元された冬の家「バラガン」の炉の前で、火の神に酒を捧げるサハ人。サハ人は天上世界や地上世界の神々に祈るとき、まず火の神に祈りを唱え、供物を捧げる（1994年2月17日、サハ共和国タータ地区ウスチ・タータ村、筆者撮影）

写真4　サハ人のシャマンの墓。十字架はロシア正教の影響だと考えられる。このシャマンには鳥の姿をした補助霊がいたので、5本の棒の上に鳥の木像がついている（筆者撮影）

のとれた関係と美しい生態系を尊重することにより、サハ人の精神的価値観を再生させることを目標とし、「神々（アイーやイッチ）との交流は儀式を通じて成立し、儀式を基盤として精神性が高まり、その精神性が生活様式とモラルを確立する」と主張した。「アイーの家」が建てられ、イニシエーション儀式や暦に従った儀式が執り行われた。「クト・シュル」は神秘主義者や魔法的な手法を用いる疑わしいシャマンを排除した。サハ人にとって非常に大切な行事である馬乳酒祭り（夏至祭り）は、ソ連時代には宗教的本質を失っていたが、それを取り戻させたのもこの団体の創始者たちである。

二〇一二年には、サハ共和国を管轄するロシア連邦司法省支局で「アール・アイー・イテゲレ（聖なるアイーの信仰）」という団体が登録された。この団体はシャマンだったウラジーミル・コンダコフ（一九三九～二〇〇九年）の遺志を受け継いで設立された。医学博士で心理学博士でもあったコンダコフは、サハ共和国の民間治療者協会の会長を務め、「民間療法は精神文化の一部分である。民間療法とサハ民族の古くからの信仰との結びつきを再生させなければならない。サハ民族は今後の発展のための強固な礎・根源となるシャマニズムを復活させるべきである」と主張した。彼は馬乳酒祭りの開会の儀式を執り行った。団体「アール・アイー・イテゲレ」は「クト・シュル」と違い、シャマンの治療行為に活動の重点を置いている。しかし、伝統的なシャマニズムとは距離を置き、悪霊（アバーフィ）に血の生け贄を捧げる儀式は認めていない。

ところで、二〇一二年に非営利研究機構「環境」がロシア連邦のほぼ全地域で宗教に関するアンケート調査を実施した。調査対象者は五万六九〇〇人で、その結果は地方・州・共和国ごとに公表されている。サハ共和国の調査結果を見ると、「正教を信仰し、ロシア正教会に所属する」が三八パーセント、「神を信じない」が二六パーセント、「神（最高の力）は信じるが、特定の宗教は信仰しない」が一七パーセント、「祖先の伝統的な宗教を信仰し、自然の神々や力を崇拝する」が一三パーセントであった。「神を信じない」と回答した人が全体の約四分の一もいるが、その多くは、宗教が否定されていたソ連時代に教育を受けた人々だと言えよう。この調査の対象者にはロシア人も含まれているので、現代サハ人の宗教意識を正確に把握することはできない。

そこで、二〇〇三年にサハ共和国若年層政策省が実施した若者を対象にしたアンケート調査の結果を見ていくことにする。回答はサハ人とロシア人が別々に集計されている。サハ人の結果のみを記すと、「シャマニズム、アイーの教義を信仰する」が三八パーセント、「正教を信仰する」が一九パーセントだった。正教を信仰するサハ人のうち、「サハの伝統的な慣習と儀式を守る」と回答した者が四二パーセントだったのに対して、シャマニズムとアイーの教義を信仰するサハ人のうち、「正教の慣習を守る」と回答した者はわずか六パーセントだった。また、サハ人全体のうち、「サハの伝統的な慣習と儀式を守る」と回答した者は七三パーセントもいた。この結果から、現代サハ人には伝統的な宗教を守ろうとする意識が強く、ロシア正教の影響は限定的であると言えよう。

⑵ トゥバ人の宗教

前項で触れた非営利研究機構「環境」のアンケート調査はトゥバ共和国でも実施された。その結果は、「仏教を信仰する」が六二パーセント、「神を信じない」が一二パーセント、「神（最高の力）は信じるが、特定の宗教は信仰しない」と「祖先の伝統的な宗教を信仰し、自然の神々や力を崇拝する」がそれぞれ八パーセント、「正教を信仰し、ロシア正教会に所属する」が一パーセントであった。

トゥバ人にチベット仏教が伝わったのは十三世紀だったが、この時はあまり広まらなかった。チベット仏教（黄帽派）がトゥバ人の精神世界に大きな影響を及ぼしたのは十六世紀に入ってからである。チベット仏教はトゥバ人の伝統的な宗教観、とりわけシャマニズムを積極的に取り入れた。その結果、例えば、秋の仏事は遊牧民が冬営地に移動する時期と重なったので、人々は冬営地の土地の神々だけではなく諸仏にも供物を捧げ、冬営地での幸福を祈るようになった。一九二八年五月、チベット仏教をトゥバ人民共和国の国教とする法案が成立したが、その当時のチベット仏教の寺院数は二十六、僧侶は約三五〇〇人に達した。その後、チベット仏教に対する弾圧が始まり、一九三〇年代の初めには、僧侶は七八七人にまで減少した。そして、一九八四年にはわずか十一人になってしまった。

写真5　トゥバ人には、神聖な場所（例えば峠道や泉が湧く所）で石を積んだり、棒に布切れを結んだりする習慣が今でも残っている。（1997年7月、筆者撮影）

ソ連崩壊後、ダライ・ラマ十四世をはじめとするチベット仏教の僧侶がトゥバ共和国を訪れ、布教活動をするようになり、ソ連時代に破壊された寺院は再建された。しかし、どのような仏教を目指していくのかについては、意見が一致していない。一九九七年のトゥバ共和国仏教徒大会で実施されたアンケート調査によると、歴史的に形成されたトゥバ独自の仏教（ゲルグパ）の復活を支持する人が六〇パーセント、本来の純粋なチベット仏教を導入すべきだと答えた人が二五パーセント、トゥバの仏教とチベット仏教の共生の可能性を模索すべきだと答えた人が一五パーセントだった。

次にシャマニズムについて見ると、一九三一年の時点で、七二五人のシャマンがいたと記録されている（男性が四一一人、女性が三一四人）。その後、シャマニズムもチベット仏教と同様に弾圧され、シャマンの治療行為は禁止されたため、シャマンの数は減少し、一九八九年には四十三人になった

(そのうち女性は八人)。

ソ連崩壊後は、伝統的なシャマニズムの復活だけではなく、ネオ・シャマニズムという現象が見られるようになった。伝統的なシャマンの行為を知らないで、シャマンの団体に加入するだけでシャマンとしての活動を始める人が少なくない。トゥバシャマニズム学術センターには欧米のニューエイジと呼ばれる潮流に影響を受けている人もいるし、シャマニズム団体の中にはロシア人が働いている所もある。また、シャマン自身がロシアの諸都市に行って、儀式を見せたり、トゥバのシャマニズムを教えるセミナーを開いたりしている。

これまで述べてきたように、現代のシャマニズムについては、サハ人の間でも、トゥバ人の間でも、様々な潮流が見られる。シャマニズムの基盤となっている自然観や世界観、生命観を現代の社会生活の中でどう活かしていくのかを議論することが大切だと思う。

注

(1) 国勢調査の調査票には民族籍を記入する欄があり、その上には「ロシア連邦憲法第二十六条に基づき、自己の決定に従って」と書かれている。ロシア連邦憲法第二十六条第一項には「各人は自らの民族籍を決定し表明する権利を有する。誰も自らの民族籍の決定と表明を強制され得ない」と規定されている。調査票には回答を拒否する小さな欄があり、そこに印を付けることもできる。

(2) 前回の二〇〇二年の国勢調査から、民族によっては、ある集団がその民族の下位集団として個別に集計されるようになった。

(3) タタール人全体の人口は約五三一万人で、ロシア連邦ではロシア人に次いで人口が多い。西シベリアのタタール人の民族構成に関する研究によると、シベリア・タタール人は西シベリアに実際には約十八万人住んでいると考えられている。

(4) ここでいう北アルタイ語にはクマンディン語とトゥバラル語とチェルカン語が属し、南アルタイ語にはアルタイ語とテレウト語が属すると考えられる。

参考文献

Якуты (*Саха*), Москва: Наука, 2012.
Тюркские народы Восточной Сибири, Москва: Наука, 2008.
Тюркские народы Сибири, Москва: Наука, 2006.
http://perepis-2010.ru/
http://sreda.org/

東西シベリアの言語の境界
――ツングースとサモエードの言語から見る民族接触の可能性

松本　亮

まつもと・りょう――神戸山手大学准教授。専門は言語学。主な論文に「言語接触とエヴェンキ語の一致に関する研究」（二〇一四年、博士論文）などがある。

異なる民族集団が長い歴史の中で接触を続けると、文化や経済、生活の一部から社会システムまで広い範囲で相互に影響を与えあう。言語ももちろんその一つである。サモエードとツングースという系統の異なる二つの言語グループに焦点を当て、その言語から民族間の過去における接触の可能性を探ってみる。

一、民族の接触と言語変化の関係

（1）シベリアで話されている言語

シベリアに居住する民族は、その広大な面積に比べて決して多いとは言えないが、同時に決して一様でもない。多くの系統の異なるいろいろな言語が話されている（第1部3江畑および**地図1**参照）。中でも話者数、及び言語数の多い大言語グループと呼べるのが、アルタイ諸語とウラル諸語である。アルタイ諸語は、系統的に一つの言語に遡ることができる語族として言語学的に証明されてはいないが、多くの共通した特徴を持つチュルク諸語、モンゴル諸語、ツングース諸語が含まれる。一方、ウラル諸語は系統的にもウラル語族として認められる言語グループで、大きくサモエード諸語とフィン・ウゴル諸語とに分けられる（**図1**）。さらには、このアルタイ諸語とウラル諸語をまとめてウラル・アルタイ語族を認める主張もあるが、学界では受け入れられているとは言えない。しかし、そのような説が出てきうるほど、お互いに似た言語特徴を持っていることもまた事実である。ここで

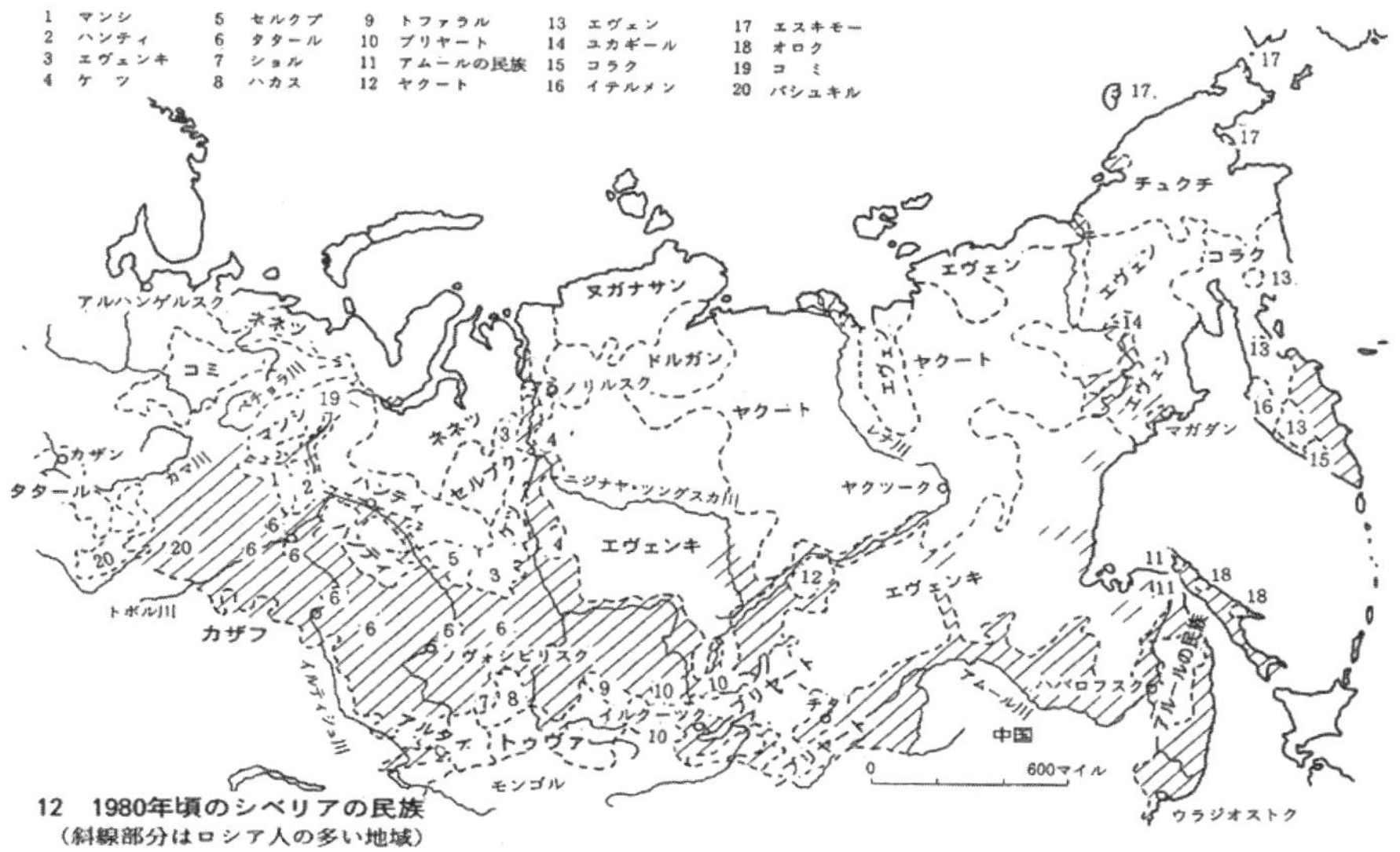

地図1 フォーシス(1998; 416)より

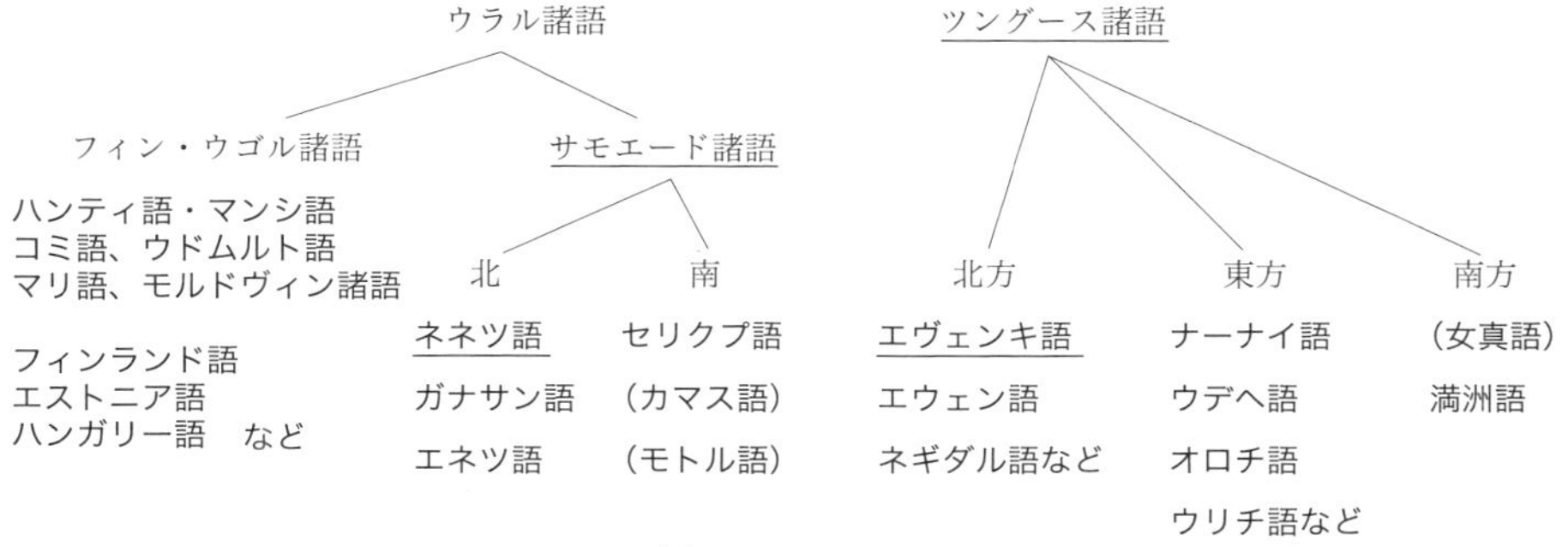

図1 ウラル諸語とツングース諸語の系統図[1]

は、この二つの言語グループの境界で接している、ツングース諸語とサモエード諸語に注目して取り上げる。

(2) 言語接触という言語学のテーマ

私たちが日本の古典を読むとき同じ「日本語」なのに現代語とはかなり異なるために感じる苦労や、同じ「日本語」であるのに聞けば「なんか違う」とすぐわかる諸方言、といった経験は、誰もが感じたことがあるだろう。言語というものは変化するものであり、その要因には時間や地域など様々なものがある。

ここで、言語に変化をもたらす要因を、大きく内的なものと外的なものに分けて想定してみよう。**図2**にあるように、言語A(A_1とA_2が方言分化する前の言

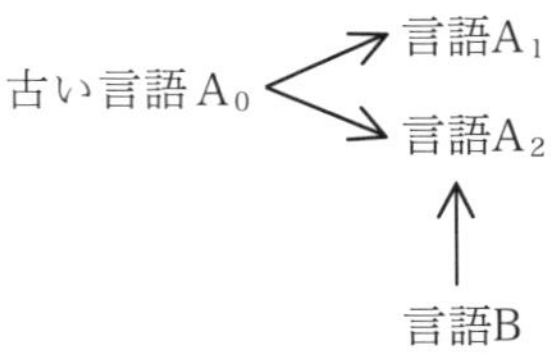

図2　言語変化による分化と接触

語がA_0だとすると、A_0は一般に「祖語」と呼ばれる。）が時間をかけてA_1とA_2の二つに分化したとする。多くは、元は一つであった言語集団が、何らかの理由で二つに分れ、それぞれが異なる変化の過程を経て分岐したものであり、それは言語A内部で起こった内的な要因と言える。あるいは、言語集団Aの一部だけが、言語Aとは異なる言語Bの言語集団と深い結びつきを持つことになり、A_1とは異なる特徴を持つ言語A_2が分岐したとすると、今度は外的な要因で変化を受けたということになる。言語の変化を扱う学問の中で、この外的な要因を主に取り上げて考えるのが言語接触という研究分野である。考えてみれば、世界で話されている言語で、完全に他の言語とは隔離されているような状況は珍しく、多くはなんらかの言語接触を受けているとも言える。日本語ならば、古くは中国語や朝鮮語、(2)近代になればポルトガル語やオランダ語、さらには英語などと、その程度の差こそ大きくあれ、接触したことでなんらかの変化を受けている。

言語の変化は、古い言語資料があればそれをもとに変化前と後を比べることで研究が可能である。しかし、シベリアの多くの言語は古い言語資料を持たない。したがって、現在のそれぞれの言語の状態から過去の言語変化を推定し、そこに言語接触という要因を示すことで、民族間の接触の可能性を探ってみようというわけである。

（3）シベリアにおける言語接触と言語変容

現在のシベリアの民族が、接触により最も強く影響を受けた言語は何かといえば、真っ先に挙げられるものは、間違いなくロシア語であろう。現在ではシベリアの民族は、ほとんどがそれぞれの民族語とロシア語とのバイリンガルであるか、あるいは若い世代であれば民族語を使わずにロシア語へ完全にシフトしてしまっている例も珍しくない。より古い時代においても、ロシア語からの借用語(3)は多く観察される。接触による言語の変化は、語彙だけではなく、文法のあらゆる局面でも起こりうることが知られている。そこで次に、接触の影響が文の構造にまで及んでいる例を、エヴェンキ語の例から見てみよう。

（4）エヴェンキ語がロシア語から受けた言語変化の例(4)

次の例はどちらも文中の名詞を他の文が修飾している、いわゆる関係節が含まれる複文の構造をもつ文である。修飾を受ける名詞を太字に、それを修飾する要素を下線および括弧［ ］で示してある。

(1)	bi	duku-na-duk-in	**dukuna-duk**	kete-ve	sa:cha-v.
	私	書く-過去連体形-奪格-3人称単数	**書物**-奪格	多く-対格	知る-過去-1人称単数

「私は［彼が書いた］**書物**から多くを学んだ」

(2)	tadu	**oron**	ilit-chara-n	anty-du	si	suru-d'enge-s.
	そこに	**トナカイ**	立つ-現在-3人称単数	どれ-位格	お前	行く-未来-2人称単数

「［お前が乗って行く］**トナカイ**はそこに立っている」

(1)の方は、日本語のように修飾する文（関係節）の動詞「書く」が名詞「書物」を修飾するための形式「書いた」（過去連体形としている）になり、名詞の前から修飾していることがわかる。いわば日本語と似たような構造をしている。一方(2)の方では、修飾する文「お前が（それで）乗っていく」が、被修飾名詞「トナカイ」よりも後ろにきており、しかも離れている。なぜこれが関係節であるとわかるかというと、*anty*という疑問詞で結ばれていると分かるからである。つまり、疑問詞の*anty*が関係代名詞となって接続している。

実は(1)の方が本来のエヴェンキ語の表現の仕方で、(2)はロシア語の関係代名詞*kotoryj*をそのまま*anty*に置き換えた、大変ロシア語的な言い方である。このような疑問詞が関係代名詞のように振る舞って作られる複文構造は、エヴェンキ語だけでなく他のシベリアの諸言語においても観察されているが、そもそもこれらの言語では元来持っていなかった文法であった。ロシア語との接触により生じた文法変化（あるいは混成言語）の典型例といえる。

（5）ウラル諸語と他の言語との接触の指摘

ウラル諸語が周辺言語と言語接触を持ち、強い言語変化を経た可能性がある地域を準備的にリストとしてまとめた、主にウラル諸語を専門とする言語学者であるHelimskiは、ロシア国内のウラル諸語とアルタイ諸語が関わる地域には**表1**のような場所があることを指摘している。なお、Helimskiは「言語連合」という語を用いているが、系統に関係なく共通の音韻や文法などを持つ特定地域の言語群を言語連合と呼ぶ。

このように、エニセイ川からオビ川、ヴォルガ川流域の、特に上流（南部）には、主にチュルク系言語、モンゴル系言語、ウラル系言語、エニセイ諸語といった様々な言語を話す民族が分布しており、長い民族の移動の歴史の中でそれらが接触し、ある特定の言語変化を共有する点が指摘されている。

本稿で扱うツングースとサモエードの間の接触の可能性についても、Helimskiがオスチャーク言語連合の中にも含めて

表1　Helimski（1982）による西シベリアに考えられる言語連合の例

地域	主要言語	周辺言語	例
エニセイ川上流域	**チュルク諸語** ハカス語、ショル語 **サモエード諸語** カマス語やモトル語（死語）	**チュルク諸語** アルタイ語、トゥヴァ語 トファラル語 **モンゴル諸語** ブリヤート語 **系統不明言語** エニセイ諸語（コット語など）	・祖語における*j-の次音節の環境の差による鼻音あるいは硬口蓋音破擦音への分化 ・語彙借用 ・副動詞による複文構造
cf. エニセイ川流域	**サモエード諸語** **系統不明言語** ケット語 **チュルク諸語** トゥヴァ語、トファラル語		・語末の閉音節末子音の調音位置が声門音へ変化
ヴォルガ・カマ川流域	**フィン・ウゴール諸語** マリ語、ウドムルト語 **チュルク諸語** チュヴァシ語、タタール語 バシキール語	**フィン・ウゴール諸語** モルドヴィン諸語、コミ語 ★さらには歴史的には、ハンガリー語、オセット語（印欧語）も考えられる	多くの現象が認められている ・狭い短母音の弱化 ・テンスの体系の類似 ・母音弱化による移動アクセントの発生
オスチャーク （オビ・エニセイ川流域）	**サモエード諸語** セリクープ語 **系統不明言語** ケット語	**ウラル諸語** ネネツ語、ハンティ語 マンシ語、コミ語 **ツングース諸語** エヴェンキ語 **チュルク諸語** シベリア・タタール語	個別の言語接触の先行研究があるが、全てに共通する明確な接触に関する研究はまだなされていない。 ★「オスチャーク」という呼び名は共通した文化的近縁性からつけられている

いるように、私も全くあり得ない話ではないと見ている。では、次節から具体的に、シベリア東部に広く分布するツングース諸語と、シベリア西部のウラル諸語、中でもその最も東に位置するサモエード諸語が接触していたであろうことをうかがわせる共通した言語特徴を眺めてみよう。

二、ツングース諸語とサモエード諸語

ツングース諸語とサモエード諸語の言語接触が疑われる類似点を挙げる前に、それぞれの言語特徴を簡単に見ておこう。

(1)エヴェンキ語(ツングース諸語)

　エヴェンキ語で使われる音素には次のものがある：母音/i, iː, a, ə, o, u/、子音/p, b, t, d, k, g, tɕ, dʑ, m, n, ɲ, ŋ, s, h, r, l, w, j/。母音については長短の区別があり、また一つの語内の母音は全て共通した特徴を持つという母音調和もある。形態的には膠着型言語であり、接頭辞はなく、接尾辞を多く持つ。文の中の名詞類が、文法関係や他の語との意味関係を示すための格接辞(日本語の助詞に相当するようなもの)をとるが、それには十種類がある。文を組み立てる語の文法関係の表し方(統語)には、一般的には動詞が文末に来ること、修飾語は被修飾語の前に立ち格と数の一致(被修飾語である名詞につく数や格の接辞が、修飾語である形容詞にも同じ接辞がつくこと)が見られること、二つ以上の文が連結する時(並列文や従属文)は、動詞が形動詞形(日本語の連体形などに相当)や副動詞形(日本語の動詞と接続助詞などに相当)と呼ばれる形になり一つの文を構成することなどが挙げられる。例文(3)を見て、いくつかの特徴を見よう。

　一行目は(本来はキリル文字で書かれるが、ラテン文字に転写した)現在エヴェンキ語の教科書や出版物で使われている書き方である。二行目は語の構成を分解し、三行目にそれぞれの意味を示している。語順は、動詞が文末に来る日本語とだいた

(3)	Bi	gerbiv	Ken	bisin.	Bi	Yaponiyaduk	emečev.
	Bi	gerbi-v	Ken	bi-si-n.	Bi	Yaponiya-duk	eme-čA-v.
	私(主格)	名前-私の	ケン	～だ-現在-3人称単数	私(主格)	日本-奪格(～から)	来る-過去-1人称単数

「私の名前はケンです。私は日本から来ました。」

(4)	Man^{j}	n^{j}umi	Ken.	Man^{j}	Yaponiyaxad	todamz^{j}.
	Man^{j}	n^{j}u-mi	Ken-ϕ.	Man^{j}	Yaponiya-xAd	to-dmʔ-s^{j}.
	私(主格)	名前-私の	ケン-3人称単数	私(主格)	日本-奪格(～から)	来る-1人称単数-過去

「私の名前はケンです。私は日本から来ました。」

い同じであることが分かるが、その動詞は主語に応じて人称活用語尾がつく。主語を表す主格には何も接辞がつかないが、奪格-dukのように名詞の後ろに接辞がつくことで文法関係を示している。また、「私の」を表す所有表現は、名詞の後ろに誰に属するかを示す接辞がつく。

(2) ネネツ語（サモエード諸語）

総じて、言語類型的にアルタイ諸語とウラル諸語は、多くがSOV語順であることや、接尾辞や後置詞を持つなど、大変似た文法特徴を持っている。まず、ネネツ語で使われる音素は次のものがある：母音/i, e, ɛ, a, ə, o, u/、子音/p, b, t, d, k, g, pʲ, bʲ, tʲ, dʲ, ts, tɕ, m, mʲ, n, ɲ, ŋ, r, rʲ, l, lʲ, s, sʲ, x, ʔ, w, j/。母音調和はなく、長短の区別も量というより質の違いで現れる。子音はエヴェンキ語よりも多いが、口蓋化音が多いのが特徴的である。形態的には膠着型に属し、接尾辞を多く使う。名詞に着く格接辞は七種類ある。統語については、修飾語は被修飾語に先行するが一致は見られない、動詞は必ず文末にくる、複文には、形動詞形や副動詞に加え、動名詞によって作ることもある。例文(4)はネネツ語であるが、意味は先ほど見たエヴェンキ語の例文と同じである。

エヴェンキ語と比べるとわかるように、語順はほぼ同じであり、主格や奪格、所有接辞といった多くの接辞が使われることも似ている。しかしこれらの類似点は、SOV語順をとるような言語にはよく見られる特徴であり、とりわけエヴェンキ語とネネツ語だけに際立った類似点とは言えないものだ。一方、ネネツ語には「〜だ」に相当するコピュラ動詞はなく、動詞がない場合は、文の最後の語に直接人称接辞がつくのだが、この文の場合、三人称単数形は音形がないため、-ɕで示している。また、ネネツ語には現在を示す特別な接辞はなく、過去の場合だけ過去を示す接辞-sʲがつく。

三、なぜか〝ここでだけ似ている〟言語特徴

では、ツングース諸語とサモエード諸語にのみ特異に共通する特徴を、おもにエヴェンキ語とネネツ語に焦点を当てて見てみよう。両者は、いわゆるウラル・アルタイ諸語であるから、もともとよく似ている特徴を持っている。前節でみたような、文を構成する語の並べかた（語順）や、名詞の後ろに「格」と呼ばれる接辞がついて文法関係を表すことなどが、その例であり、これらの特徴はツングースとサモエードの間にだけ認められるようなものではない。さらには、言語類型論的に世界の他のいろいろな言語にもみられる特徴でもある。したがって、このような特徴は両者の接触をうかがわせる〝ここでだけ似ている〟特徴とは言えない。

では、次に語彙、音声、所有構造、動詞否定形の四つの局面から、ツングースとサモエードに共通する、他のアルタイ諸語やウラル諸語、周辺言語に見られない特徴を挙げてみる。ここでは類似点を列挙して紹介するのみであり、これをもって直ちにツングースとサモエードの長い民族の歴史の中で、両民族の間の言語接触があったのだと結論づけることはできないが、その可能性を示唆することができるだろう。

(1) 語彙

使用する語彙の変化は、最も他言語からの影響を受けやすい部分と言える。現代日本語で英語などの外国語からの影響といってすぐに思い出されるのはカタカナ語であろう。言語学では借用（借用語）と言い、どのくらいの語彙が他の言語の語彙に置き換えられているか、どのような分野の語彙が置き換わっているかなどの点が、言語接触の程度を測る指標にもなっている。

ツングースとサモエードの間の借用に関しては、**Аникин и Хелимский**の詳しい先行研究があり、ツングースとサモエードの民族の歴史と移動にも触れて接触の可能性を論じた上で、借用の可能性がある語彙を挙げている。(5)

この語(5)は、最後のロシア語の語彙から分かるように、エニセイ川を表す語である。つまり、エニセイというのはロシア語による地名で、日本語でもこのロシア語に由来する「エニセイ川」という名称で知られているが、語源を遡ればツングースの語であり、その表す意味は「大きな川」であったという意味である。ツングース祖語から、まだ方言分化する前の、つまり、いまのようにネネツ語、ガナサン語、エネツ語、セリクープ語に分かれる前の段階で借用が起こり、それがネネツ語を通してロシア語にも借用されたと推測されるということを示している。

借用の可能性がある語彙として挙げられた、エニセイ川という川の名称の語源という一例であるが、この大河がちょうどツングースとサモエードの境界にあるということを考え合わせると興味深い。

借用語に関しては、「エニセイ川」のように、明らかに借用であるとは言えないような語彙が多い。しかし、この先行研究で示されているように、借用とみなせる語彙があるということは、言語接触があったことを示唆する根拠の一つとなるだろう。

(2) 音声

両言語の音素を紹介したように、ともに特別際

(5) ツングース祖語 **jendesī* > サモエード祖語 **jäntəsä* > 古ネネツ語 **jeneśij* > ロシア語*Енисей*

表2　語頭における軟口蓋鼻音の対応

エヴェンキ語の例	ネネツ語の例	左のネネツ語に対応する他のサモエード諸語
ŋālə　手	*ŋuda*　手	Ng. *d'ütü*, En. *úda*, Sel. *uti*, Km. *uda*, Mt. *удамъ*
ŋiramna　蚊	*ŋaworcʲ*　食べる	Ng. *ŋəmsa*, En. *amabo*, Sel. *amqo*, Km. *amńàm*
ŋəskī　下へ	*ŋilʔ*　下へ	Ng. *i-lea*, *ŋil'ə*, En. *iro*, Sel. *il(i)*, Km. *i̯ілdə*
ŋī　だれ	*ŋamge*　何	En. *awuo*, Km. *ümbi*
ŋənim　長い	*ŋamza*　肉	Ng. *ŋəmsu*, En. *úd'a/osa*, Sel. *apsi̯*, Mt. *anca*
ŋənə-　行く	*ŋarka*　大きい	En. *agga*, Sel. *wet̯qi̯/warqi̯*, Km. *urɣo*, Mt. *онга*
ŋəri　光	*ŋopoj*　1	Ng.˜o'ai, En.˜ô, Sel. -opti, Km. o'β, Mt. омъ
	ŋe　足	Ng.˜*oai*, En.˜*â*, Km. *ui̯ɯ*, Mt. *hóŭ*

※表中の略語は次のとおり：Ngガナサン語、Enエネツ語、Selセリクープ語、Kmカマス語、Mtモトル語

立った音声実態を持っているわけではないし、また、共有しているわけでもない。しかし、音節を見たときに一つ興味深い特徴があることに気づく。軟口蓋鼻音'ŋ'［ŋ］が語頭にも立ちうるということだ。音素の一つに軟口蓋鼻音があるということ自体は決して珍しいことでもなく、さらには他の同族言語や周辺言語にも観察される音である。しかし、音節の初頭、特に語の初め（語頭）にも使われるかについて見てみると、ツングース諸語とサモエード諸語くらいにしか見られない。例えば手元のエヴェンキ語辞書とネネツ語辞書の項目を見てみると、次のような基礎語彙がある。

さてこの語頭の軟口蓋鼻音については、サモエード諸語の祖語を再構した**Janhunen**（1977）の辞書によれば、元々は母音始まりの語彙であったとしている。確かにネネツ語を見てみると、i以外の母音で始まる語は借用語を除けばほとんどない。さらには、チュルク諸語と接触していた南部のサモエード諸語であるカマス語やモトル語は母音を保持していた。つまりエヴェンキ語の近くであるセリクプ語やネネツ語、ガナサン語にしか見られない音変化なのである。

（3）統語

所有構造

先に挙げたエヴェンキ語とネネツ語の例文(3)(4)に含まれている、「私の名前」にあるように、「AのB」というような表現は、両言語ともBの方に所有を表す接辞がつくことで示される（**図3**タイプⅠ）。Aには何も接辞がつかずに裸のまま、つまり主格のままで並べられるのである。

例えばウラル諸語の多くは、属格と呼ばれる格接辞があり「Aの」という形の後にBをつなげて所有を表すこともできる（タイプⅡ）。サモエード諸語にも属格は存在するが、代名詞には属格形式がなく、タイプⅠでしか表すことができない。

一方、ツングース諸語にはそもそも属格が存在せず、基本的

にタイプⅠしかない。確かに所有形容詞（例えば「私の」であれば*minji*）も使われるが、それは主に東側の方言やいくつかの言語に見られるだけである（例えば、「私の名前」は、例文(3)にあったような**bi gerbiv**（タイプⅠ方式）を、**minji gerbiv**（タイプⅡ方式）といっても良い）。

エヴェンキ語と長く密接な接触をしていたチュルク諸語のサハ（ヤクート）語は、他のチュルク諸語と異なり属格を失っていることが知られている。そのため、サハ語でも所有表現はタイプⅠを用いている。同様にタイプⅡを持つウラル諸語の中でもサモエード諸語だけは、名詞のパラダイムとしてはまだ属格を保持しているものの、代名詞という範疇にだけ属格を失っていることは、多分にツングース諸語の影響を疑わせるものであるといえよう。

タイプⅠ　ＡＢ＋所有人称接辞
タイプⅡ　Ａ＋属格　Ｂ＋所有人称接辞

図3　所有表現の方法：「ＡのＢ」

動詞の否定形

最後に、動詞の否定形の作り方を見ておきたい（**図4**参照）。エヴェンキ語とネネツ語では共に、否定動詞という特別な動詞が存在する。すでに見たように両言語では動詞が主語に応じて人称変化をする。また、現在や過去などを表す接辞、さらにはアスペクトなどの文法を示す接辞も動詞に後続する接辞で表すのであるが、動詞否定形の場合は、それらの接辞は原則として全て否定動詞について活用を示す。本来の意味を表す動詞は、否定動詞の後ろに置かれ否定分詞と呼ばれる不変の形となる（**図4**および**表3**）。エヴェンキ語であれば、否定動詞は*ə-*という部分であり、本動詞の*ŋene*（*-jė*）-“行く”は*-re*という否定分詞の接辞をとり否定動詞の後ろに置かれる。ネネツ語では否定動詞*ni-*が活用し、そのあとに本動詞*miʔ-*“行く”が否定分詞接辞*-ʔ*をとっている。

参考に挙げているが、ツングース諸語以外のアルタイ諸語では、サハ語のように、動詞の語幹の後ろに否定要素の接辞がつくことで否定形を作る。一方、ウラル諸語ではフィンランド語のように活用する否定動詞を前置して本動詞を後ろに置く。つまり、ツングース諸語の否定形に作り方はウラル諸語に大変よく似た構造をとる。

ツングース諸語はウラル諸語から影響を受けたのではないかという推測が容易に出てくるが、これには別の問題もある。日本列島にまで至る広範囲に広がるツングース諸語に共通して見られる否定動詞が、もし、西はヨーロッパにまで分布するウラル諸語との接触によるのであれば、相当古い段階での接触を想定しなければないことが挙げられる。ここまでに見てきたような、オビ川やエニセイ川流域の一地域的な接触で

図4　動詞否定形作り方の２つのタイプ

（多くの）ウラル諸語とツングース諸語の動詞否定形のタイプ

否定動詞＋（テンス）＋人称活用語尾　本動詞＋（ヴォイス・アスペクトなど派生接辞）＋分詞接辞

ツングース諸語を除く他のアルタイ諸語の動詞否定形のタイプ

動詞＋（ヴォイス・アスペクト・テンスなど派生接辞）＋否定接辞＋人称活用語尾

表3　「私は行く」「私は行かない」の表現

	肯定形	否定形	参考
エヴェンキ語	bi ŋeneǰem 私 行く（現在・１人称単数）	bi *e*sim ŋeneǰere 私 否定（現在・１人称単数）行く（否定分詞）	サハ語（肯）min barabyn （否）min bar*bap*pyn
ネネツ語	man^j miŋadmʔ 私　行く（１人称単数）	man^j *ni*dmʔ mijʔ 私　否定（１人称単数）行く（否定分詞）	フィンランド語（肯）minä menen （否）minä *e*n mene

はなく、ユーラシア大陸全体に関わることになる。確かに言語の特徴だけからではツングース諸語に否定動詞が定着している経緯についてそう簡単に結論づけることはできないが、ツングースとウラルの接触を考える一つの特徴ではあることに違いはない。

まとめ

シベリアにおける民族接触の可能性を言語の面から探るという目的で、これまであまり取り上げられることのなかったツングース諸語とウラル語族のサモエード諸語を取り上げた。同系統の他の言語と比べてみても、この両言語においてだけに見られる、偶然の一致としてはあまりに不自然と思えるような文法的な類似点を紹介した。つまり、ツングース諸語とサモエード諸語の間にはなんらかの言語接触があったと推測するに足る根拠となる。

　一方で、このような言語学的な類似は、民族間の接触の歴史を物語る一面に過ぎない。民族間の接触があったのだ、と言うためには、言語的事実以外の考古学や歴史文献学、人類学、文化人類学など様々な点から考慮しなければならない。こうした学際的な取り組みに言語学的な面から資するものがあることを願う。

注

（1）図1では、本文で取り上げる諸語、言語には下線部を引いてある。また、括弧内の言語はいわゆる死語であり、現在では話者がいないことを示す。

（2）ここでの「朝鮮語」とは、特定の時代や特定の国・地域の公用語としてではなく、朝鮮民族の固有言語としての「朝鮮語」の意で使っている。

（3）「借用語」とは、他言語起源の語彙が、当該言語の語彙として言語体系内に取り入れられた語をさす。一般的に使われる「外来語」とほぼ同じとみてよい。

（4）エヴェンキ語の例はNedjalkov (1997: 34)。

（5）フォントの関係から文字表記を一部変更している。

参考文献

Аникин, А. Е. и Е. А. Хелимский, *Самодийско-тунгусско-маньчжурские лексические связи*, Языки словянской культуры, Москва, 2007.

Helimski, E. 'Areal groupings (Sprachbünde) within and across the borders of the Uralic language family: A survey', *Nyelvtudományi Közlemények* 100, pp.156-167, Budapest, 1982.

Janhunen, J. Samojedischer Wortschatz (Gemeinsamojedische Etymologien), Castrenianumin toimitteita 17, Suomalais-ugrilainen seura, Helsinki, 1977.

Nedjalkov, I. *Evenki*, Rouledge (Descriptive grammars series), London and New York, 1997.

ジェームズ・フォーシス著、森本和男訳『シベリア先住民の歴史——ロシアの北方アジア植民地1581-1990』（彩流社、一九九八年）

【III　アジアとしてのシベリア——シベリア先住民：多様な文化空間①】

シベリア～アジア民族音楽の連続性

直川礼緒

南シベリアを中心とした、ごく限られた地域に住むいくつかの民族に伝わる、特殊な歌唱法「喉歌《のどうた》」。一方、ユーラシア大陸ほぼ全域に広くみられる楽器「口琴《こうきん》」。たった一つの音を口腔に共鳴させることにより、様々な音を響かせる、という点で共通するこれら二つの音楽事象を、その実践経験をもとに、考察する。

ただがわ・れお——日本口琴協会代表、宮城教育大学非常勤講師、東京音楽大学民族音楽研究所社会人講座講師。専門は民族音楽学。主な著書・論文に『口琴のひびく世界』（日本口琴協会、二〇〇五年）、「アジアの発掘口琴チェックリスト（1）～（3）」（『伝統と創造——東京音楽大学付属民族音楽研究所研究紀要』五～七、二〇一六～二〇一八年）などがある。

シベリアに昔から住む諸民族に特徴的な、音楽事象を挙げるとすれば何だろうか。この地域の主な生業である狩猟や漁労、牧畜などと関わる歌。自然への畏敬の念から生まれたと考えられるシャマニズム儀礼の文脈で現れる、音楽的な側面や、その場で使用される片面の枠太鼓などを思い浮かべる方もおられるだろう。本稿では、この広大な地域に見られる、喉歌と口琴という、二つの音楽的な事象について述べようと思う。

一、喉歌

モンゴルの「ホーミー」や、トゥヴァの「ホーメイ」など、「喉歌」と総称される歌唱法を聞いて誰でも驚くのは、一人の人間が、低音の唸り声と同時に、高音の笛のような音でメロディを出しているのを目に・耳にした時だろう。まるで一人で二重唱をやっているかのようである。このような歌唱法は、南シベリアのトゥヴァ共和国のトゥヴァ人の間で最も盛んであるが、近辺のアルタイ共和国のアルタイ人、ハカス共和国のハカス人、ケメロヴォ州に住むショル（ショール）人、そして少々西に離れたバシコルトスタン共和国のバシコルト（バシキール）人など、一部のテュルク語系の諸民族に特徴的に見られる。南隣のモンゴルにもみられ（日本で最初に有名になったのは、モンゴルのホーミーである）、ユーラシア大陸の「最も海から遠い地域」に、ある程度のつながりを持って存在していると考えられる。

筆者が初めてこの驚異の歌唱法の存在を知ったのは、三十年程前のこと。当時は、まだ南シベリアの諸民族の文化に関する情報は非常に少なく、やはりモンゴルの喉歌唱者の来日コンサートや、その際に撮影されたビデオ映像によってであった（中川一九九三）。当時から、少々変わった、あまり一般には馴染みのない楽器と、それを使った音楽的な表現に興味があった。個人的な自己表現としての創作楽器や音響彫刻はもちろん、集団アイデンティティの象徴としての民族楽器にはユニークなものも多く、何故そのような音の道具を作りだし、それを使った音楽表現をし、それを共有するのか、という点への関心は、今でも変わらず持ち続けている。

そのようなときに目にした、モンゴルの喉歌「ホーミー」の演唱は、まさに衝撃であった。音程の低い唸り声による持続音と同時に、高い音域の笛のような音で旋律を奏でている。声帯を使っている点では確かに「歌」の一種ではあるが、「歌」というよりは、演唱者自身の体そのものを楽器として使う、「器楽」のような音楽である。何故、一人で「二つの音」を同時に出そうと思いついたのか。どうやればそんな事ができるのか。モンゴルの人が、特別な（例えば「声帯が二つある」といった）肉体を持っているとは考えにくい。ならば、自分でもできるはず、との考えから、いろいろと唸ってみたがなかなかできない。

このような、喉歌実践上の疑問点は、あるとき、トゥヴァの演唱者と出会い、面と向かって指導を受けた（というよりは、間近でお手本をやっていただき、それを真似する機会を得た、と言うべきか）ことによって、氷解した。一九九一年六月、サハ共和国で開催された、第二回国際口琴大会の期間中のことであった。

ある程度コツをつかみ、笛のような高音による音程もそこそこコントロールできるようになって、この発声法は、「一人で二つの声を同時に出しているのではない」ということが身を持って理解できるようになった。では、何をやっているのか。それは、演唱者自身の口腔を使って、「音色を変化させている」のである。

小・中学校の音楽の授業で、「音楽の三要素」を習った（覚えさせられた）記憶はあった。「旋律（メロディ）」「拍子（リズム)」「和声（ハーモニー）」である。音楽というものから情緒的な側面を取り除き、なるべく簡単に言えば、「旋律」は、音程の時間的な変化。「拍子、拍節」は、音の強弱が時間軸上にどの程度規則的に現われるか（あるいは現われないか）という変化。「和声」は、二つ以上の音程が同時に存在した場合、どのような音高上の関係にあるか、という問題。しかしながら、これら「三要素」は、西欧の「芸術音楽」と、その基となった西欧の一部の伝統音楽、そしてそれらを重要な基盤とするポピュラー音楽や学校教育音楽、といった、非常に限られた「音楽」を説明する場合には有効であるかも知れないが、世界には、そのような三要素を超越したものも、いくらでも存在する、ということは、すぐにわかることである。

例えば、現代社会では実生活上耳にすることもそれほど多くはなくなってきているが、日本の音楽を考えてみる。独特とされる日本音楽の「間」は、「拍子」の一種ではあるが、「規則的な拍節」とは全く異なる概念である。また、アジアの音楽では、二つ以上の旋律を同時に重ねることよりも、同一の旋律を同時に重ねる場合が多い。しかもそれを無理にぴったり合わせずに、「つかず離れず」の関係で進んでいくという（例えば尺八と民謡の合奏のような）あり方は、ある瞬間を切り取ればそこに「和声」が生じているかもしれないが、それは意図されたものではなく、偶然の産物に過ぎない。読者の中には、何故これらの「三要素」が音楽を成り立たせるのに最も重要なのか理解できずに、戸惑い、ひいては（筆者のように）「学校の音楽」が嫌いになっていった経験をお持ちのかたも多いのではないだろうか。

喉歌の実践面を理解するのにもっと有効な説明は、これも小・中学校の、こちらは理科の時間で習っているはずの、「音の三要素」である。ある時間軸上の一点の音を成り立たせる三つの要素、それが、「音高」「音量」「音色」である。

「音高（ピッチ）」は、空気の濃い所と薄いところ（粗密波）が周期的に起こる、その回数である。例えば、一秒間に四四〇回起これば（＝四四〇ヘルツ）、オーケストラの始まる前に聞かれるラ（A）の音になる。人間の耳は、一秒間におよそ二十回から二万回までの範囲を「音」として認識する。それを超えると、「超音波」となる（犬やコウモリには「聞こえる」）。オシロスコープで見ると、「〜」型の波が、どの程度の頻度で起こっているのかがわかる。それが荒いか、詰っているかの差によって、音高が決まる。

「音量（一般にはボリュームとも）」は、その波の振れ幅がどのぐらいか、ということで、大きいほど「大きい音」に聞こえる。

「音色」は、その波の形がどう違うか、ということで、例えば楽器によって異なるし、声であれば、人によって微妙に異なる。なぜそのように違う形のものが現れるかというと、「倍音成分の含まれ方が異なる」ためである。倍音成分とは、一つの音に含まれる、基音の整数倍の周波数の音のことである。たとえば、先に述べたある楽器のラ（四四〇ヘルツ）の音には、その二倍の八八〇ヘルツ（一オクターヴ上のラ）、三倍の一三二〇ヘルツ（一オクターヴと五度上のミ）…といった音がほぼ必然的に含まれている。主にこの含まれ方のバランスによって、どんな楽器の音なのか、誰がしゃべっているのか、ということが判るわけだが、例えば「音色」の語には、英語でぴったりと当てはまる訳語が存在しない（強いて言えばtimbre）ことからもわかるように、西欧的な概念ではあまり気にしないものらしい。

この「音色」は、言語的なコミュニケーションにおいても非常に重要で、例えば試みに「音高」も「音量」もなるべく変えずに「あいうえお」と言ってみる。これは、口腔の容積や、唇の形、舌の形を変えて、「音色」つまる倍音成分をコントロールしていることになる。「音色の違い」を、言語的には「母音の違い」と認識するわけである。

次に、（やはり「音高」と「音量」は一定にしたままで）「うー、おーあー」と発音してみる。この時、重要なのは「うー、おー、あー」と、母音を個別に発音するのではなく、「う」から「お」を通過して（「お」で止まることなく）「あ」まで、滑らかに移行する、ということである。この場合、「おちょぼ口」から「大アクビ」まで、唇と口腔の開き方によって音色を変化させる。当然ながら、途中には、「う」でもない「お」でもない「あ」でもない、ひらがなでは書き表せない「母音」が連続的に（階段状にではなく、坂道状に）あらわれる。是非、「うーー（お）ーーあーー（お）ーーうーー」とゆっくりやってみていただきたい。無理に唸り声を出す必要はなく、普通の声で結構。すると、この「音色」の連続的な変化の中に、「ド～ミ～ソ～ド～ソ～ミ～ド～」という「音程」（のようなもの）が存在していることに気が付く。これは、基本音に含まれる「倍音成分」の変化と言い換えることができる。丁度、歯ブラシで歯を磨いているときに、口の容積や唇の形を変えると、シャカシャカ音がいろいろに変化して面白く感じる、それと同じ原理である。

次に、滑らかな移行によって開閉させていた唇と口腔を、「ド」らしき音が聞こえてきたらそのポイントで動きを止めてみる（声は出し続ける。息継ぎは、苦しくなったらすれば大丈夫）。しばらくしたら、また滑らかに移行し、「ミ」らしき音が聞こえてきたら、そこで動きを止める。こうして、言語的な階段「う、お、あ」とは異なる、新たな「音高」の階段（実際には、「音色」の階段）を作る。これを発達させたのが、喉歌の原理である。

「音高」も「音量」もほぼ同じ「ひとつの音」は、決して「単一の音」ではなく、その中に様々な音が含まれているのだ。その「音中の音」を取り出すのに重要な道具が、人間の口腔という訳である。丁度、自然の太陽光を七色に分けるプリズムのように、人間の口を使って、「ひとつの音」の中に包含されているいくつか「音程」のうち、特定の物を取り出す。一般的な音楽の概念では、まずは「音高」そのものを変化させる、すなわち「旋律」を作り出すことが重要視されるのだが、喉歌では「音高」は一定に保ったままで、その音色中に含まれている「音高の一種」を取り出すという、既成概念を根底から覆すような考え方で成り立っているのだ（この時出来上がる「疑似音高」の並びは、自然倍音列になる。ここからが、音楽と音響物理学の境界上を行く、喉歌の醍醐味になるのだが、これ以上は本稿では触れないことにする）。喉歌の演唱に於いて聞こえてくる「低音」と笛のような「高音」は、全く別の物ではなく、「低音」がなければ「高音」は出せないのである（このような、「通奏低音」と「高音による旋律」という一対の考え方は、この地域の二弦の擦弦楽器や撥弦楽器の音楽にも共通してみられる、ひとつのキイワードである）。この高音をより響かせるために、倍音成分を多く含んだ、いわゆる「アメ横声」を低音に使い、同時に、なるべく一息を長くするために、声門の開きは最低限に抑えるなど、さらなる細かなテクニックを駆使して、一つの音から、そこに含まれている倍音を強調し、分離して見せる。喉歌が「倍音唱法」とも言われる所以だ。

この一見特殊な歌唱法が生まれた背景として、特にトゥヴァでは、大自然と対峙する生活の中で、川のせせらぎや谷間を渡る風の音、鳥の鳴き声や動物の出す音に触発され、真似するようになったなどとする説話もあるが、それはそれとして、筆者は、やはりその民族固有の言語文化と深く関わっていると考える（**図1**）。

例えば、先に挙げた母音であるが、日本語では五つを区別する。それが、トゥヴァ語では、二十四の母音を区別して認識するのである（高島二〇〇八）。実際には、基本となる八つの短母音（и, э, ы, а, у, о, ү, ө）と、同数のその長母音（ии, ээ, ыы, аа, уу, оо, үү, өө）、同数の「喉頭音化された母音」（иъ, эъ, ыъ, аъ, уъ, оъ, үъ, өъ）で総数二十四となるのだが、それでも、それだけの数の母音を意識して区別して使っている、ということである。口腔内のコントロールと、それによって生み出された音の受容に対する感覚が、全く異なるということができるだろう。

さて、喉歌で「音程」を変える方法も頭ではわかり、ある程度の「旋律」を即興で奏でることもできるようになった筆者は、一九九二年、「第一回国際ホーメイ（喉歌）シンポジウム」に参加するために初めてトゥヴァを訪問し、コンクールに出場する機会を得た。丁度ソ連崩壊の折から、各民族共和国が、独自の文化をテーマとした国際イベントを始めた頃であった。自分なりの喉歌がどのような評価を受けるのか、比較的気楽な気持ちで出場したのだが、ここで改めて喉歌の奥深さを思い知らされることとなる。

図1　喉歌ホーメイを演唱するトゥヴァの男女。もともと男性のものとされる喉歌を、女性がうたうのはトゥヴァでは珍しく、新しい潮流といえる。伴奏楽器は、3弦楽器ドシプルール。

「エキゾチックであった」という評は、一見友好的ではあるが、非常に外交的なもので、その本音は、「トゥヴァの喉歌の概念とは異なるものである」というところにあり、そうはっきり指摘する人もいた。大きな違い（間違い）は、当意即妙の即興による四行詩形式の歌詞を伴う部分がないこと。喉歌は、やはり「歌」なのであった。

一方で、一見同じような「喉歌」という音楽事象でも、例えば南の隣国モンゴルのホーミーは、よく知られた民謡のメロディを「演奏」する器楽的な方法をとる。北隣のハカスのハイや西隣のアルタイのカイでは、英雄叙事詩の語り物の文化と深く関わり、倍音成分を多く含んだ「喉声」は、一緒に叙事詩に耳を傾けている（であろう）祖先の霊に語りかけるのに用い、それに続く同内容の通常の声による演唱は、生きている人間の聴衆に対して語りかける、といった使い分けをしつつ叙事詩を語り進めて行くこともある（**図2**）。伴奏する楽器も、撥弦楽器、擦弦楽器、箏《こと》の類など、民族によって好みがある。このような様々なあり方こそが興味深い点である。

図2　喉歌ハイを演唱するハカスの男性。ロングツィター（箏）の一種チャトハンを伴奏に、英雄叙事詩を弾き語る。

そして、これらの伝統的な歌唱法に興味を持つ若い世代が、どの地域でも少しずつ増えており、ポップスなどの新しい文脈での演唱もいろいろと行われていることは、注目に値する。

二、口琴《こうきん》

もうひとつ、シベリアの音楽事象として、口琴というユニークな楽器をとり上げたい。口琴は、実際には、シベリアだけに特有の楽器というわけではなく、ユーラシア全域を中心に、世界各地に分布している。アイヌ民族のムックリに代表されるような、竹や木、骨、真鍮などの薄板に振動弁を切り出したものと、イタリアのシチリア島のマランザーヌのような、鉄や銅などの枠の中央に、鋼など弾力性のある金属製の弁を取り付けたものの二種類がある。

薄板状の方は、①紐がなく、枠を弾《はじ》くタイプのものが東南アジアの中心部に多く見られ、②紐を引いて弁を振動させるタイプのうち、紐が枠に取り付けられているものは東南アジアのどちらかというと周縁部に、③紐が振動弁そのものに取り付けられているもの（アイヌのムックリなど）は、北方ユーラシアに薄く広く分布する（例えば、アムール川流域のウリチ、西シベリアのハンティやマンシ、中央アジアのキルギス（クルグズ）など、それぞれが、ある程度のつながりが見える形で存在している（**図3**）。金属製のものは、ユーラシア大陸の東西南北のほぼ隅々まで、さらには南北アメリカ大陸やアフリカにも、ヨーロッパ人によって大航海時代に交易品としてもたらされたものがあるなど、まさに世界的な広がりを見せている。シベリアに限っても、テュルク語系のほぼ全ての民族、ツングース語系、モンゴル語系、フィノ・ウゴル語系など様々な民族が持つ。その分布域の広さの割には、あまり派手な存在ではないためか、一般的にはそれほど知られておらず、どの文化においても、知る人ぞ知る、というのが口琴の存在の仕方である。

直接・間接に弾いたり、紐を引いたりして弁を振動させ、そこで生まれた弁と枠との間の細い隙間の風切音を、口腔に響かせる。口琴そのもの（正確には音源となるのは隙間の空気だが）は、例えて言うならギターの弦に相当し、口腔は、共鳴胴に相当する。特殊な例を除いて、多くの場合、振動弁は一枚のみなので、出てくる音の音程も、基本的にはひとつのみ。しかし、この単一の音には、やはり倍音成分がたっぷりと含まれており、形や容積を容易に変化させることのできる共鳴器としての口腔を効果的に使い、様々に音色を変化させて、（学校教育では音楽の要素にも数えられない）「音色」の音楽を構築し、また文化によっては喉歌と同様の原理を使って疑似的な「音高」の変化によるメロディを奏で、さらには、恋愛の場などでの暗号化されたメッセージの送信にも使える、そんな口琴は、いわば万能楽器である（と筆者は思っている）。

とはいえ、一般には、「簡単な作りの、玩具楽器」という程度の扱いしか受けていない場合も多く、実際に、「作りの悪い」（すなわち弁と枠との隙間が広い）楽器は、全く音が出ない。確かに、構造的には、枠と振動弁という一見「簡単な作り」の楽器なのではあるが、隙間の狭い、よい音がでる口琴は、並大抵の技術では作ることが不可能で、竹や鉄といった、それぞれの素材の性質に精通した熟練技術を要する。また、「原始的な、未発達の楽器」という評価を受けることも多いが、これこそ究極の勘違いであり、「古くから存在する始原的なモノでありながら、未来にも通じる音楽表現に使える、他の楽器とは別方向への発達を遂げた、単純かつ高度な

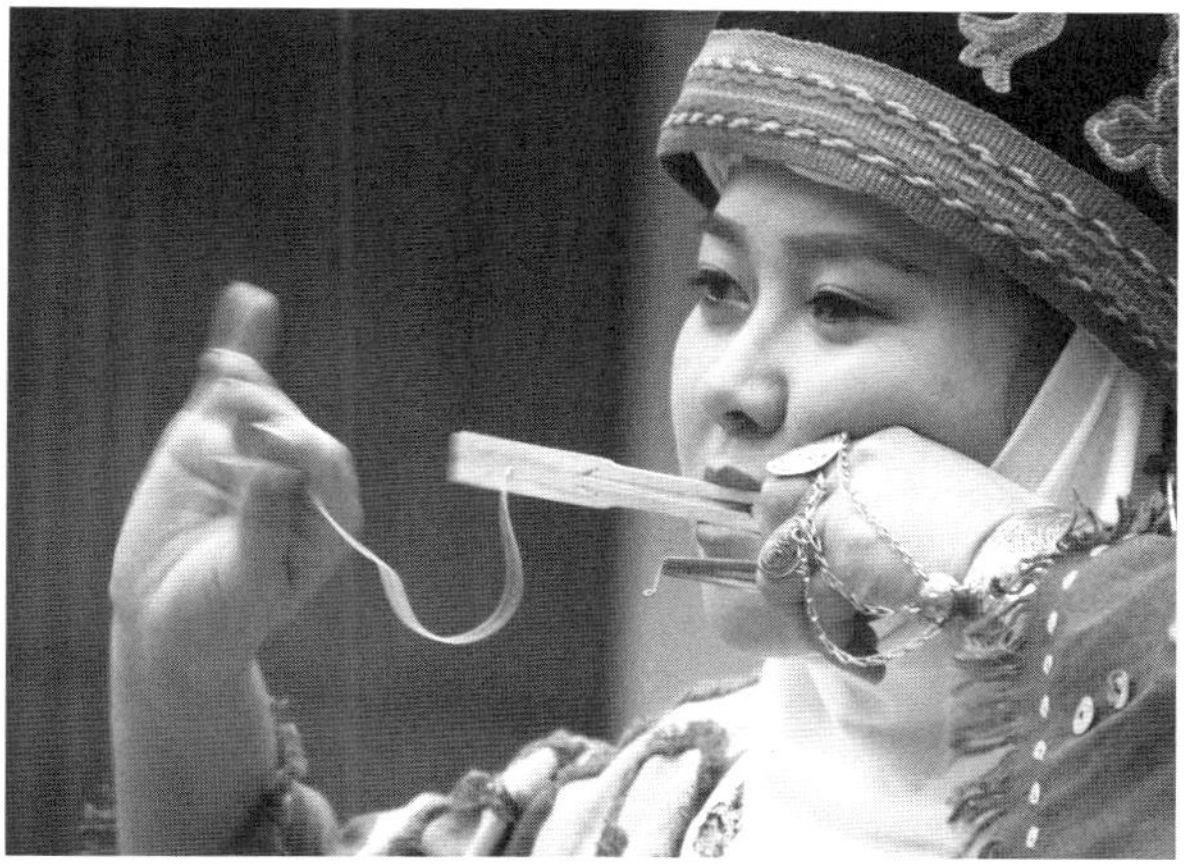

図3　薄板状の木製口琴ジガチ オーズ コムズを演奏するキルギス（クルグズ）の女性。アイヌの竹製口琴ムックリと、形状が非常によく似ている。

楽器」であると筆者は考える。

一般的な楽器の「発達」とは、多くの場合「音を大きくすること」、そして「異なる音程の数を増やす」ことである。弦、木琴などの鍵盤、パンパイプの管など、発音体そのものの数を増やして、「旋律重視の音楽」に容易に対応できるようにするのが「発達」と考えられている。これに対して口琴は、音源の数は一つに留め、ギターやピアノといった他の楽器の共鳴箱（これらの楽器では、一般的に音量の増大を目的として取り付けられる）では不可能な、共鳴器（すなわち口腔）の容積や形状の変化を利用することによって、他にはほとんど見られない「音色の変化」を基本とする音楽を作り出すための進化を遂げた道具。これは、「原始的」な段階で留まっているのではなく、「別方向に発達」していると考えるべきであろう。

このような口琴の可能性に気づき、民族のアイデンティティを表す楽器としての地位さえ口琴に与えているのが、東シベリアのサハ共和国に住むテュルク語系のサハ人である。サハ人も、口腔内を特に意識した様々な音を駆使して言語コミュニケーションをしてきた民族で、トゥヴァ語の母音数二十四には及ばないが、二十の母音を区別する。基本となる八つの短母音（и, э, ы, а, у, о, ү, ө）と、同数のその長母音（ии, ээ, ыы, аа, уу, оо, үү, өө）はトゥヴァ語と同じであるが、サハ語の場合は、四種類の「二重母音」（иэ, ыа, уо, үө）があり（この組み合わせでしか現れない）、総数二十となる（ポポーヴァ、藤代二〇〇七）。子音も、日本語には見られないような、喉の奥で発音するものもあり、サハ語の話者が、口腔内の可能性をより意識して使いこなしていることに間違いはない。

これに加えて、ホムスと呼ばれる口琴がサハで独自の発達を遂げたのは、この楽器を使って表現する主たるテーマのひとつが「自然」、中でも特に「春の訪れ、夏」であること、そして楽器自体が鉄と鋼でできていることと関係があると考えられる（図4）。

サハは、言うまでもなく人間の居住する地域としては世界で最も寒く、マイナス五〇度を超えることもある（記録はマイナス七二度）。このような厳しい自然環境の中で生きる人々にとって、短く熱い（プラス三〇度を超えることも）夏は、まさに「待ち望んだ季節」。そこで聞かれる「滴の音」「水の流れ」「雲雀の囀り」「カッコウの鳴き声」「馬蹄の轟き」などの自然の物音は、生命の音であり、再生や喜びの象徴である。口腔だけでなく、指の動きなど様々な演奏テクニックを駆使して口琴で具体的に再現されるこれらの音は、「音挙げ」することにより、その実現を強く願う、「音霊信仰」ともいえるような考え方と結びついている。

さらに、その音が、鉄で作られた楽器から生み出される、というところに大きな意味があると考えられる。サハは古来、鉄を扱う民族として知られ、ナイフや火打ち金といった、厳しい自然の中で生き抜くための必需品を作り出す鍛冶師は、特別の存在と考えられている。大鳥をその象徴とし、地下世界の力とも関わると信じられる鍛冶師の中でも、特に優れた者は、シャマンをも超える特別な力を持つものとして、尊敬され、時として畏怖の念とともに受け入れられる。そのような存在である鍛冶師が作る口琴には、やはり特別な力が宿っていると考えられ、自然界や、霊の世界とも交信する道具として、独特の地位を確立するに至ったのだろう（**図5**）。

図4　鉄製の口琴ホムスを演奏するサハの女性。夏至祭りの会場にて。

図5　鍛冶作業で口琴ホムスを作製する、サハの鍛冶師。

他にも、サハ人の持つ弦楽器が、南のモンゴル語系の民族や、新しくはロシア人からの移入であり、民族アイデンティティ確立の目的には適していないこと。笛の類は、狩猟などの目的が本来で、音を出して楽しむものではないこと。片面太鼓はシャマンが霊の世界へ飛翔するための「馬」であり、同時に悪霊から身を守るための「盾」であり、といったことから、一般の人にとっては畏怖の対象で、楽器を見たり、音を聴いたりしたからといって心躍る楽しいものではないこと。それ以外の太鼓類も、本来は狩猟儀礼や、出陣の合図、出生・結婚・死といった通過儀礼のときにのみ鳴らされる、特殊な存在であること。そのほか、楽器の大きさはじめ様々な要因が絡み合って、口琴が、人々に愛される手頃な楽器となっていったのだろう。
このように、口琴に対して特別な愛着を持って接する民族は、世界中でサハだけであるが、ユーラシア大陸に広く分布するのは、先述したとおりである。では、どこがその発祥の地であるのか。

口琴の存在の客観的な証拠は、考古学的な遺物に求めるべきである（サハでは、口琴は「一〇〇〇年以上の歴史を誇る英雄叙事詩オロンホにも登場する、古代からの伝統楽器である」というのが自慢であるが、それが客観的な証拠には成り得ないことは言うまでもない。サハという民族集団からして、もともとバイカル湖周辺に住んでいたテュルク語系の諸集団が、南からのモンゴルの圧迫を受けて北に移動し、その地の先住民族を取り込みつつ成立していったのが、十二～十三世紀のこと。それよりも前にオロンホが成立していた、というのも理屈が合わないし、英雄叙事詩の語り物という芸能自体、即興でその時代時代の事物を反映させていくことにこそ面白さがある）。近年の筆者らによる情報収集の結果、金属製の湾曲状の口琴の最古の発掘例は、ロシア連邦沿海地方のウラジオストクに近い靺鞨文化の遺跡から出土した五～六世紀のものであることが判明している。この地域からは、他にも、九世紀の渤海のもの、九～十二世紀ごろの女真のものなど、少なくとも四本が発掘されている（直川二〇一八）。この点、サハでは年代のはっきりとわかる出土品はなく、確認されるいくつかの発掘口琴は、古くても一〇〇～二〇〇年程度前のものであろうと思われる。発掘例の多いヨーロッパでは、口琴が現れるのは十二～十三世紀以降であり（Kolltveit 2006）、現時点では、沿海州こそが、このタイプの口琴の揺籃の地であると考えるのが妥当であろう。

このことは、埼玉県大宮市（現さいたま市大宮区）の氷川神社東遺跡で一九八九年に発掘された、十世紀初頭～前半（平安時代）の二本の鉄製口琴、そして同じく埼玉県羽生市で二〇一一年に発掘された十世紀初頭の鉄製口琴一本（現時点で、日本国内の発掘口琴は、この三例のみ）の存在との繋がりも含めて考える必要があり、非常に興味深い。

一方、薄板状の口琴は、はるかに古いものが発掘されており、現時点での最古は、中国遼寧省で発掘された、紀元前二十二～十一世紀の物が少なくとも二本（加えて二〇一八年五月には、陝西省から紀元前二十世紀ごろのものが二十本ほど発掘されたとの報が入った）。続いて、内蒙古自治区の紀元前八～四世紀の物一本、北京市近郊の同八～五世紀の物四本、モンゴルの匈奴の遺跡から出土した紀元前四世紀の一本、トゥヴァ共和国で発掘された紀元前二世紀の一本、アルタイ共和国の紀元後三～五世紀の物二本程度、そしてハカス共和国の紀元後四〜五世紀の物二本、となる。どれも、骨製（北京の物は竹製？）で、枠に取り付けられた紐を引くタイプのものである（弁の根元に紐を取り付ける、アイヌ民族のムックリとは、厳密には系統が異なる。ムックリと同様のタイプの最古の発掘例は、ヤマロ・ネネツ自治管区の十八〜十九世紀の物）。北京の東北三〇〇キロメートル四方あたりに生まれたこの楽器が、おそらく騎馬遊牧民の手によって西北西へ向かったことが見て取れるような出土の仕方をしている。

日本では、湾曲状の鉄口琴は、のちの江戸時代文政期に、大流行して幕府に禁じられる（文政八年〈一八二五〉）のだが（滝沢馬琴らの「耽奇漫録」などによる）、そのときの流行のもとになった口琴は、当時東北地方や長崎に存在しており、中でも、「津軽笛」と呼ばれるものは、テメテレラヤコウフエキ（あるいはテメテレラヤコウフイキ、テメテレラヤカウフエキ）という名のロシア人が伝えた、と菅江真澄が随筆集「筆のまにまに」（一八一六）に記している（津軽笛の素晴らしいイラストは、菅江の一七九一年の旅行の記録「えぞのてぶり」に残されている、**図6**）。この不思議な名の人物は、一七八三年の工藤平助「赤蝦夷風説考」にその名が見える、一七七九年にアッケシに渡航して、松前から派遣された役人と、通商関係の樹立を交渉したロシア使節の代表ドミトリイ ヤコヴレヴィチ シャバリンであるとされる（中村一九九〇）。イルクーツク生まれの彼は、これより十三年後の一七九二年、アダム ラクスマンが大黒屋光太夫らを送還した際にも同行しており、蝦夷渡航に際しては、ヤクーツクの豪商パヴェル セルゲイエヴィチ レベヂェフ＝ラストチキンの依頼を受けていたとされる。ここにきて、サハと日本の間に、口琴を通しての直接的な繋がりが、十八世紀の終わりに既にあった可能性が生じるのだが、この津軽笛が、本当にロシア（ヤクーツク？）から突然ぽんともたらされた

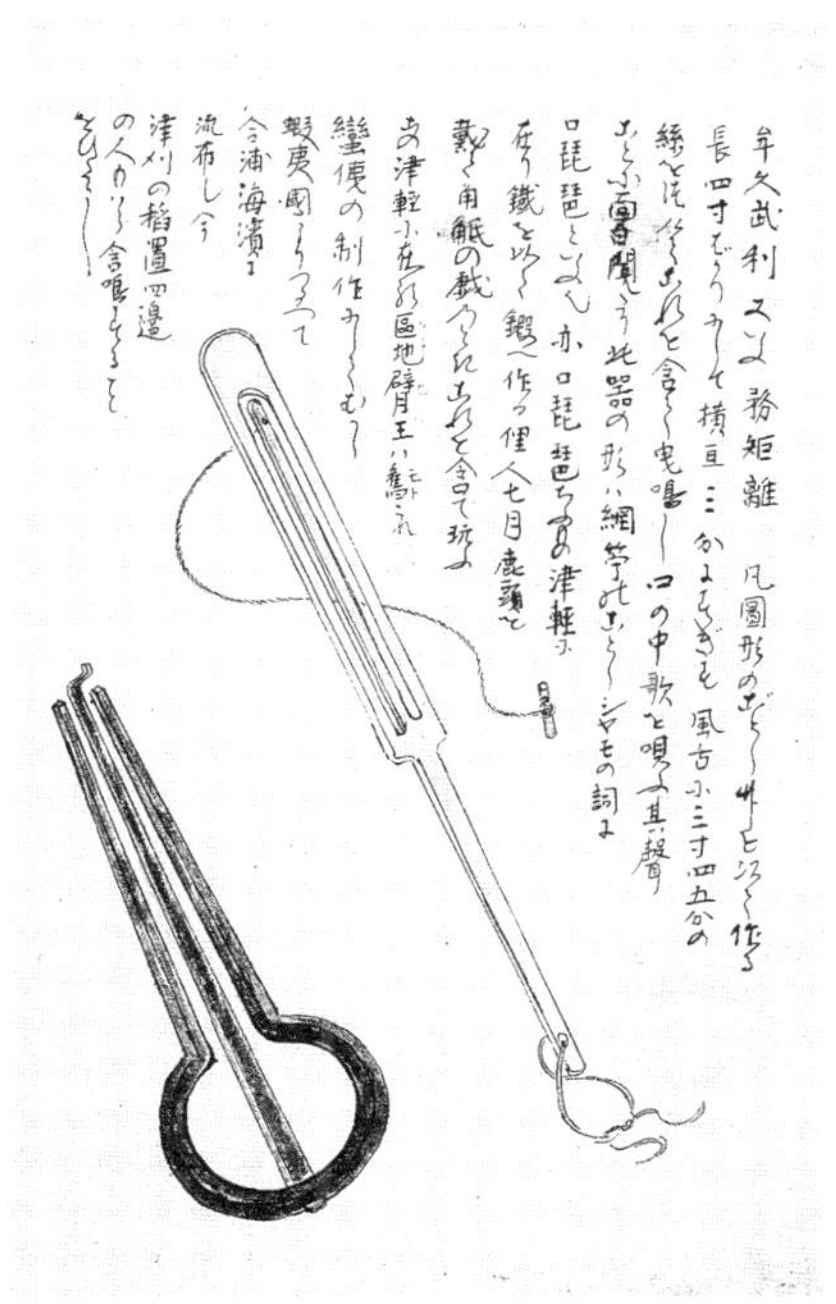

図6 菅江真澄「蝦夷廼手布利（えぞのてぶり）」より、鉄製の津軽の「口琵琶」と、竹製のアイヌの「牟久武利または務矩離」（ムックリ）。口琵琶のイラストは正確だが、ムックリの方は、弁の切り出し方や形状、紐のつき方が間違って描かれている。

ものなのか、それとも、北日本海を挟んだ対岸にあった、靺鞨・渤海・女真などの文化と関連があると考えられる埼玉県の平安期の口琴の末裔なのか、あるいはもう少し後の時代に、アムール川流域のツングース語系・古アジア諸語などの先住民から、樺太や北海道のアイヌを通して時間をかけて入ってきたものなのかは、今後の究明を待つ、大きな謎である。

口琴も、喉歌と同じく、様々な盛衰の波をくぐり抜けつつ、シベリアの諸民族の現代の音楽文化の文脈中でも、様々な新解釈とともに盛んに使われるようになってきており、新しい演奏技法も色々と開発されている。単純な楽器でありながら（というよりは、単純であるが故に）それぞれの時代に暮らす人間の工夫を広く受け入れながら未来へと発展していく。その「生命力」の強さも、口琴の魅力である。

参考文献

福田聖「屋敷裏遺跡　埼玉県埋蔵文化財調査事業団報告書」四二二（公益財団法人埼玉県埋蔵文化財調査事業団、二〇一六年）

小島美子「ハカスのチャトハン（箏）とハイ（喉歌）——ハカス伝統音楽グループ・ハイジラル」（『平成17年度国際民俗芸能フェスティバル』公演プログラム、二〇〇六年。以下〈プログラム〉）六頁

Kolltveit, Gjermund., Jew's Harps in European Archaeology. Archaeopress, Publishers of British, Archaeological Reports, 2006.

ゾーヤ・クィルグィス「トゥヴァのホーメイの起源」『口琴ジャーナル』七、日本口琴協会、一九九三年）一一—一七頁

中川真『モンゴル　音と映像による世界民族音楽大系　解説書Ⅰ』（日本ビクター、一九八八年）七五—七七頁

中村明一『倍音　音・ことば・身体の文化誌』（春秋社、二〇一〇年）

中村喜和『おろしや盆踊唄考——日露文化交渉史拾遺』（現代企画室、一九九〇年）

ナチェージダ・ポポーヴァ、藤代節『サハ語会話帳』（九州大学人文科学研究院言語学研究室、二〇〇七年）

Suzukey, Valentina, 直川礼緒『母の奏でた旋律——アジア中央部トゥヴァの口琴音楽』CD解説（日本口琴協会、二〇一三年）

直川礼緒「アジア中央部の喉歌と楽器」（『口琴ジャーナル』七、日本口琴協会、一九九三年）四—七頁

直川礼緒「ロシア連邦サハ共和国／ロシア連邦トゥヴァ共和国」（『音と映像による新世界民族音楽大系　解説書』（日本ビクター、一九九五年）四〇—四五、七—四九頁

直川礼緒「ハカス共和国のチャトハン（琴（こと））シンポジウム」（『窓（ナウカ）』九九、一九九六年）一二—一五頁

直川礼緒『サハの口琴——ホムス』CD解説（日本口琴協会、一九九六年）

直川礼緒『夏が来る——サハの口琴と声の芸術』CD解説（日本口琴協会、二〇〇〇年）

直川礼緒『草原の吟遊詩人——アジア中央部ハカス民族のチャトハン（箏）とハイ（喉歌）』CD解説（日本口琴協会、二〇〇四年）

直川礼緒『口琴のひびく世界』（日本口琴協会、二〇〇五年）

直川礼緒『母の奏でた旋律——アジア中央部トゥヴァの口琴音

楽』CD解説（日本口琴協会、二〇一三年）
直川礼緒「南シベリア、ハカス民族の音楽研究ノート」（『伝統と創造――東京音楽大学付属民族音楽研究所研究紀要』四、二〇一五年）三七―五一頁
直川礼緒「アジアの発掘口琴チェックリスト（1）――薄板状の口琴（1）」（『伝統と創造――東京音楽大学付属民族音楽研究所研究紀要』五、二〇一六年）五七―七〇頁
直川礼緒「日本の博物館収蔵の樺太（サハリン）アイヌの金属製口琴」（『北海道博物館アイヌ民族文化研究センター研究紀要』一、二〇一六年）一―二二頁
直川礼緒「アジアの発掘口琴チェックリスト（2）――薄板状の口琴（2）」『伝統と創造――東京音楽大学付属民族音楽研究所研究紀要』六、二〇一七年）五七―六八頁
直川礼緒「アジアの発掘口琴チェックリスト（3）――薄板状の口琴（3）と湾曲状の口琴（1）」（『伝統と創造――東京音楽大学付属民族音楽研究所研究紀要』七、二〇一八年）五七―七〇頁
高島尚生『基礎トゥヴァ語文法』（東京外国語大学アジア・アフリカ言語文化研究所、二〇〇八年）
森田稔「トゥヴァのホーメイ国際シンポジウム」（『口琴ジャーナル』七、日本口琴協会、一九九三年）八―一〇頁
森田稔「アジア中央部の喉歌」〈プログラム〉、一九九七年）一二頁
渡辺清志「最古の口琴をめぐる諸問題」（『国境の集落：新たな発見と深まる謎――羽生市屋敷裏遺跡を中心に』公益財団法人埼玉県埋蔵文化財調査事業団、二〇一八年）一九―二二頁
山形洋一、渡辺正人「氷川神社東遺跡・氷川神社遺跡・B―17号遺跡」（『大宮市遺跡調査会報告』四二、大宮市遺跡調査会、一九九三年）

◎コラム◎

古アジア諸語

小野智香子

「古アジア諸語」は「古シベリア諸語」「パレオアジア諸語」などとも呼ばれ、古くから北アジアで話されている（いた）言語群を指す。北アジアの諸言語のうち、アルタイ諸語にもウラル語族にも属さないものを地域的にまとめた総称であり、主に次の言語グループから成っている。

（1）チュクチ・カムチャツカ諸語（語族）：チュクチ語、コリャーク語、アリュートル語、ケレク語、イテリメン語（チュコト半島～カムチャツカ半島）

（2）ユカギール語族：ツンドラ・ユ

図1　北東アジア、シベリアにおける孤立（的）言語

おの・ちかこ——千葉大学特任研究員。専門は言語学・イテリメン語。主な著書・論文に『イテリメン語北部方言語彙・会話例文集』（大阪学院大学情報学部、二〇〇三年）、「イテリメン語の世界」（『ニューエクスプレス・スペシャル 日本語の隣人たち』中川裕監修、白水社、二〇〇九年）、『ニューエクスプレス・スペシャル 日本語の隣人たちII』（中川裕監修、小野智香子編、白水社、二〇一三年）などがある。

カギール語、コリマ・ユカギール語（コリマ川流域）

（3）ニヴフ語（サハリン、アムール川下流域）

（4）ケット語（エニセイ川中流域）

これら以外に、エスキモー・アレウト語族が含まれることがある。言語の系統関係（近親関係）の研究は日々進んでおり、どの言語がどの言語と近い関係にあるとか、語族同士、あるいは語族内部の言語の関係、またかつては一つの言語の方言だと考えられていたが二つの言語だった、というようなことが明らかになることもある。例えば、ユカギール語はかつて一つの言語で、ツンドラ・ユカギールとコリマ・ユカギールは方言だとみなされていたが、近年では別々の言語とされるようになった。また、イテリメン語は伝統的に「チュクチ・カムチャツカ語族」に含められていたが、それ以外の言語（以下チュクチ・コリャーク語グループと呼ぶ）との隔たりが大きく、イテリメン語は孤立言語（系統不明）であると主張する研究者もいる（なお、イテリメン語にはかつて三言語あり、イテリメン語族を形成していたとされる説がある）。

興味深いのは、西から順番に、ケット語、ユカギール語、ニヴフ語、イテリメン語、そしてそこから南方へ降りていくとアイヌ語、日本語、朝鮮（韓国）語と続くこの地域が孤立言語多発地帯であることだ。例えばインド・ヨーロッパ語族、チュルク語族など、系統関係が認められる諸言語の大グループと比べて、北アジアに孤立言語ないし二〜三の少数言語で語族を構成するような規模の小さいグループが集中しているのはどういう理由があるのか、大変興味深い地域である。なおユカギール語はウラル語族との関係性が指摘されており、言語の系統関係の解明は未だに難しい問題であると言える。

さて、この地域には系統的に孤立的な言語が集中していると述べたが、実際にはどんな言語なのだろうか。筆者が専門にしているカムチャツカ半島のイテリメン語を紹介しよう。

イテリメン語に触れた人は、まず発音の難しさ、聞き取りにくさに直面するだろう。子音の数は二十六、特に無声摩擦音（シ、ヒなどの子音）が多く、語頭で七子音の連続（ntkskqzu「もし私たちが作っていたら」）、語末で五子音の連続（qkəmstxc「出ろ」）が記録されている。

文法で特筆すべきことのひとつに、人称標示の複雑さが挙げられる。一人称（話者「私」）、二人称（聞き手「あなた」）、三人称（「彼、彼女」）を動詞で表す言語はヨーロッパでも珍しくはないが、

t'-əlʲcku-sxin	主語1人称単数・目的語2人称複数	「私はお前たちを見た」
əlʲcku-n	主語2人称単数・目的語3人称単数	「お前は彼を見た」
əlʲcku-umnin	主語3人称単数・目的語1人称単数	「彼は私を見た」

イテリメン語は主語と目的語、すなわち「誰が、誰を」の両方を動詞によって表す。これはイテリメン語だけでなく、同系性が議論されているチュクチ・コリャーク語グループにも共通する特徴である。表はəlʔčku「見る」という他動詞の例である（例は全て過去形）。

なおイテリメン語と隣接するアイヌ語でも、主語と目的語が動詞によって標示される。アイヌ語とイテリメン語の系統関係は認められないが、部分的に似たような文法現象が見られるのは興味深い。

しかしイテリメン語には、隣接するアイヌ語にも、同系とされてきたチュクチ・コリャーク語グループにもない「斜格補語活用」という動詞の活用があり、主語（誰が）・目的語（誰を）以外の格、すなわち「誰に」「誰から」「誰のために」のような、いわゆる間接目的語の人称を示すことができる。次の(a)、(b)の文は両方とも「父は私に魚をくれた」という意味であるが、(a)では「魚を」、(b)では「私に」くれたということが、それぞれ動詞の接尾辞 -neʔn, -umneʔn によって強調されているのである。

(a)	isx	kəmank	nənceʔn	zəl-neʔn.
	父は	私に	魚を	与えた

「私は昨日市場で（沢山の）魚を買ったよ」

(b)	isx	kəmank	nənceʔn	zəl-umneʔn.
	父は	私に	魚を	与えた

「父は私に魚をくれた」

伝統的な生業や文化を反映した語彙も独特である。サケ科の魚を中心に漁撈が主な生業であるイテリメン人は、時期によって次のような魚を捕獲している。

四～五月：ʍɬəc オショロコマ、六月：qaac キュウリウオ、六～七月：c'uc'u マスノスケ、ksus ベニザケ、七月：qeʍc カラフトマス、八～九月：qek'ʍ サケ、kəzwəs ギンザケ、九～十月：ʍɬəc オショロコマ

川を舟で移動することが多いイテリメン人は、wanck「上流へ」、ijank「下流へ」という言葉をよく使う。舟で上流へ向かうとき、動詞は piki「行く」を使い、下流へ向かう時は wi「下流へ向かう」という。piki は「歩いて行く」と同じ動詞である。また別の方言では alʍs「上流へ向かう」という動詞を使う。

下流から上流へ向かう時は川の流れに逆らって強い力で舟を漕がなければならず、体力を使う作業である。他方、上流から下流へ向かう時はそれほど強い力を必要とせず、基本的には川の流れに乗っかっていれば良い。これは筆者自身が話者の方たちと一緒に実際に川を舟で移動する時に実感したことである。

シベリア先住民文学を紹介する
——極北のドルガン詩人オグド・アクショーノワの作品より

藤代　節

シベリアの少数民族言語には二十世紀に入ってから書法を整えた言語が少なからずある。極北のチュルク系言語ドルガン語もその一つである。本稿ではドルガン人詩人オグド・アクショーノワの作品を紹介し、そこに描かれた民族の暮らしやツンドラの自然を織り込んだ叙情的韻文作品を味わいたい。母語で著すことの大切さを二十世紀後半にドルガン語書法を作成することで示した人でもあった。

川下の風が吹いたなら
ぞっとするほど身も凍る
ものすごい寒さには
煙のようにとめどがない
ああ、だけどそんなふうには語ってくれるな

ふじしろ・せつ——神戸市看護大学人間科学領域教授。専門は言語学。主な著書、論文に「ルィチコフ資料にみるドルガン族とドルガン語形成について（I）」（『ユーラシア諸言語の動態II（多重言語地域の言語研究）』*Contribution to the Studies of Eurasian Languages series* 第十七巻、神戸市看護大学人間科学領域、二〇一一年）、「第28章植物あれこれ：言語に紡がれたツンドラの香り（ドルガン）」他（永山ゆかり・長崎郁編『シベリア先住民の食卓』東海大学出版会、二〇一六年）、"A Song of Marriage and Setting up a House. A Proto-Dolgan Song Recorded by K. M. Rychkov", *Essays in the History of Languages and Linguistics*, 203-217, (eds.) M.Nemeth, B. Podolak, M. Urban, Krakow, 2017 などがある。

我がドルガンのふるさとのことを
しろがねの雪
降り重なりてたおやかに
こがねの月とここに照り
二つ揃って華やぐところ
ことばを尽くして語りたい
我がツンドラのふるさとのことを

（オグド・アクショーノワ「我がツンドラ」より冒頭の二連
原文はドルガン語）

はじめに——「文」学とシベリア先住民族

シベリアの先住民族の文学は、英雄叙事詩や民話などの口

承文学が広く知られている。これらの文学は、少なくとも現在に至るまで口承文芸あるいは、その聞き取り書きとしてある程度継承されている。例えば、今日、シベリア東部の広大な地域に分布するチュルク系言語ヤクート語（サハ語）による英雄叙事詩オロンホは、帝政ロシア時代の政治犯や帝室学士院の研究者等によるシベリアの文芸、あるいは言語調査の記録として、現代の私達にもよく知られている。オロンホの他に、断片的に記録された民話や謎々、言葉遊びに類するものもあるが、民族言語の衰退とともに失われたものも多いであろう。帝政ロシア時代にウラル山脈を越え、シベリア地域へ向かったロシア人をはじめとする人々は、文字をシベリアの先住民族にもたらした。とはいえ、ロシア語を記述するために考案され、一〇〇〇年以上の長い文献の歴史を持っているロシア文字の使い手等は、その文字を以て先住民族言語で記そうとしたのは確かであるものの、そのコンテンツは、主にはロシア正教の聖書翻訳やそれに付随する読み物等であった。目的は、ロシア正教の布教を方途にロシア物資とシベリアの資源の交換を有利に進めるためであったのだから、当然である。文字を以て表記された民族出身者による民族固有の文芸や創作は、シベリアで早期に文字を獲得したヤクート人にとってさえ、概ね二十世紀の初頭頃までその出現を待たねばならなかった。まして、その他のシベリアの少数民族にとっては、更に長い年月を待つこととなったり、あるいは、ついに文字による文学作品をもつことがなかった民族もある。本稿では、以下、文字で表された文学についてみていきたい。

一、中央アジア、ロシア、そしてシベリアの文学

(1) 旧ソ連邦領内の文学事情

旧ソ連邦中央アジアの共和国の一つ、ウズベキスタンで耳にした話によれば、古典文学が若い世代の日常生活にも浸透しているという。ハーフェズ（十四世紀のイランの叙情詩を多く書いた詩人）の詩集を若い女性がハンドバックに入れて持ち歩き、その日の占いのために使用するという。ウズベキスタンは、ソ連邦を構成していた十五の共和国が連邦崩壊後、独立したうちの一カ国である。ペルシア語起源の古典を数多有し、アラビア文字表記の文学の長い歴史がある中央アジアの国である。

ソ連邦を構成していた十五の共和国についてみれば、それぞれの地域に異なった文化圏が広がっている。まず、ロシア、ウクライナ、白ロシアの東スラブ諸語圏が広がり、キリル文字による文献記録がおびただしく残された文化圏である。ま

た現在はEU加盟国となったバルト三国のラトビア、リトアニア、エストニアは、連邦形成以前から歴史的に西欧文化と近しく、ラテン文字による自国の文献の長い歴史を保っている。コーカサス三国のアルメニア、ジョージア（グルジア）、アゼルバイジャンは、トランスコーカサス地方という地理的なまとまりとして地域区分されることが多いが、前者二国は、世界最古のキリスト教国であり、独自の文字による文献記録の歴史は、およそ五世紀頃に遡り、大変に古い。アゼルバイジャンは、イスラム教国で、言語的にはチュルク系でトルコに近く、アラビア文字による文献の歴史がある。一方、ルーマニア文化圏に近いモルドバがあり、上記のウズベキスタンを含む、中央アジアに位置する五カ国、即ち、トルクメニスタン、カザフスタン、キルギス、タジキスタンは、前四者のチュルク系言語圏、また、後者はペルシア系言語圏を形成していた。これら十五共和国名を冠した言語圏には、文献の長い歴史を持つところも少なくない。そこに著された文芸作品は、それぞれの民族の文化的、社会的背景から影響を受け、また影響を及ぼしていたであろう。一方、シベリアの少数民族をはじめ、ロシア連邦にも、またその他の共和国においても、やはり文字を長らく持たない民族言語の存在があった。シベリアの少数民族言語と同様、文字の作成が二十世紀になってからという民族も沢山ある。

(2) 生活に浸透した文学——パンか文学か？

一九九一年に崩壊したソ連邦（ソビエト社会主義共和国連邦）は、二十世紀末に経済が混乱し、学術文化、教育制度などの社会的背景、特に金銭をめぐる環境がそれまでと大きく変化した。様々な分野で価値観の変革があっただろう。政治経済に大きな発言権を持つ訳では、おそらくは無い一般の人々の大半は、不便だがそれほど大きなお金は不要、商品の選択肢が少なく、お金があってもしょうがない、という日常から、お金があれば便利で快適な生活を手に入れることが可能であることが目の前で展開していく日常に、突然、身を置くことになった。それでもソ連時代に逆戻りは望まない、というのが当時の大衆の選択であった。観光客として、あるいは、ごく短期間、当時の新生ロシアを訪れた所謂「西側」の日本人の目には、経済的混乱、撤退した社会主義時代のインフラのお粗末さ、どこもかしこもちぐはぐな印象の九〇年代だった。それでも、近づきつつあったバブル崩壊を予感しながらも経済の大波に乗り、浮かれて疲れた日本社会と比べれば、芸術、文学、学問が社会全体に浸透していることを感じる場面が沢山あった。

例えば、世界に名声を馳せる国立エルミタージュ美術館、キーロフバレエ団、レニングラード交響楽団や著名な芸術家の出し物を連ねる各種劇場、コンサート会場等が変わらず活況を呈し、その入場券は、外貨獲得のための外国人料金こそ瞬く間に目の飛び出るほどの値段になっていったが、市民のチケットは長く低廉に押さえられていた。

地下鉄に乗れば、表情の硬い人々が青白い車内電灯の下で、書籍をしきりに読んでいた。白タク（闇営業のタクシー）に乗れば、若い運転手は車内の客が暗唱するプーシキンやエセーニンの詩句につまると、引き取って暗唱する。

現実を見れば、体制の転換で、悪化する一方の経済情勢の下、給料の遅配、人員整理など、不安要素が山ほどあった時であったと思うが、荒廃する人心を支えたのは帝政ロシア時代に特権階級にのみ与えられていた芸術文化であり、これを大衆に身近なものにしたのはソ連邦の社会制度であった。

（3）人間の精神の栄養素としての文学

「本は読めているの?」「はい。本は読んでいます。」「本が読めている間は、大丈夫だと思うよ。」文学は、人に何を与えてくれるのだろうか。人間が一生で遭遇する人や物事には限りがある。刺激のある生活を求め、多くの人に出会って、社会で活躍し、やがて生命が終わるというおそらく幸せな一生を過ごしたいな、とスタート時点で意識しても、思うに任せないことがある。そんな時に、沢山の生き方があり、予想もしていないことが人の世には起こりうるということを知らしめ、また、表からはうかがい知ることのない人の心の中を言葉にして表出する文学は、何よりも人が生涯のルートに駒を進める上で「完全栄養素」となるのではないか。高校の先生との何気ないやりとりであったが、人の心のうちを目にするエネルギーがあるならば、目の前の具体的な悩み（それが、手ひどい失恋の痛みであれ、勉学の不調であれ、人間関係の悩み、経済の悩みであれ）に打ちひしがれている一方ではない、まだ、大丈夫ということだろう。時空を越えてバーチャルでありながらも身に迫る文学はまた、人間の生活に大きな影響を及ぼす。

（4）シベリアの少数民族と文学

既に述べたように比較的早い時期に自前の文字体系を作成し、自民族言語による創作文学の出版を可能にしたヤクート人等は、二十世紀に入って、民族出身者による文学作品を多く出版している。また、同時に、ソビエト政権のプロパガンダとして出版された各種書籍のみだけでなく、ロシア語による文学作品の翻訳、特にロシア文学の名作として評価の確定しているA・プーシキン（А.Пушкин）やM・ゴーリキー（М.Горький）などの作品が、盛んに出版されている。固有の民族言語表記に用いることができる文字体系を持ち、その使用が当該民族に浸透していれば、それだけ文学が文字通り「文」学として人々の人生を強靭に、また、豊かにする。

シベリアの少数民族の文学の一例として、次節以下では、極北のチュルク系言語を話すドルガン人の詩人オグド・アクショーノワ（Огдо（Евдокия）Е. Аксёнова、一九三六～一九九五）を取り上げる。ドルガン人は、二十世紀後半になってから文語を獲得したドルガン語を使用する極北の少数民族である。

現在、人口約七〇〇〇人で、その民族集団の形成は比較的新しい。十八世紀頃に当時のトゥルハンスク地方北部域（現在のクラスノヤルスク地方タイムル県、県の中心地ドゥジンカ市は、エニセイ川下流域右岸に位置する、**写真1**）で複数の民族出身者が形成したと考えられる。ツングース系のエベンキ人やサモエード系のガナサン人、チュルク系のヤクート人、さらにはシベリアに住みついたロシア人が共通言語としてヤクート語を選択したことにより徐々にコミュニティとしてまとまり、

写真1　雪の中の教会（ドゥジンカ市内、筆者撮影、2017年12月）

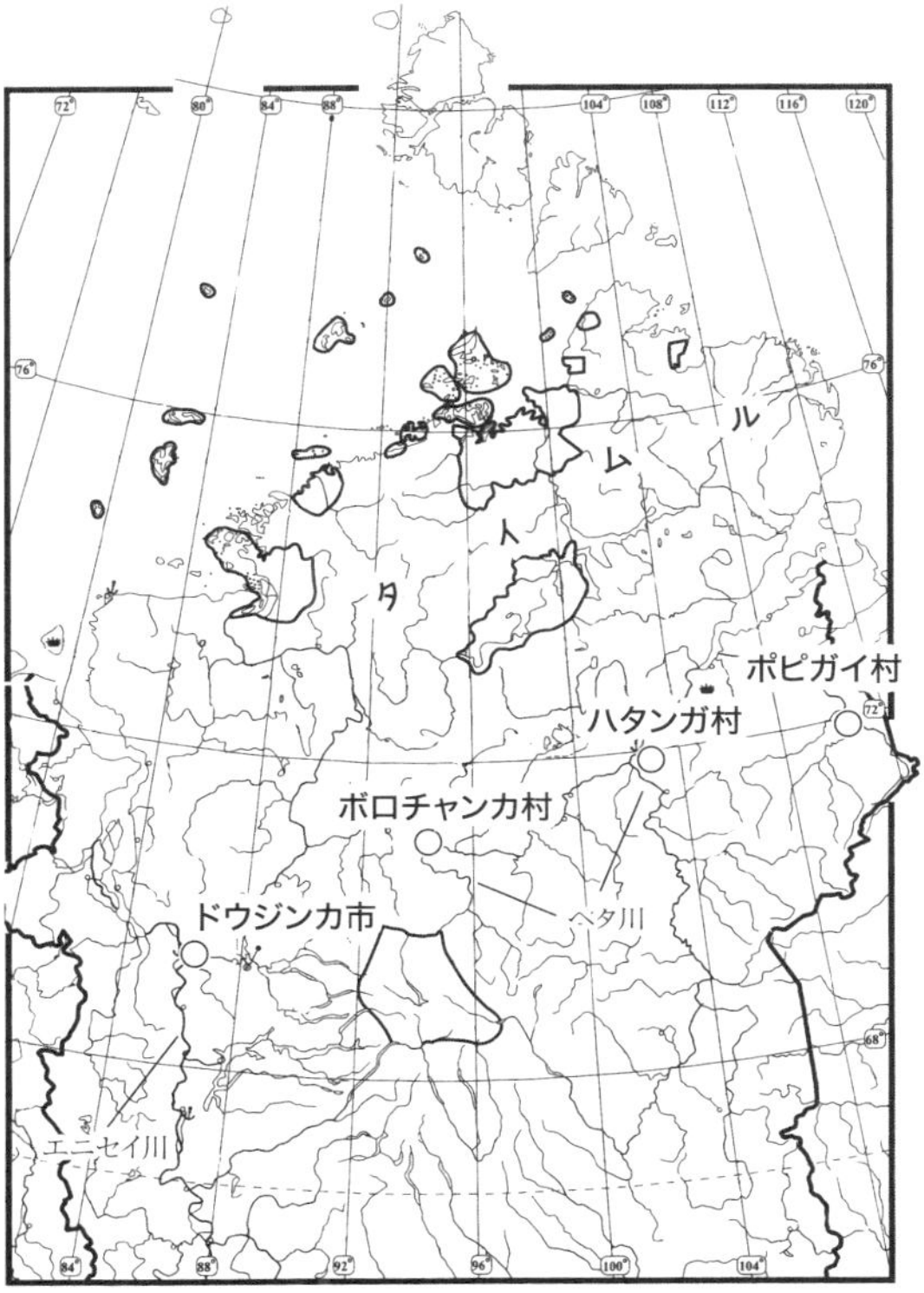

地図1　クラスノヤルスク地方北極圏に位置するタイムル県

写真２　エニセイ川をバックに。オグド・アクショーノワ（1991年8月、筆者撮影）

形成された民族集団と見ることができる。

ドルガン人作家には、オグド・アクショーノワの他にもニコライ・ポポフ（Николай А. Попов, 一九二九年〜二〇〇九年）がいる。自伝的小説をはじめ、極北シベリアでの生活を描く作品をドルガン語で出版している。この作家の一族には、帝政ロシア時代のロシア正教者が設営したセミナリオ（中等学校）で教育を受けた人もいて、本人もジャーナリストとして新聞編集などに携わった人物で、ドルガン出身の知識人として活躍した。ニコライ・A・ポポフは、比較的早期にロシア正教を受け入れたドルガン人の歴史にも鑑みてか、ソ連邦崩壊後、積極的に聖書の翻訳活動を行い、『マルコによる福音書』、『ルカによる福音書』を翻訳出版し、子供向けの宣教図書などの執筆にも従事している。

二、文学作品があるということ

（1）「ツンドラの娘」ドルガン人詩人オグド・アクショーノワ

オグド・アクショーノワ（**写真2**）は一九三六年にタイムル半島の付け根にあたるヘタ川流域のボロチャンカ村に生まれた。日本で言えば、中学生の頃から、詩作の才能が見いだされ注目された。二十世紀半ばにソ連邦が力をいれた北方での文化活動の波に乗る形で、アマチュアではあるものの、作品発表の機会を持ち、その創作活動が評価されるに至った。やがて、詩人として認められ、ソ連邦作家連盟員にもなった。創作活動の一方、ドルガン人に伝わる民話、諺や迷信、ののしり言葉、占い、唄などの収集にも従事し、それらをモチーフにした作品も多く発表している。

オグド・アクショーノワの学術文化への貢献において、特筆すべきことは、その作品が初めてドルガン語による書籍となったという点である。一九七三年に発表されたオグド・アクショーノワの詩集『バラクサン』*Бараксан* は、ロシア語訳と並行してドルガン語でも発表された。この年がドルガン語文語の元年であったと言えよう。その後、ロシア語訳での発表も多くなされる一方、一九七九年には、詩集『ツンドラっ子』*Тыатаағыкаан* がクラスノヤルスクでドルガン語のみによる書籍として出版された。約一三〇言語が使用されていたソ連邦の、七十六番目の民族言語による出版であったという。

Н-НЬ

нь|куу и|ньэ
ньы|ра|й|бы|т ньуо|ҥуу
оонньоп|пу|ту|м ньи|р|ги|тэ|н

Иньэм һэтии тэбэммитэ. Курдары, ньуоҥууну олбок иһигэр укпута. Ыраак-ыраак ыппыт «Ньаҥ! Ньаҥ!» диэн үрдэ. Һотору үөрбүтүн ньиргитэн эгэллэ. Кулаа каньаан да ама табаһыт ыт.

Кайтак ыт көмөлөһөр киһиэкэ?

76

ОГУРУО БЫТЫК

Билэгит дуо бу олоҥкону? Кэпсээҥ.

77

写真3　『ドルガン語初等読本』（1990年初版、76・77頁）
Аксёнова, Барболина（1990）

また、オグド・アクショーノワの功績としては、書法の確立、即ちドルガン語文字の作成を挙げたい。一九七三年に初めてドルガン語で作品を出版したものの、当時ドルガン語固有のアルファベットはなく、ロシア文字や一部ヤクート文字が用いられた。オグド・アクショーノワは、ドルガン語の文字を作成し、ドルガン語教育を行うべきであるという信念の下、同じ志を持つドルガン人教育者A・バルボーリナ（Анна А. Барболина）並びにV・パルフィーリエフ（Владимир Н. Парфирьев）と共に、これに取組み、ついに一九八一年にドルガン語表記法が確立された（**写真3**）。

オグド・アクショーノワは、また、ドルガン人がロシア革命前後を通してどのようにそのコミュニティのあり方を変えたのかを、親の世代から直接に聞いて育った世代にあたる。二十世紀に大きく民族の生活様式を変えた社会体制についてもオグド・アクショーノワには書くべきことが沢山あった。

(2) オグド・アクショーノワが同胞に遺したもの

二〇一七年十二月のある日、オグド・アクショーノワが一九九五年にその生涯を終えた終焉の地、極北のドゥジンカ市で二十代のドルガン人女性イリーナさんと知り合った。イリーナさんは、ドルガン語を話し、幼い子供を持つ若い母親である。日本でいえば、短大あるいは専門学校に相当する場所で学び、ドゥジンカ市内で学校の寄宿で舎監の職を得ている。

イリーナさんにオグド・アクショーノワの作品が現在のドルガン人にとってどのように受け入れられているかなどについてお話を伺った。オグド・アクショーノワについてイリーナさんは次のように語って下さった。オリジナルの詩を書いて、発表してみないか、とある人に頼まれた時のこと、ドルガン語で詩を書くと言っても、詩なんて書いたことない…と思いながら、図書館でオグドの本を何度も何度も読む日々を過ごしたが、なかなかそう簡単に詩が書けるものではない、と思い知る日が続いたある日、夢にオグドが現れたそうだ。その時、頭に詩句が浮かび上がり、目が覚めると、忘れないように書き記した。友人に見せたら、どこから引用して来たのかと疑われたそうだ。オグドが書かせたに違いない。オグドが書けと言ったのだと思った、と話して下さった。イリーナさんの日常は、夫がロシア人であること、また、居住するドゥジンカ市が都市部でドルガン人が少ないことなどもあり、ドルガン語の継承には、結果としては積極的状況にはない。しかし、オグド・アクショーノワの遺した作品群を通して、次世代のドルガン出身の子供らがたとえロシア語訳であったとしても、民族文化に興味を持ち続けている事実を語ってくれた。それが故にオグドのことを、ドルガンの人々は尊敬を込めて「ツンドラの娘、ツンドラの子」と呼ぶのだ、と。既に都市部ではドルガン語使用復活の見込みはない。それでも、そこで行われる民族言語教育においては、オグド・アクショーノワが遺したドルガン語作品を文語として使用しており、その重要であることを痛感しているそうである。

ドルガン語は、言語保持の状態をみれば、連邦崩壊後の四半世紀ですっかり衰退してしまい、特に最近の十年余で急速に話者が減少している。二〇一〇年の国勢調査によれば、ドルガン語話者数はおよそ一〇〇〇人で、二〇〇二年の調査まで少数ながらも人口の八割に近い話者数約五〇〇〇人が記録されていたことからすれば、激減と言え、言語の存続が危うい状態である。イリーナさんも完全にロシア語とのバイリンガルである。それでも、民族出身の詩人がいることにより、文学作品の中で伝承される民族の歴史、自然や社会の環境、そして、人間の機微は、彼女のみでなくドルガンの人々にとって、民族の誇りであり、よりどころである。

三、オグド・アクショーノワの作品について

オグド・アクショーノワの韻文作品のモチーフから、特徴的なものをあげるとすれば、次の四点になる。

（一）ツンドラの子としてのドルガンの習い
（二）ツンドラに育まれたドルガンの自然
（三）二十世紀のドルガン史を詠ずる
（四）人の気持ち――恋・親心・皮肉

まずは、民族に伝わる人々の生活の営みについて、その生き方を肯定的に描写し、言葉にして民族の誇りを形にするような珠玉の作品群がある。また、同じく多くの作品のモチーフとなっているのが、極北シベリアの自然風土の厳しさ、美しさ、季節の移り変わりに心を揺らす人間の詠唱を、あるときは明るく、あるときは、淡々と韻文で紡ぐ。また、彼女の作品のジャンルとして決して無視できないのは、二十世紀に北方少数民族が経験した社会体制の変革がもたらした生活の変化である。オグド・アクショーノワは、帝政ロシア時代からソビエト政権の時代になり、様々な面で変革がもたらされたドルガン人の生活を肯定的に描く。そして、飾り気がなく率直なオグド・アクショーノワその人が扱う人間の機微の描写は、民族文学の枠を遙かに越えて、普遍的な人間のあり方をみつめ、また、問いかける。

四、作品を味わう

本節では、実際にオグド・アクショーノワの作品を紹介して行きたい。原文は全てドルガン語である。和訳はドルガン語からの拙訳である。頭韻、脚韻などを踏襲できていないため、原文の味わいが大きく減じられていることをお断りしておきたい。

(1)ツンドラの子としてのドルガンの習い

子供にツンドラの民のあり方を語る詩の形をとり、ドルガンに伝わる望ましい人間像が語られる。一般にシベリアの人々には遠方から来た人をもてなしたり、厳しい自然環境を生き抜くために互助の風習があることが語られたりする。この詩でも、余所の人、年寄り、つまりはハンディのある者を思いやること、そのことが自ずから狩猟での幸運を呼び込むことを説く。

ドルガンの慣わし

一人前の男の振るまい方を
息子には教えるがよい
初めて得た獲物は
客人にまず差し出しなさい
それからその次には
年寄りに食べさせなさい
そうすればどうなるか昔から言われている
自ずから獲物がやって来て

写真4　極地夜の日中、高台からツンドラを望む（ドゥジンカ市内、筆者撮影、2017年12月）

一枚の皮を分け与えれば
やがて十枚を得る事になる
そういうふうでドルガンの民は
獲物に困ることがない

(2) ツンドラに育まれたドルガンの自然

極北に位置するタイムルの地、極地夜（十一月末〜一月半ば頃の、太陽が出ない期間を指す。終日、直接に日が差すことがないので、このように呼ぶ、**写真4**）があり、冬の長い土地ではあるが、四季折々の楽しみ、美しさをオグド・アクショーノワは沢山の詩にした。冒頭に紹介したツンドラの冬の美しさを詠ずる姿勢には、郷土への尽きせぬ愛着がこもっている。厳しい冬がやがて終わり、春の到来を告げるのは、ラジオでもテレビでも新聞でもない。流氷に乗ってやってくる春そのものである。

春

さらっぴんの橇のように
春が駆けて到着した
雪が溶けて地面がのぞいているところで
今年の鴨が声をたてて鳴いている
秋の木の葉のように
積もった雪が色あせていく
皮が剥がれるようなのは
家の周りの吹きだまり
今年初めての雨が降って
大地の乾きが癒えていく
凍てついた柳の突っ張りを
陽が照らして溶かしてゆく
白い氷は裂け目を作り

岸辺から離れていくよ
厚い氷は重なり合って
角突き合うトナカイのよう
氷はみな、海の方へ
頭をむけて流れていくよ
そうして今年の春が
のっかってやって来るよ

（3）二十世紀のドルガン史を詠ずる

オグド・アクショーノワは、一九一七年に起こったロシア社会主義十月革命により、一九二二年に樹立されたソビエト政権により、帝政ロシアの圧政とシベリア商人の搾取にあえぐ北方少数民族の社会生活環境が大きく改善されたことを肯定的に捉えていた。作品の中にも、ソビエト政権により北方で盛んに取り組まれた社会政治活動、文化活動を帝政ロシア時代の生活と比べて北方民族にとってより良い生活への変革であったことに具体的に触れている箇所も散見される。

赤い旗

人の血が変わって
青い血（やんごとない血）などなくなって
人の血がやわらいで
黒い血など消え失せた
赤い血の中には
決まって赤い旗があった
人の血が多く流れ
ソビエトの世になった
赤色チュム[1]の上には
赤い旗がはためく
この地でも太陽が顔を出すようになり
かの旗がはためいている
赤い旗の前には
人々の指導者がいた
一際目立つ川岸に
オベリスクが建てられた
波打つようなツンドラに
英雄ダンコ[2]の赤い心臓のごとく
赤い旗が上がっている
空に突き出すように

（4）人の気持ち——恋・親心・皮肉

率直な飾らない人柄のオグド・アクショーノワは、人間の不誠実や滑稽な姿をリアルに描写した作品も多く残している。

アブのさなぎ

歩き振りは颯爽としてまあ格好良く

小首をかしげておつむを持ち上げて
話す声は聞こえよく
面と向かえば愛想がよい
油のようによく滑る舌
その顔ときたら離れて見ても油色

写真5　ヘタ川流域付近（1991年8月、筆者撮影）

えらいさんに向かった日には張り切って
服の塵まで払ってあげる
自分のことは身びいきで
働かせれば随一というが
仕事ぶりには進歩なし
褒める人など誰もなし
恥を知っている人ならば
目をつむっていてもなお分かる
本を読んでいる人ならば
アブのさなぎは己にあると

学歴があっても、社会的地位が高くても、人間に大切なことはもっと別のところにあるのではないかと、考え続ける姿勢をもった詩人であったのではないかと思われる。

一方、作品には、恋の歌も少なからずある。次の詩は、「バフルガスの（唱う）歌」のタイトルのとおり、バフルガスという男性が、親方の娘と恋に落ち、結婚を意識している場面をバフルガスの側から描いた詩である。乙女の瞳の湖に「（自分が）浸る」、即ち、見つめ合ったことを表現して、シベリアの大地に点在する鏡のような湖を「借景」に一気に落ちる恋の様を美しく描いている（**写真5**）。

バフルガスの歌

遠くの方からやってきた
はるばる九つの岬をまわり
親方が我が縁の庭(3)に進み出て
踊るヘイロ（円舞）(4)の輪を作る
親方のトングスカンにほのめかし

写真6　旧ポピガイ村の夕暮れ（1991年8月、筆者撮影）

ヘイロ踊りの輪にはいり
君の瞳の作る小さな湖に
浸ったことを忘れられぬ
さて末永く君の肩にかかる白い毛(5)を
僕がきっと吹き払ってあげるから

自然風景になぞらえて、悲しい恋もまた詩に著している（**写真6**）。短い夏の日の喜びに輝く逢瀬の約束がやがて色褪せ、凍てつく思いを切なく描く。

ハートブレーク

夕べの空は絵の具を流したようで
真水のように流れてすがすがしい
あすこの草の茂った高台で
待っておいでとあの人は言った
あちらへこちらへ渡り歩く
まるで迷子のトナカイのよう
雲は空に広がっていく
まるでチュムのくゆらす煙のよう
楽しい夕べのはずだったのに
哀れ我が身と黄昏れてゆく
あの人は誰かのところに行っちゃった
あたしのハートは凍てついてしまった

最後にもうひとつ、オグド・アクショーノワが子供を慈しむ母親の心持ちを言葉にした詩を掲げたい。ツンドラ地帯で伝統的な産業であるトナカイ遊牧業、狩猟、漁撈に従事するドルガンの人々にとって、かつての衛生状態の悪さや疱瘡による一族の絶滅などを経験した先祖のことを思えば、子供が生まれ、その子供が丸々と太って栄養状態がよく元気で育つ姿は、どれほど幸せの象徴となるであろうか。ただリズムの良い可愛い詩という解釈ではとても掬い切れない思いがこもった詩であることは、「期待《のぞみ》」、即ち、「我が子が健やかに育つことこそ、我が期待《のぞみ》」という思いを一言で表すタイトルが物語っている。

期待《のぞみ》

トナ、トナ、トナカイちゃん
わたしの愛しいトナカイちゃん
わたしの愛しいトナカイちゃん
大好き可愛いトナカイちゃん
ころころ　ころりん
ころりん　まんまる
ころりん　まんまる
わたしの小さなお友達
バタバタ　バタバタしてるのは
バタバタしている小鳥ちゃん
バタバタしている小鳥ちゃん
これがわたしの期待《のぞみ》なの
愛しや、末の息子なの

ドルガン語の衰退とともに失われていくドルガンの祖先の暮らしと思いを今に伝えるオグド・アクショーノワの作品は、二十世紀という政治的にも技術的にも社会的にも変化に富んだドルガン人の生きた時代を確実に切り取り、モチーフとして言葉にする。かつて失われて忘れられていくのみであった生きた人間の心の動きを文字にして残すこと、その創作における母語の役割を痛切に知っていたからこそ、ドルガン文語の確立を唱え、成就させた。今やドルガン語そのものも消滅の危機に瀕していると言わざるを得ない。それでも、せめて作品に紡がれた言葉を、たとえ何語にとって替わられようとも、文学として残し、ドルガン人の思いを、ツンドラの豊かさを、また、人の世の移り変わりを未来に伝えることには変わりないと、オグド・アクショーノワは思っていたのではないだろうか。

注

（1）赤色チュム：ソビエト政権が北方民族の文化活動推進のために設置した文化クラブ等を指す。チュムは、北方諸民族のテント型移動式住居を指す（**写真7**）。

写真7　ヘタ村ゴロモに夏の間設営されたチュム
（1991年8月、筆者撮影）

（2）　ダンコ：M・ゴーリキーの短編「イゼルギリ婆さん」の中で、イゼルギリ婆さんが語る昔話に出てくる英雄ダンコを指すものと思われる。ダンコは、自分の赤く燃える心臓を民衆が幸福の地を探して歩む先導として差し出し、人々を幸福に導いた人物として登場する。幸福の地に到着した民衆は、すぐにこの英雄の犠牲的死を忘れたことが語られて、イゼルギリ婆さんの話は終わる。

（3）　原文では、「我の祖母の庭」。一族の者のいる縁のある土地でのことを指しているようである。

（4）　トングスカンは男性の名前。ここでは親方を差し、その娘と恋に落ちたという設定である。

（5）　白い毛：年老いてからの白髪と、毛皮のショールなどからかかる白い獣毛をかけているのかもしれない。

参考文献

Аксёнова Огдо (Евдокия) Е., (перевод с долганского языка Валерий Кравец) *Бараксан*, Красноярск: Красноярское книжное издательство, 1973

Аксёнова Огдо (Евдокия) Е., *Барган ырыалара* (*Песни баргана, долганские песни*), Красноярск: Красноярское книжное издательство, 1988

Аксёнова Огдо (Евдокия) Е., Барболина Анна А., *Букварь для 1 класса долганских школ*, Ленинград: Просвещение, 1990

バルボーリナ・アンナ（Барболина Анна А.）、藤代節（編）『オグド・アクショーノワ作品集（ドルガン語原文・和訳・露訳）』、*Contribution to the Studies of Eurasian Languages series* 第4巻、東京大学言語学研究室、二〇〇一年

Огрызко Вячеслав В. (Сост.), *Долганская Литература: Материалы и исследования*, Москва: Литературная Россия, 2009

Попов Николай А., (Перевод на долганский язык) *Марктан Үөрүүлээк Һурак* (*Евангелие от Марка на долганском языке*), Москва: Российское отделение Института перевода Библии, 1996

Семенюк Р. Г. (Сост.), *Огдо Аксёнова: Библиографический указатель*, г. Дудинка: Таймырская Окружная Библиотека, 1993

【オグド・アクショーノワ作品・原文】

МИНИЭНЭ МУОРАМ（我がツンドラ）
Аллараагы тыалынан
Аӈкаӈнаан арбаӈныыр,
Ыньыысканнаак тымнынан.
Ыыс көрдүк ыһыактыыр.
Дьэ оннук эрэ диэмэ
Дулгаанныыр дойдубун.

Үрүӈ көмүс каарынан
Үллүйэн таптайар,
Кыһыл көмүс ыйдыӈам
Каныылаһан киэргэтэр.
Талыллар тылларынан
Таптыыбын тыам һирин.

（原稿冒頭部分はここまで）

Көрүү, одуу үлэгэ
Күөрэйбит киһилээк,
Һытыы һырыыга
Һымса булчуттаак,
Муос коруур олоктоок
Мөлбөгөр муорабыт.

Кырдьагас огонньор
Кырыйдым диэбэккэ
Көп тирии копоолоок
Көтүтэн тибийэр.
Кулгаагынан кылааннаак
Кырсага ымсыырар.

Күүрэннээк ырыаны
Көтүтэн күөкэллэр,
Кулуупка киэһэннэн
Чүӈкүппэт чуорааннар
Ырыаны, баргааны
Коһуйан костууллар.

"Һэйрааны" һэргэлээн
Ньиргийэн көтөллөр,
Һалгыннаак тыалым
Һүрэкпин һымнаардар.
Дуораһыйар дьолго
Муос коруур муорага.

＊ ＊ ＊ （ドルガンの慣わし）[注]
Эр киһи быһыытын
Уол ого өйдөөтүн.

Маӈнайгы булдун
Ыалдьыкка уунун,
Онтон иккиһин
Кырдьагас һиэтин.

Оччого диэччилэр:
Булт кэлиэ бэйэгэр,
Биири түнэһэлиэӈ,
Уончаны өлөрүөӈ.

Ол иһин дулгааннар
Баар бултан маппаттар.

（注）原文は無題

ҺААС（春）

Һабыс һаӈа һыргалыы
Калыйан кэллэ һаас.
Кадьырыкка карааарчы
Лаглыгырыыр каас.

Күһүӈӈү һэбирдэктии
Кагдарыйда каарбыт,
Һоролоон баранна
Дьиэ һага һобуойбут.

Маӈнайгы һамыыртан
Һир утагын канна,
Тоӈ талак иэнин
Күн тыган ириэрдэ.

Үрүӈ буус үлтүрүйдэ
Кытылга һыгаллан,
Калыӈ буус кайынна
Таба көрдүк карсан.

Байгал диэк бары буус
Бастанан уһунна,
Ону кытта һаӈа һаас
Мэӈэстэн барыста.

КЫҺЫЛ ФЛАГ（赤い旗）

Киһи каана уларыйан
Көүк каан буолбат,
Киһи каана кубарыйан
Кара каан буолбат.

Кыһыл кааӈӈа колонон
Кыһыл флаг буолбута,
Каан токтон, каан устан
Советскай турбута.

Кыһыл чуум үрдүгэр
Кыһыл флаг даайбаата,
Күммүтүн көрсүһэн
Ити флаг һапсыйда.

Кыһыл флаг иннигэр
Дьон баһын уурбута,
Көстүүлээк кочого
Обелиск турбута.

Долгуннаак муорага
Данко һүрэгинии
Кыһыл флаг күөрэйдэ
Каллааӈӈа кыһайы.

КҮЙҮКТЭЛЭЭК КИҺИ（アブのさなぎ）

Каамара боскуойа мөлбөйөн,
Кыннагар мэниитин контотон
Кэпсэтэр куолаһа налбиӈныыр,
Киһини көрүстэ күлүннүүр.

Һыа көрдүк һаӈатын уһааран,
Һырайа ыраактан һаһаран.
Тойоӈӈо ньылгааран тэртэйэр,
Түүнү таӈаһыттан илбийэр.

Бэйэтин бараксан кайганан,
Бастыӈ үлэһит ааттанан.
Үлэтин үппүтэ көстүбэт
Үчүгэй һуобаһа биллибэт.

Һаатар һуруксут ирээти
Карага аппат ол ааты,
Кинигэни аагара өбүгэтэ,
Күйүктэлээк кубулгат бэйэтэ.

БАҺЫРГАС ЫРЫАТА（バフルガスの歌）

Ыраак һиртэн ыран кэлэн,
Тогус, тогус тумустардаак,

Тойоно эбэм тиэргэнигэр,
Һиэлэ турар "һэйруочааҥҥа".

Тоҥускааҥҥа тааттараммын,
Тэйитэммин киирэн истим.

Көлүйэ көрдүк карактаргар,
Умсаактыырбын умнубаппын.

Уһун үйэбэр үрүҥ түүнү,
Үрдүгүттэн үрэ һылдьыам.

КОМОЛТО（ハートブレーク）

Киэһээҥҥи ойуулаак каллааммыт
Олус да уу көрдүк чумпурбут.
Ол үрдүк күөк оттоок кайага
Көһүтээр минигин диэбитэ.

Чомчортон, чомчорго һылдьабын,
Тулаайак тугуттуу этэбин.
Каллааҥҥа былыттар көптүлэр,
Үөлэстии бүрүйэн һаптылар.

Каариэннаак дьэртэгэр киэһэбит
Мин көрдүк караарчы комойбут.
Догорум барбыта атыҥҥа,
Һүрэгим буус көрдүк кайынна.

ЭРЭБИЛИМ（期待《のぞみ》）

Тугу-тугу тугуккааным,
Тугуккааным тукуруйан,
Тугуккааным тукуруйан,
Һэгэркээним, һэгэркээним.

Чэкээ-чэкээ чэкэрийэн,
Чэкэрийэн чэнкэннээктээн.
Чэкэрийэн чэнкэннээктээн.
Догоркоонум, догоркоонум.

Чоргуу-чоргуу чоргуйаактаан,
Чоргуйаактаан чыычааккааным.
Чоргуйаактаан чыычааккааным.
Эрэбилим, эрэбилим,
Муҥ ылгын уолкааным.

スィニャ・ハンティの年金生活者の生業活動とその役割

大石侑香

おおいし・ゆか——日本学術振興会特別研究員PD。専門は社会人類学。主な論文に「西シベリア森林地帯における淡水漁撈とトナカイ牧畜の環境利用」（高倉浩樹編『寒冷アジアの文化生態史』第四章担当、古今書院、二〇一八年、七〇—九一頁）、“Disappearing White Fish and Remaining Black Fish in the Lower Ob’ River and Its Tributaries: Conflict over the Use of Fish Resources between Indigenous People and Non-locals.” Veli-Pekka T. and Tabata, S. (ed.) Russia's Far North: The Contested Energy Frontier, England and Wales: Routledge, pp. 173-188, 2018.、「動物の毛皮を剥いで着るということ——北ハンティの毛皮衣服着用の審美性と神聖性」（『Contact zone』vol.9、二〇一八年、三〇四—三三〇頁）などがある。

本稿では、西シベリアのスィニャ・ハンティの年金生活者の生活と生業活動の実態を明らかにし、地域社会における彼らの役割を考察する。年金生活者は川沿いの集落で淡水漁撈を行い、余剰をトナカイ牧夫や村に暮らす子供や親戚に与え、代わりに彼らからトナカイ肉や毛皮、労働力等を得ている。そして、彼らのこの個人的な生業活動と贈与・交換によって地域全体の食糧が補われていることを示す。

一、北方少数民族の年金生活者

はじめに——フィールドワーク計画の失敗と年金生活者夫婦との出会い

本稿の目的は、筆者が西シベリアで行った現地調査に基づき、北方少数民族のひとつであるハンティの年金生活者の生活と生業活動の実態を明らかにし、地域内における彼らの役割を考察することである。まず、筆者がこの課題に関心をもった経緯から説明していきたいと思う。それは筆者のフィールドワーク計画の失敗から始まる。

二〇一六年九月に筆者は西シベリアのスィニャ川（р. Сыня）（**図1**参照）周辺のハンティ（Ханты）のトナカイ牧畜の調査をするために、彼らの宿営地に行く計画を立てた。

ハンティは、西シベリア低地のオビ川中流域の森林地帯に居住する北方少数民族のひとつである。彼らの一部はオビ川の第一支流であるスィニャ川流域にまとまった川筋集団を形成して暮らしている。スィニャ川はヤマル・ネネツ自治管

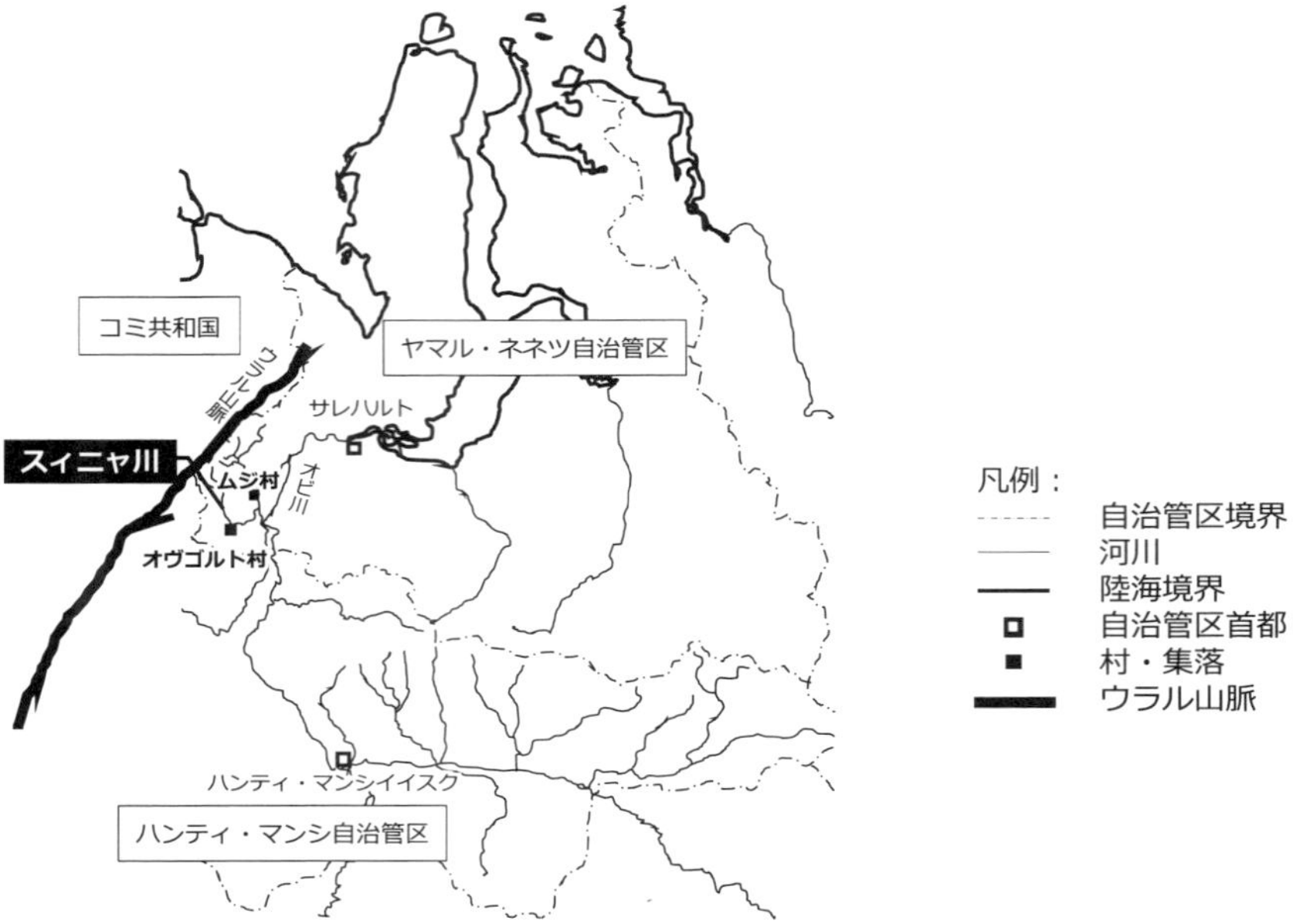

図1　スィニャ川の位置（筆者作成）

区（Ямало-Ненецкий автономный округ）のシュルイシカル地区（Шурышкарский район）に位置する。ウラル山脈から流れる「湿ったスィニャ」川（р. Мокрая Сыня）と「乾いたスィニャ」川（р. Сухая Сыня）が合流してスィニャ川となり、小オビ川 р. Мал. Обь に注ぐ。その全長は約二二〇キロメートルである。

この地域のトナカイ牧夫たちは、冬季はスィニャ川下流の低地に宿営地を設ける。彼らは春になるとスィニャ川を遡るようにして移動し、ウラル山脈を登る。ウラル山脈山上の標高は約九〇〇～一五〇〇メートルであり、山頂は夏でも雪が溶けずに残るため、トナカイは雪の上で涼むことができるからだ。また山頂は風通しが良く、蚊も少ない。九月になり、暑さが和らぐと、トナカイはウラル山脈を越えてコミ共和国（Республика Коми）側に少々下り、そこに繁殖するキノコを好んで食べる。牧夫たちの宿営地もトナカイを追って移動していくため、九月にはウラル山脈の向こう側に宿営地を設ける。

筆者はその年も同様の季節移動をしているだろうと思い、案内人を雇い、スィニャ川を船外機付きボートで遡り、行けるところまで上流に行き、そこから徒歩でウラル山脈を越えようと出発した。

しかし、この計画は失敗した。川の水深が浅く、ボートの底が擦れてしまうほどだったため、スィニャ川からさらに上

集落名	氏族名
オヴゴルト	– ムルキヌィ
ヌィム・ヴォッシュ・ゴルト	– マカロヌィ
ヴィト・ヴォッシュ・ゴルト	– クルチャモヴィ
オヴォルィン・ゴルト	– ロンゴルトゥヴィ
ロラ・ゴルト	– ヴァリガモヴィ
ホルプン・ゴルト	– プグルチヌィ
ティルティン	– タリギヌィ
ムヴ・ゴルト	– ロンゴルトヴィ
イェヴリ・ゴルト	– イェプリヌィ
ソヴィルカ	– トゥィリコヴィ

図2　スィニャ川沿いの集落（オヴゴルト村郷土博物館展示地図をもとに筆者作成）

流の「湿ったスィニャ」の河口まではとてもボートで行けそうになかったからだ。筆者の聞き取りによれば、スィニャ川の水量は五月の雪解け後の六月〜七月に増大し、八月〜十月に急激に減少する。一番水深の深いときと浅いときでは、スィニャの中流域では約五メートルの差がある。

落胆したものの残りの調査期間は一ヶ月弱あったため、徒歩で宿営地まで行こうと案内人に代案を出した。しかし、八月下旬から小雨と濃霧が続き、地面がぬかるんでいたという理由で、彼のほうがすっかりあきらめてしまった。仕方なく、筆者は調査対象をトナカイ牧畜から漁撈に変更した。スィニャ川沿いには転々と小さな集落があるため、そのひとつのティルティン（Тильтим）という場所に滞在して調査することにした（**図2**参照）。ティルティンはオヴゴルト村から約一三〇キロメートルの場所に位置する。そこで筆者がお世話になったのが、後述する年金生活者夫婦のニコライ・タリギナ世帯（仮名）だった。彼らはソ連時代から国営農場で漁業に従事し、その後公営化した農業企業で同様に漁業を行った。定年退職後はティルティンに暮らし、漁撈を中心とした生業活動を行っている。そして、調査の中で川沿いの集落に常住する者のほとんどが、彼らのような年金生活者であることが分かった。

川沿い集落の年金生活者たちは住居の周辺の環境を利用し、

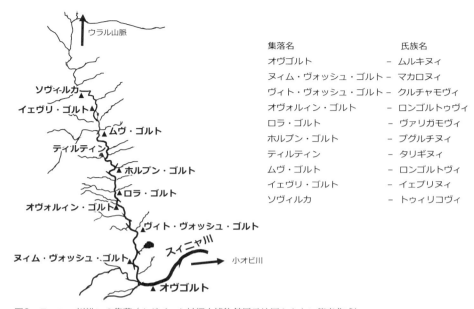

漁撈、トナカイ飼育、狩猟採集、家庭菜園を行って生計を立てていた。このように書くと、森の中でひっそりと自給自足に近い生活を送っているように思われるかもしれないが、実際には、頻繁に人々が彼らのところに来訪し、また彼ら自身も頻繁に移動していた。よくよく観察すると、村に暮らす子供や親戚たちが彼らを訪ねたり、隣人たちも立ち寄ったりする際に、生産物の魚と様々なモノの物々交換や労働力、情報の交換等が行われていた。彼らを訪ねる人のなかには魚をもらう目的で来訪する者も少なからずいることが分かった。スィニャでは住民は誰でも漁を行ってよいはずであるのに、なぜ年金生活者のところに魚をもらいに来るのか。こうした賃金労働退職後の個人的な生業活動や物々交換は地域社会において何らかの役割があるのだろうと仮定し、この課題を調査するに至った。

(1) なぜ年金生活者に注目するのか

先行研究においてもこの課題を位置づけてみたい。ソ連崩壊後のシベリア北方少数民族の経済活動について、国営農場の民営化・公営化や漁撈・トナカイ牧畜の脱集団化、資本主義化過程に関して集中的に研究がなされてきた。そうした研究のなかで、主要産業ではなく、あえて年金生活者の年金や彼らの生活実態、あるいは無職の若者の個人的な生業活動に注目しているものも散見できる。そのひとつに、佐々木史郎による河川漁撈を中心に行うナーナイのポスト社会主義以降(二〇〇〇年以降)の生活実態についての分析がある。(1) この論文は、ウリカ・ナツィオナーリナエ村という「僻地」の村落の人々がどのように社会主義国家とその後の影響を受けつつ暮らしてきたかについて歴史的文脈から分析している。そのなかで彼は、ソ連崩壊後に村から産業がなくなり、若者は比較的アクセスしやすい都市部に移住するようになったが、それでも村人口は大きく減っていない理由について考察している。彼はその理由として、年金生活者の年金と出稼ぎ家族からの仕送り、および若者による狩猟と漁撈、それが可能な自然環境とが、ポスト社会主義以降の彼らの生活を支え、村に住み続くことが可能にさせている点、村落への愛着が大きい点を指摘した。

本稿でとりあげるスィニャ地域も河川漁撈が行われており、都市部とは離れた「僻地」に位置し、農業企業に勤める者が一部いるものの、その本拠地は撤退している。このことから、スィニャ・ハンティをウリカ・ナツィオナーリナエ村の人々との事例と似たポスト社会主義以降を歩んでいると予想される。異なる点は、スィニャ・ハンティの場合、年金生活者は彼らの年金や住まいだけでなく、生産物も地域の中で重要な役割を果たしていそうな点である。そこで、スィニャではどのような自然環境と社会的背景があり、その中で年金生活者がどのような生業活動と交換を行っているのかについて詳しく見ていきたい。

(2)本稿の構成

以下、まず、スィニャ地域の居住形態および公営農業企業(МУП СХП)におけるハンティ等の職業牧夫や職業漁師の仕事について、元/現トナカイ牧夫・漁師等へのインタビューおよび参与観察より得たデータをもとに概観する。次に、このような居住形態と職業牧夫と漁師の季節移動において、川沿いの集落の年金生活者たちは、職業トナカイ牧夫や職業漁師、オヴゴルト村の人々とどのようにかかわっているのか、筆者が主に滞在したティルティンの事例をあげて考察する。なお、本稿で検証する資料は、筆者がシュルィシカル地区において二〇一六年三月と九月および二〇一七年二月に行ったフィールドワークで収集したものである。なお、このティルティンの夫婦はソ連時代とその後をとおして漁師およびトナカイ牧夫の両方として働き、定年退職後に集落に常住して年金生活を送るという点で、この地域のごく一般的な年金生活者世帯とみなすことができると考えた。

二、スィニャ・ハンティの職業牧夫と職業漁師

(1)スィニャ・ハンティの居住形態

ヤマル・ネネツ自治管区全体人口のうち北方少数民族の占める割合は数パーセントであるのに対して、スィニャ川流域では北方少数民族の方が多数を占めている。スィニャ川流域には合計一五二七人が居住しており、そのうちハンティが一一一七人、コミが二〇九人、ロシア人が一一二人、ネネツが三十五人である。[2] もっとも人口が大きいのは、オヴゴルト村であり、ここには約一〇〇〇人が暮らしている。スィニャ川の上流から下流に沿って十集落が存在し、基本的には一集落に一クランが居住していた(**図2**参照)。

オヴゴルト村には村役場、病院、寄宿可能な幼稚園、義務教育までの学校、日用品と食品の商店、発電所、ヘリコプターの発着場、パン工場がある。このシュルィシカル地区では、ソ連時代に国営農場(ソフホーズ)だった組織が、ソ連崩壊後に公営化して農業企業となった。オヴゴルト村にも九〇年代半ばまで農業企業があったが、現在はない。オヴゴルト村の上位行政単位であるシュルイシカル地区の中心行政村であるムジ村(**図1**参照)の農業企業が管轄している。このムジ村からオヴゴルト村までは一二〇キロメートルの距離が

あり、ヘリコプターや車、船外機付きボート等で往来できる。

筆者の聞き取りによれば、スィニャ川沿いの各小集落には数名――多くても二十人弱が常住している。例えば、ティルティンには十軒の家屋が建っているが、そのうち常住している世帯は三世帯（六名）で、ヴィト・ヴォシュ・ゴルトには八軒の家屋があるが、常住世帯は二世帯（四名）のみであった。常住していない家の所有者は普段は村や町に暮らしており、ときどき集落にやって来る。反対に、常住者が年金の受け取りや通院、孫の世話等のためにオヴゴルト村やムジ村に行くことも珍しくない。

川沿いの集落の住民たちは、漁撈や狩猟、小規模の家畜飼養を営んで生活の糧としている。年金を使ってオヴゴルト村でパンやガソリンなどを購入するが、その他の食糧は周りの自然から得ている。調理や暖房用の燃料には周辺の森で調達した木材を利用する。家屋の素材も周辺の森から獲得しており、家の形態は丸太をくみ上げた間仕切りのないログハウスである。

川沿いの集落の人々は、村から離れた場所に暮らすからといって周囲から隔絶されているわけではなく、村と集落の間を頻繁に移動する。交通手段には、春から夏にかけては小型のボートを使用する。冬季には川が凍るので車やスノーモービルで上流に行くことができる。解氷時期と結氷時期を除いて、この川は地元の人々にとって重要な道路となっている。また、通信の点でも村や都市やメディアと完全に隔離されているわけではない。自治管区行政が各集落に公衆電話を設置したため、テレフォンカードがあれば通話も可能である。家庭用の小型発電機を置いている世帯もあり、灯りをともしたりDVDや衛星テレビを鑑賞したりすることができる。一方、ガスや水道は整備されておらず、また、携帯電話やインターネットも使用できない。

(2) 国営農場から公営農業企業へ

次に、スィニャ地域のソ連崩壊にともなう脱集団化における住民の生活と生業の変化について概観する。

すでに述べたように、シュルィシカル地区ではソ連崩壊後集団農場が公営化し農業企業となった。スィニャ・ハンティはソ連時代の働き方を継続して、それぞれトナカイ飼育業や漁業に従事し続けることになった。現農業企業に所属する職業牧夫はトナカイ飼育を、職業漁師は漁撈をそれぞれ異なる場所で営んでいる。二〇〇〇年代半ばまでオヴゴルト村にも公営農業企業があったが、ムジ村の公営農業企業に統合された。この社長への聞き取りによれば、国営農場から公営化への過程が比較的滞りなく行われたため、上層部管理職は交代したものの、漁撈やトナカイ牧畜に従事するハンティ等の仕事内容に変化は少なく、従業員もそのまま農業企業に残った。公営化の影響や変化について、元／現従業員たちは「国営農場から農業企業になっても、何も変わっていない」（一九六〇年代生まれのハンティ男性、元職業漁師、現年金生活者）、「給料が減ったという変化はあったが、仕事内容は同じ」（一九七〇年代生まれのハンティ男性、現職業トナカイ牧夫）、「社長が変わっただけ」（一九七〇年代生まれのハンティ男性、現職業漁師）と言う。したがって、元現従業員らは、報酬額と組織が変わったものの、ソ連時代の漁活動や牧畜活動といった仕事内容自体は現在とあまり変わらないとみなしているといえるだろう。

(3) 職業牧夫の生産活動

ムジ村の農業企業は六つのトナカイ飼育班を持っている。ひとつの飼育班は、数名のトナカイ牧夫と炊事係、畜産技手とトナカイの群れで構成されている。炊事係は牧夫の妻であることが多い。ムジ村公営農業企業に所属する飼育班は六班ある。一飼育班あたり、それぞれ一〇〇〇から三〇〇〇頭を飼育している。その大半は農業企業所有のトナカイであるが、牧夫や村や集落の人々の個人所有トナカイも群れに混ぜている。職業トナカイ牧夫たちは一年を通して天幕で移動して放牧活動を行う。彼らはオビ川西岸の支流に広がる低地とウラル山脈という高低差を利用した長距離季節移動を行っている。その移動距離は年間約四〇〇キロメートルである。

ここでは、筆者が第五飼育班に対して行った季節移動に関する調査結果を示す。この飼育班の構成は、牧夫五人、炊事係四人、家畜医一人、トナカイ約一四〇〇頭、牧畜・狩猟犬数匹、天幕二つである。すでに冒頭で述べた通り、オヴゴルト村近くの冬の宿営地に十一月〜三月いっぱいまで暮らし、四月から凍ったスィニャ川の上を上流方向へ遡る。その後、ウラル山脈のほうへ向かい、山の手前の平地でトナカイの出産時期（五月）を迎える。仔トナカイが山を登ることができるまで育つと、ウラル山脈を登り始める。冒頭ですでに述べたように、七月〜八月は、山頂で過ごし、九月になると、ウラル山脈を越えて中腹まで下ったところで過ごす。九月下旬から同様の経路を戻り、十月には冬営地近くの一斉屠畜場に到着する。そこでトナカイを数えるために一頭ずつ入ることのできる入り口を狭くした柵を設ける。個体数を把握し、農業企業で決められた数の肉と毛皮と角を農業企業に納める。第五飼育班の牧夫らによれば、この移動ルートは毎年同じで、ソ連時代の国営農場時代から変化はない。筆者の聞き取りによれば、野生も家畜も群れ自体が毎年そのように季節移動する。このことから、オビ川に広がる低地がトナカイの冬のホームレンジであり、ウラル山脈頂上が夏のホームレンジとなっていると推察できる。

このように、飼育班は毎年春と秋にスィニャ川沿いをたどるようにして夏・秋の宿営地に向かう。その際に彼らはスィニャ川沿いの集落に立ち寄り、物々交換や情報交換をする。異なるいくつかの飼育班を経験した牧夫への聞き取りによれば、第五飼育班以外の五つの飼育班も同様に、オビ川に注ぐ川を遡るように移動し、同じように親戚たちが川沿いの集落に住んでおり、彼のところに立ち寄りながら夏・春の宿営地に移動する。

(4)職業漁師の生産活動

スィニャのハンティの漁活動には二つ種類あり、ひとつは農業企業の職業漁師による漁業で、もうひとつは集落と村人による自家消費のための個人的な漁撈である。年金生活者の漁は後者に含まれる。農業企業の職業漁師の生産活動に関して整理し、彼らの漁業が自家消費の漁撈とは異なる点を示す。

職業漁師は、決められた場所で一定期間漁に従事し、獲得した獲物をすべて所属する農業企業に納めている。彼らはスィニャ川漁を行うのではなく、小オビ川や大オビ川付近へ漁業に出かける。具体的には、職業漁師は六月に農業企業が定めたそれぞれの担当場所にボートで出かけ、八月末にオヴゴルト村に戻る。就学中の漁師と牧夫の子供達は早めに夏休みに入ることができるので、漁師夫妻だけでなく、家族総出で漁にでかけることもある。六月初めから八月末まで川岸に建てた天幕や小屋で暮らして漁に従事する。獲得した魚は各川辺に設置されている貯蔵庫に入れておく。後に、冷蔵庫を積んだムジ村の農業企業の船がそれを回収しに来る。職業漁師はオヴゴルト村や集落に一軒家を所有しており、漁の期間以外にはそこで暮らしている。ある元漁師のハンティ女性(一九六〇年代生まれ)は、「それぞれの家族で決められた場所があって、夏のあいだじゅう、子どもたちも一緒に家族みんなでそこへ漁に行った。食べるものや衣服も六隻のボートにのせて漁へ行き、移動先では小屋や天幕に住んだ。トナカイ牧夫も移動するけれど、漁師も彼らみたいに移動する」と言い、職業漁師の移動性を強調した。

筆者の聞き取りによれば、農業企業の漁は夫婦・家族以外にもイトコ等やその他二~四名で行われる。船外機付きボートあるいはそれよりも大きな漁船を使用し、川岸から中央にかけて流れに対して刺網を直角に流し、流れてゆく網を岸のほうにまわし寄せて引き上げるという方法で行われることが多い。

以上のように、スィニャの農業企業における職業牧夫と職業猟師の生産活動の場所および生産活動主体は重なっていない。それぞれが牧畜業と漁業に専業しており、分業している。ここで確認したいのは、農業企業の漁業がトナカイ牧畜とは離れた場所で行われ、トナカイ牧夫との物々交換が不可能という点である。対して、次に検討するスィニャ川沿いの定住集落に住む年金生活者は、漁撈と狩猟採集、家庭菜園、委託トナカイ牧畜を複合的に営み、トナカイ牧夫との物々交換関係がある。次節では、この川沿いの集落の個人的な生業活動を検討する。

三、川沿い定住集落における生業複合

(1)漁撈

筆者の聞き取りと観察からは、スィニャ川沿いの定住集落には、主に農業企業を退職してすでに年金生活者となっている者が住んでいることが分かった。彼らはスィニャ川で漁撈を行い、森で鳥獣を狩猟し、ベリーや木の実等を採集し、所有するトナカイやウマを職業牧夫に委託飼育している。職業トナカイ牧夫の場合、牧夫は五十歳、その妻(炊事係)は四十五歳で、職業漁師の場合、男性は五十五歳、女性は五十歳で年金生活者になることが可能である。筆者の聞き取りによれば(二〇一六年九月)、トナカイ牧夫の給与は月一万四〇〇〇ルーブルであり、元牧夫の年金額は月あたり九〇〇〇ルーブルである。オヴゴルトの平均的な月収入は三万三〇〇〇ルーブルであり、牧夫らの報酬は比較的低い。以下、ヴィト・ヴォッシュ・ゴルトとティルティン、ロラ・ゴルト、イェヴリゴルトの居住者へのインタビューにより、彼らの季節的な生業活動をまとめる。

解氷期と結氷期で氷塊が流れてくるときと氷が薄くて危険なとき以外ならば、スィニャ川では年間を通して漁撈を行うことは可能である。ただし、季節によって捕獲できる魚の種類が異なる。サケ科コレゴヌス属の塑河性の魚(いわゆるホワイト・フィッシュ)などは八月から十一月にかけて卵を抱えて順々にスィニャ川を遡上する。それ以外にも六月にはカワスズキがとくによく獲れ、カワカマスは一年中網にかかる。川が凍結していない時期はボートで刺網漁や流し網漁を行う。ヤーマ яма(ロシア語で「穴」を意味する)といわれる川底の深くなっている場所に刺網を渡す(**図3**参照)。筆者の聞き取りによれば、深いヤーマは水深二〇メートル以上にもなる。ヤーマにはさまざまな種類の魚が集まり休憩しているため、ここで魚をたくさん獲ることができる。

筆者の聞き取りによれば、隣接する他世帯の網と七〇メートル以上の間隔をとらねばならないというスィニャ地域独自のルールがあり、それさえ守れば、地元の住民は網を川のど

ここにでも設置することができる。こうした漁場は一世帯や個人で排他的に利用されるのではない。筆者の観察では、ある日はA世帯、別の日はB世帯が使用するというように、ヤーマは非排他的に扱われていた。しかし他世帯の仕掛けた網を勝手に引き上げて獲物を横取りすることは、たいへん不徳な行為とされている。以上のことから、網に対しては明確な所有が認められるものの、網を仕掛ける場所についてては非排他的といえるだろう。

図3　スィニャ川のヤーマにおける刺網漁（2016年9月、スィニャ川において筆者撮影）

集落の人々はいくつかの刺網漁の方法を用いる。筆者が観察したものでは、刺網を数分のあいだ川の中央で流す方法や、岸辺から網を張って固定し、三十分程度放置するという方法がある。後者では、夫婦で船外機付きボートに乗ってそのときどきで決めた漁場に行き、二、三箇所に網を張る。両者とも縦横五センチメートルの網目の刺網を使用する（**図3**参照）。夫婦のどちらか一方がオールでボートを後退させつつ、もう片方が網を静かに下ろす。そして網を固定した後は、さらにもう一か所で網を仕掛けるか、岸にあがってシラカバの皮やベリー、代用茶（イヴァン茶）を採集して過ごす。ある年金生活者夫婦は、この漁の方法では、二人分の二、三日の食糧を獲ることができる。そのため、彼らは二、三日おきに漁に行くと言っていた。かわって、川が凍結している時期には、川の氷の上に穴を三か所あけ、数十メートルの刺網を水の中に張る。この場合は、二、三日網を放置してから、引き上げる。

（2）トナカイの委託飼育

スィニャ川沿いの集落にも、個人でトナカイを所有している者がいる。前節で詳述したとおり、トナカイの夏のホームレンジはウラル山脈の頂上と考えられる。そのため、川沿いの集落の住人やオヴゴルト村の人々はトナカイ飼育を専業牧夫に委託する。通年飼育委託している者もいれば、飼育班がウラル山脈に行く四月末から十月までだけ飼育委託し、飼育班がスィニャ川の平地へもどってきたときだけ自分で飼育する者もいる。ヴィト・ヴォシュ・ゴルトのある世帯は元職業トナカイ牧夫であり、五十頭の個人所有トナカイを持っている。彼は、自分の集落から二〇キロメートルくらいの範囲で群れを放牧している。好きなときにトナカイ肉を利用したいと考える他の集落やオヴゴルト村の者は、冬のあいだ彼に自分の個人所有トナカイを預ける。一方で、別のある年金生活者への筆者の聞き取りでは、飼育委託したきり一度も自分の個人所有トナカイと会っておらず、それらが今どのような様子か、仔を産んで増えてどのくらいの数になっているか、分からないという者もいた。彼は肉が必要なときに随時委託している牧夫に連絡し、集落まで運んでもらうようにしている。

(3) 狩猟と家庭菜園

川沿い集落の年金生活者たちは、漁と委託家畜飼育だけでなく、銃と罠を使用した狩猟を行う。筆者の聞き取りによれば、集落の住民は自ら積極的に狩猟に出かけるのではなく、森に罠を仕掛けて放置するか、自宅の周りに鳥獣が来た場合、あるいはボートで漁に出かけたとき、ベリー類やシラカバの皮を採集しに森に入ったときに偶然出くわした動物を狩る。ソ連時代には獣の毛皮を国営農場が買い取っていたため、積極的に森の中に宿営してリスなどをとっていたが、現在は毛皮のためにあまり積極的に狩猟しない。

また、住居のそばでジャガイモ栽培を行う。村や集落での聞き取りによると、収穫量は安定していないようである。収穫量が少ないときにはひと冬分にもならないときもある。例えば、筆者が二〇一六年九月にティルティンのニコライ・タリギナ世帯に滞在したとき、ちょうどジャガイモの収穫が行われていた。この世帯ではその年の六月にはじめてジャガイモを植えた。四メートル四方の畑での収穫は、五〇キログラムの小麦粉袋に半分弱であった。ジャガイモは大人の女性の握りこぶしの半分くらいの大きさであった。しかし、九月には筆者を含めた客人が多く滞在し、またネズミの被害にあったため収穫から一か月程度で食べきってしまった。

以上のように、年金生活者たちは各生業を複合的に営み、パンやお茶以外のものをまわりの自然環境から得ている。トナカイ牧畜は委託であるし、狩猟には積極的でなく、家庭菜園も小規模である。生業複合といえども漁撈活動にもっとも時間を割いているが、それでも毎日行うわけではない。彼らのこのような経済的・時間的余裕が次に説明する魚の交換システムをなりたたせているひとつの要因だと筆者は考える。

月	日照時間	平均気温 min./max.(℃)	漁撈	狩猟	採集	家庭菜園	家畜飼養
1		-26.6 / -17.7	氷下刺網漁(カワカマス、カワスズキ、ホワイトフィッシュ等)	罠と猟銃による狩猟(クズリ、アカキツネ、ホッキョクキツネ、ミンク、テン、ノウサギ、リス、ライチョウ類等)			個人所有トナカイとウマを職業トナカイ牧夫や親戚に委託飼育
2		-25.7 /-16.2					
3		-18.6 /-7.0					
4		-10.7 / 0.0	解氷期				
5		-2.7 / 7.1	ホワイトフィッシュ刺網漁 湖でのフナ刺網漁 カワスズキの釣魚				必要な時に委託先からトナカイを戻し、屠畜
6	21h 50min.	5.6 / 16.1			ベリー類	ジャガイモ植え付け	
7		10.6 / 21.					
8		7.2 / 17.1	8月中旬から11月末まで塑河魚(ホワイトフィッシュ等)の漁規制	罠と猟銃による渡り鳥狩猟(ガン・カモ等)		収穫	
9		2.3 / 10.4			松の実、イヴァン茶、キノコ類		
10		-6.2 / 0.4	結氷期				
11	3h 45min.	-17.3 / -9.2					委託飼育
12		-23.2 / 14.6	氷下刺網漁				

図4　ティルティンの生業暦（出典：ニコライ氏（仮名）からの聞き取りをもとに筆者作成）

四、スィニャ地域の食を補う年金生活者の漁獲

(1) 職業トナカイ牧夫と年金生活者の肉と魚の交換関係

すでに述べたとおり、スィニャでは、職業漁業と職業トナカイ牧畜業は分業している。しかし、職業牧夫と年金生活者のあいだにはまったく経済的な関係がないわけではない。例えば、一九九二年〜二〇〇一年にウラル沿いのハンティの生業(特にトナカイ牧畜)について調査したZ・I・ランディモヴァは次のように記している。

冬には通常、ある夜に魚を茹でたら、次の日の夜には肉を茹でる。秋にトナカイ肉と魚を交換した。トナカイ一頭に対して、四〇匹のナリムあるいは三袋のホワイト・フィッシュを交換した。干し魚と魚油についても前もって話し合っておいた。(3)

筆者の聞き取りにおいても同様の交換関係がうかがえた。ここでは、スィニャにおける職業トナカイ牧夫と年金生活者のあいだの魚と肉の交換関係の内容をより詳細に示したい。夏の宿営地は漁撈を行うことが可能な環境であるが、彼らは牧畜活動に専念するため自ら漁撈を行うことはあまりない。代わりに、スィニャ川沿いの集落に住む親戚たちから魚をもらっていることが明らかになった。牧夫らはトナカイの肉や毛皮を集落の親戚に与えている。筆者の聞き取りによれば、ニコライ・タリギナ世帯は、毎年一トン以上の魚を第五飼育班の牧夫に与えている。宿営地では人間だけが魚を食べるのではなく、牧畜犬も魚を食べる。ひとりの牧夫は複数匹のイヌを所有しているため、それらの餌のためにも魚が必要である。かわって集落の者も毛皮衣服や敷物を作るためにトナカイの毛皮が必要である。

第五飼育班の牧夫は毎年、春と秋の移動の際にニコライの集落に立ち寄る。彼らはスィニャ川を遡るようにして冬から夏の宿営地へ向かう。ニコライ曰く、牧夫たちに渡す魚をあらかじめ用意しておくが、どのくらいの分量の魚を渡して、どのくらいトナカイの肉や毛皮をもらうのかはとくに決めていない。貨幣を介さず、そのときどきで牧夫が必要な分だけ渡し、牧夫が置いていく分だけの肉や毛皮を受けとる。ニコライは「牧夫は何も置いていかないことはない。必ずいくらかの肉や毛皮を置いていく」と言う。牧夫はウラル山のほうに登った後でも、魚が必要となれば夏に何回かニコライの住む集落までやって来る。また、彼はこのような交換は主に、親戚とのあいだで行われていると言う。交換関係のある範囲は、筆者の聞き取りによれば、親子孫、兄弟、イトコ、兄弟

姉妹の配偶者、オジとオバであり、トナカイの委託飼育関係とも重なる。

（2）オヴゴルト村・ムジ村の人々との魚の贈与・交換

また、川沿い集落の年金生活者らはオヴゴルト村の人々（農業企業労働者含む）にも魚を与えることがある。川沿い集落の年金生活者らは、オヴゴルト村に住む彼らの子供たちに魚を渡し、かわりにさまざまな生活のための援助を受ける。

図5　ティルティンを訪れたニコライの息子と孫（2016年9月、ティルティンにて筆者撮影）

ニコライの場合は、筆者の滞在した九月に訪ねてきたオヴゴルト村で暮らす長男夫婦に二〇〇キログラム程度（ニコライの目算の数値）の魚を村に持ち帰らせた。長男家族はこれを冬のあいだの食糧とする。しかし、二〇〇キログラムがすべて彼らの食糧となるわけではない。彼らは、魚を得るすべのない村の誰かしらに魚を分け与える。長男夫婦は対価として現金やそのほかのモノを得る。ニコライによれば、オヴゴルト村の人々は上流の集落に家族や親戚が住む者のところには魚があると分かっているため、商店よりも安く新鮮な魚を得ようと長男夫婦に頼む。長男らは魚を得るが、ニコライの家の衛星テレビの使用料や家庭用発電機の燃料の一部、パン代の一部を支払っている。

もうひとつ事例はムジ村との関係である。ヴィト・ヴォシュ・ゴルトに住居を構えるある男性は、家族とムジ村に常住し役場の仕事に従事していた。筆者の調査時には無職となっていたため、暇を利用してヴィト・ヴォシュ・ゴルトに行き、漁撈を行い、ムジ村の家族や親戚と飼い猫のために一冬分の干物を作っていた。彼は船外機つきのモーターボートを所有するため、頻繁にムジ村とスィニャのあいだを移動できる。

以上のように、定住集落に住み漁撈を行っている元漁師や元牧夫の年金生活者と現役トナカイ牧夫とのあいだには魚とトナカイ肉・毛皮の交換関係と親戚関係が成り立っている。スィニャ川が流れる低地とウラル山脈という二つの異なる地形において、トナカイ牧畜と漁撈を分業しているものの、肉・毛皮と魚の交換をすることで、両者の食料が補完されている。さらに、頻繁に漁撈ができるわけではない、第一次産業以外に従事するオヴゴルト村の人々に対しても魚を分け与えることで、この地域の食糧資源を補っていることが分かる。

五、ティルティンのある年金生活者夫婦の漁撈活動

(1) ニコライが年金生活者になるまで

それでは、既出のティルティンのニコライ・タリギナ夫婦(一九六〇年代生まれ)が年金生活者になった経緯と漁撈、食の事例を筆者の観察から具体的に提示し、彼らの交換における生業複合とそれが可能な自然環境について考察したい。

まず、ニコライがどのように漁師として働いてきたかについてまとめる。彼はオヴゴルト村の学校で四学年まで学んだ。義務教育は十年だが、当時国営農場で漁師として働いていた両親の手伝いをするため、本当はまだ勉強がしたかったが、あきらめて学校を去った。ソ連崩壊後、ニコライはそのまま農業企業で働いた。国営農場は民営化して農業企業となったが、組織の経営者が変わっただけで、自分達の仕事内容はあまり変わらなかった。

国営農場の漁師であったときは、妻のマリア(仮名)と小オビ川や大オビ川の岸辺に滞在して漁に従事した。各地域の国営農場によって漁場の範囲が決められており、ニコライは指定されたところで漁を行った。六月に、数隻のボートに漁道具や、衣類、寝具、食料を乗せ、家族とともに出発し、滞在中は岸辺に天幕を張って泊まりこんで漁に従事した。川のところどころに大きな冷蔵庫が設置されており、捕獲した魚を入れておくと、のちに国営農場の大きな船が回収しに来た。十月くらいにティルティンに戻った。淡水産資源保全のため漁期間は次第に短くなり、現在では六月から八月までしか漁を行わない。

一九七〇年代になってからモーター付きのボートが普及した。それまでは樹脂を塗って防水したトナカイ皮の履物を履き、食料や漁道具を積んだボートに乗ったりひいたりしてオビ川とスィニャ川を往来しなければならなかった。国営農場時代は漁のための道具、ボート、モーター等必要なものは支給されたが、申請してからかなり待たないと手に入らなかった。そのため、順番待ちが嫌で自分で購入することが多かった。

また、ニコライは、ずっと漁師だけをしていたのではなく、トナカイ牧夫としても二年間だけ働いたことがある。トナカ

イ牧夫として働いていた二人の兄弟の代わりであった。兄弟たちが秋にトナカイに橇をひかせて川の上を走っていると、氷が割れ川に落ちた。そこへ大きな氷塊が流れて来て兄たちにぶつかり、彼らは怪我をして牧夫として働けなくなってしまった。翌年の春に当時の第五飼育班の班長がティルティンまでニコライを迎えに来た。ニコライは妻と幼い長男を連れてウラル山脈の方にいる宿営地へ向かい二年間遊牧生活をした。トナカイ牧夫業は初めてであったが、良く訓練された牧畜犬が働いてくれたので、難しいことはなかった。そして、やはり漁が好きで、牧夫として働きつつも時間があるときは川で刺網漁を行った。ウラルの山地ではハリウス（カワヒメマス）を捕ることができるため、ニコライは持ち運びしやすい軽い化繊の網を季節移動に持って行った。

二〇一〇年に年金生活者となった後は、ティルティンに定住し、生活のために刺網漁を行っている。森や川で得られない食糧（パンやマカロニ、紅茶、塩等）や日用品は、年金を次受け取りに行った際に、オヴゴルト村の商店で購入する。しかし、基本的にはティルティンの周辺で漁撈、狩猟採集を行い、肉や魚、ベリー、キノコは自給している（図4参照）。

（2）年金生活者ニコライ・タリギナ世帯の漁と食

つぎに、筆者がニコライ世帯に滞在した二〇一六年九月の数日間の漁とその漁獲の利用の事例を考察する。

九月二十二日、昼過ぎに船外機付きボートに乗って漁に出かけた。二キロメートルほど川を遡って流れの遅い二か所の岸辺に一五メートルの刺網を設置した。いろいろな網目の大きさの刺網があるが、この地区の行政により条例で定められているのは縦横五センチメートル以上の網目である。縦横五センチメートルの網目を斜めに引っ張ると対角線が七・五センチメートルになる。したがって胴囲がそのくらいの十分成長した魚しか刺網にかからない。設置した刺網を一時間くらい放置した後、二つの網を引き上げると、三匹のカワカマスがかかっていた。帰宅後、さっそく三匹すべてをスープにして食べていると、オヴゴルト村に暮らすニコライの長男夫婦と孫二人が遊びに来た。そこで彼らの分の魚を得るために、夕方再び漁に出かけた。今度はティルティンからすぐ近くの川の中央で二〇メートルの刺網を流した。浮きはペットボトルで作られており、魚がかかるとそれが動く。五分間刺網を流して引き上げると、四〇匹のスィロク（ハンティ語：サルフ *сарах*、露：スィロク сырок、日：和名なし、シナノユキマスによく似た魚＝学名 Coregonus peled）がかかっていた。夜に八匹のスィロクを塩ゆでにしてみんなで完食した。孫が魚の燻製を好んで食べるため、翌日には九匹を開いて燻製にした。その後二日間は漁に行かず、このときの獲物を食べた。彼は漁に行かなかった日は長男夫婦とベリー採集をしたり家の修理をしたりして過ごした。(4)

この事例からは、彼らは普段は家族が食べる分だけの魚を捕獲することが分かる。一～三日分を得ることができれば、それ以上多く捕獲しようとせず、数日間は漁には行かない。魚だけでなく鳥獣についても同様である。ちなみに、筆者の観察では、一回の食事で一人当たり三〇センチメートルくらいの魚一匹程度の計算で調理する。魚の調理方法は、生、冷凍、塩ゆで、魚油、煮こごりや魚のスープ等が主である。

川が凍結してからも氷下漁を行うが、夏と比べて頻度は減る。その代わりに罠猟を行うが、毎日行くわけではない。その理由は、ニコライ曰く、毎日獲物を捕ったとしても、食べきれないからである。

かわって、牧夫等との交換に使用する魚を得るときにはより一度にたくさん獲ることができる方法をとる。この場合も、筆者の聞き取りと観察によれば、牧夫とは毎年どの程度の魚が必要かあらかじめ把握しているし、息子らに魚を頼まれた際は、依頼されてからニコライは漁にでている。つまり、彼らは余分に漁獲を保存せず、世帯の食糧の分だけ、贈与交換分だけをその都度捕獲している。このことからも、定住集落では、必要なときに必要な分だけ魚をとることができるほど水産資源の豊かな環境があることが分かる。

六、年金生活者が支える地域社会

最後に、どのような自然環境と社会的背景があり、年金生活者の生業活動が地域社会でどのような役割を果たしているかをまとめたい。まず、ソ連崩壊後も国営農場が公営化して農業企業となったため、従業員はそのままそこで働くことができた。そして、ハンティの牧夫や漁師には地方行政から住居が無料で提供されるなどの保障も続いていた。そのため、ソ連崩壊後においても現金収入を獲得するすべがあったため、職業トナカイ牧畜と職業漁業が継続し、これらの専業・分業も継続した。そして、スィニャ川では職業漁師は漁を行わず、オヴゴルト村や川沿いの集落の住人が漁を行った。トナカイの飼育班の季節移動ルートも変化せず、彼らはこの肉と魚の交換システムを継続することができた。さらに、トナカイ牧夫だけでなく、年金生活者の漁獲はスィニャ地域の住民に渡り、彼らの食糧をも補助するという役割を果たしている。そして、淡水産資源の豊かな自然環境と、現役時代に職業漁師として働いていた漁撈技術、年金生活者という時間的な余裕があるからこそこのような交換システムがなりたっている。さらに、トナカイ肉が手に入る牧夫でも、肉も魚も商店で購入できる村落生活者でも、新鮮なスィニャ川の魚を求めるというハンティの嗜好もこの交換システムをなりたたせる重要な点と筆者は考える。

　しかしながら、今後はこのような年金生活者の役割は変化していくとも筆者は考えている。それは、ハンティ等によるトナカイ牧畜や漁業が縮小されていくことが予想されるからである。筆者が調査した二〇一六年には翌年から施行される新たな漁規制が決定されており、今後スィニャ川上流での夏の漁が禁止される予定である。(5) また、若い世代が牧畜業・漁業に就きたがらないため、後継者がいない。代わりに職業牧夫・漁師として働いている者の多くは、年金生活者となることができる年齢になってもそのまま働き続けている。これから彼らがどのように変化に対処していくか、引き続き観察していきたい。

注

（1）佐々木史郎「年金と自然に生きる村ウリカ・ナツィオナーリナエ」（佐々木史郎・渡邊日日編『ポスト社会主義以後のスラヴ・ユーラシア世界――比較民族誌的研究』風響社、二〇一六年）二一一―二四三頁。

（2）БРУСНИЦА, А. Г. Отв. Ред. По *Обе стороны приобйя*. Екатеринбург: Издательский дом Автограф. 2010: 24-25.

（3）РАНДЫМОВА, З. И. *Оленеводческая культура приуральских хантов*. Томск: Из-Во Томского университета. с. 37, 2004.

（4）大石侑香「禁じられた漁の裏側――オビ川支流における回遊魚産卵地の漁規制とハンティ」（『アークティック・サークル』一〇五、北海道立北方民族博物館、二〇一七年）七―八頁。

（5）Yuka Oihi, "Disappearing White Fish and Remaining Black Fish in the Lower Ob' River and Its Tributaries: Conflict over the Use of Fish Resources between Indigenous People and Non-locals." Veli-Pekka T. and Tabata, S. (ed.) Russia's Far North: The Contested Energy Frontier, England and Wales: Routledge, 2018, pp. 173-188.

参考文献

БРУСНИЦА, А. Г. Отв. Ред. 2010 По Обе стороны приобйя. Екатеринбург: Издательский дом Автограф.

РАНДЫМОВА, З. И. 2004 Оленеводческая культура приуральских хантов. Томск: Из-во Томского университета.

佐々木史郎「年金と自然に生きる村ウリカ・ナツィオナーリナエ」（佐々木史郎、渡邊日日編『ポスト社会主義以後のスラヴ・ユーラシア世界――比較民族誌的研究』風響社、二〇一六年）二一一―二四三頁

◎コラム◎

モンゴル〜シベリアのトナカイ遊牧民を訪ねて

中田 篤

なかだ・あつし――北海道立北方民族博物館主任学芸員。専門は北方人類学、人と動物の関係学。主な論文に「モンゴル国におけるトナカイ牧畜の開発と現在」（岸上伸啓編『開発と先住民』明石書店、二〇〇九年）、「トナカイ牧畜の歴史的展開と家畜化の起源」（高倉浩樹編『極寒のシベリアに生きる――トナカイと氷と先住民』新泉社、二〇一二年）などがある。

トナカイを飼う人びと

日本ではサンタの橇を引く動物として知られるトナカイは、北極を取り巻く地域に広く分布するシカの一種である。この地域では、野生のトナカイは古くから狩猟の獲物として重要な存在となってきた。一方ユーラシア大陸では、野生トナカイに加え、家畜トナカイもさまざまな形で利用されてきた。家畜トナカイはどのように飼育され、どのように人びとの生活に利用されているのだろう。それを知りたくて、これまで各地のトナカイ牧畜民を訪ねてきた。

モンゴルのトナカイ牧畜民

草原のイメージが強いモンゴルだが、北部にはタイガ（北方針葉樹林帯）が分布する。そのタイガが広がるロシア・トバ共和国との国境近くに、ドゥハと自称するトナカイ牧畜民が暮らしている。彼らはトナカイを移動手段とし、狩猟によって生計を立ててきた。

現在も彼らはトナカイに騎乗し、手綱と杖で自由自在に操っている。彼らのトナカイは肩の高さが一一〇センチ程度と、大人が乗るにはかわいそうな感じもする大きさである。しかし、人や荷物を乗せて歩くのはもちろん、ウマほど速くはないが走ることもできる。蹄が二股になっているためか、ぬかるみや岩場の移動はウマよりも安定しているようだ。背が低いので落ちてもダメージは少ないし、後ろに回ってもウマのように蹴られる心配がないので、安心して乗れる動物なのである。

私が滞在した家庭では、数十頭のトナカイを飼育し、去勢したオスは騎乗に、メスは搾乳に利用されていた。春から秋にかけて、毎日の放牧の前後に搾乳がおこなわれる。乳量はウシに比べるとかなり少ないが、トナカイのミルクは脂肪分が多く濃厚である。絞ったミルクは、ミルクティーとして飲まれるほか、チーズのように加工するなどして、ほとんどが自家消費されていた。

山の中で移動生活を送るため、彼らは木を円錐状に組み、周囲を布で覆っただけの簡単な家に暮らしていた。引っ越しの際には骨組の木をその場に残し、家財道具とカバーの布をトナカイの背に積んで持ち運ぶのだった。

図1　トナカイに乗ってトナカイの放牧を行うドゥハの女性（2006年9月／モンゴル、筆者撮影）

トナカイ牧畜の中心地・ロシア

モンゴルは、トナカイ牧畜地域の南限に位置する。そしてその中心地は、家畜トナカイの半数以上を有するとされるロシアだろう。ロシアでは、エベンという民族のトナカイ飼育キャンプに滞在することができた。私が訪れたのは、東シベリア・サハ共和国の中東部に位置するトンポ郡で、森林とツンドラが入り混じった景観の地域だった。

かつてエベンも狩猟をおもな生業とし、トナカイを移動手段として利用していた。しかし、ソ連時代に多くの地域でトナカイが食肉用に飼育されるようになり、現在もそうした形のトナカイ牧畜が多く見られる。私を受け入れてくれたのも、食肉用に数一〇〇頭のトナカイを飼育する集団だった。彼らは村に家を持っているが、トナカイの管理をする者は数十キロ離れた放牧地にテントを張り、ほぼ一週間ごとに移動する生活を送っていた。

驚いたのは、彼らが家畜トナカイを頻繁に食べていたことである。毎日必ず一回は肉料理が出されていたが、野生のヒツジやシカが捕れない時には家畜トナカイがつぶされていた。トナカイを投げ縄で捕獲し、ナイフを延髄あたりに刺して絶命させ、慣れた手つきで解体する。内臓や骨付き肉をゆでたものの他、ミンチを揚げパンや餃子の具にした料理、血のソーセージや生の骨髄なども食される。

一方で、エベンもトナカイを移動手段とする文化を維持している。騎乗するのはドゥハと同様だが、鞍の形や乗り方は異なっている。エベンの鞍には鐙がなく、足をぶらぶらさせた状態で騎乗する。慣れないと何とも不安定だが、彼らは特に不自由を感じない様子で、上手にトナカイを操っている。

エベンのトナカイ利用のもう一つの特徴は、橇を使うことである。トナカイを二頭並べて引き綱を付け、橇を引かせるのだ。急いでいない時、トナカイ橇の速度は時速一〇キロ程度で、景色をゆっくり見ながら移動するにはちょうど良いくらいである。

図2　ゆでたトナカイの骨付き肉と血のソーセージ（2009年8月／ロシア・サハ共和国、筆者撮影）

サハ共和国の南部で、文化的にエベンに近いエベンキのトナカイ牧畜キャンプを訪れた際には、ハンターがトナカイ橇を狩猟に使っているのを目にした。スノーモービルではエンジン音がうるさく、獲物が逃げてしまうので、狩猟にはトナカイ橇を使うのだと言う。

多様なトナカイ牧畜文化

これまで、モンゴルやロシアの数カ所でトナカイ牧畜文化に触れてきた。しかし、トナカイ牧畜の分布は広い。飼い方や利用法、橇や鞍といった物質文化などは地域や民族によって多様で、例えばツンドラでは、数一〇〇〇頭の群を管理する牧畜も知られている。今後も機会を見つけ、各地のトナカイ牧畜民を訪ねてみたいと考えている。

［Ⅲ　アジアとしてのシベリア――シベリア先住民：多様な文化空間②］

サハとアイヌの音楽交流

荏原小百合

えはら・さゆり――北海道科学大学全学共通教育部准教授。専門は文化人類学、音楽人類学。主な論文に「標茶町塘路におけるアイヌの音楽活動に関する一考察」（『標茶町郷土館報告』第一二号、標茶町郷土館、二〇〇〇年）、「サハ――歌謡と口琴」（山田仁史・永山ゆかり・藤原潤子編『水・雪・氷のフォークロア――北の人々の伝承世界』勉誠出版、二〇一四年、二一七―二四二頁）、「口琴ホムスを通じてみたサハの自然と人」（檜山哲哉・藤原潤子編『シベリア――温暖化する極北の水環境と社会』京都大学学術出版会、二〇一五年、三三二―三四九頁）などがある。

ロシア連邦サハ共和国で暮らすサハ民族は、真冬にはマイナス六十度にも及ぶ極寒の地で、豊かな自然と関わりながら暮らしている。その文化や自然については日本ではあまり知られていないが、実は四半世紀以上にわたって、サハ民族とアイヌ民族との音楽交流が続いている。ここには、筆者も長年にわたって参加してきた、北で暮らす人々同士の音楽文化を通して生まれたネットワークとその可能性について紹介する。

一、サハの人々の暮らし

日本のほぼ真北、東シベリアに位置するサハ共和国は、日本のほぼ八倍の面積を有しており、そこに九五万八五二八人（二〇一〇年国勢調査による）の人々が暮らしている。民族構成はサハ四八・七パーセント、ロシア三六・九パーセント、エヴェンキ二・二パーセント、エヴェン一・六パーセント他である。公用語はチュルク諸語のサハ語とロシア語である。

サハ人の祖先は、十〜十三世紀頃、バイカル湖周辺からレナ川上流、中流域に移動した人々だといわれる。サハの人々の社会は、伝統的には父系氏族からなり、数家族がアラース（永久凍土が部分的に融けてできた草地）に建てた住居に居住し、牛馬飼育を中心に狩猟採集や漁撈を営んできたという。

年間の気温差は一〇〇度近い。冬は十月に雪が降り始め、緑が芽吹く五月頃まで続く。国土のほぼ全てが永久凍土で覆われており、首都ヤクーツクでも、真冬は日照時間は五時間程度、気温はマイナス六十度に達し、一方夏は白夜に近く四十度になる。サハ共和国の中央を流れるレナ川は全長四四〇〇キロにも及び、首都ヤクーツクはその中流域に位置し、北極海に注ぐ。サハの人々の暮らしはこのレナ川の豊富な水や水産資源と共にあるため、敬意や親しみを込め、子どもの名前に「レナ」と付けることも多い。レナ川は、冬には凍り、氷上にはサハ政府によって冬道路が形成され、対岸の村との行き来が盛んになる。

厳しい冬が過ぎると、レナ川の氷が南から徐々に解けはじめ、数日かかってヤクーツクに到達するのは五月中頃である。これを待つ人々は今か今かとそわそわし始め、氷解の流れによる強い風が吹き、待望の夏が訪れることを実感する。

短い夏には、長く続く冬に不足するビタミン源やタンパク源として、ベリー類や鳥獣が採集される。人々はベリー類を摘みに森林に入り、ピクニックで自然と親しみ、解禁になるカモ猟に行く。この時期には、バケツ一杯に採集したコケモモの写真がSNS上で飛び交う。

毎年六月後半には、夏至祭（ыһыах）が開催される。サハを代表する年中行事だ。サハでは伝統的に夏至が新年である。祭りでは大地に馬乳酒を捧げ、輪踊りオフオハイ（оһуохай）をする。チョローン（чороон）という馬乳酒を入れる馬の脚を模した脚のある特別の容器で馬乳酒を酌み交わす。夏至祭は六月半ばから地方行政府や学校等が主催してサハ各地で開催された後、ヤクーツク市のものが開催される。

数年に一度、各地を回る共和国主催の夏至祭もある。これは、日本にもある国民体育大会と共に各地を巡る。このような場では、アルグスチュット（алгысчыт）と呼ばれる司祭による儀礼（火の精霊に馬乳酒が捧げられる）だけでなく、現在では大小様々な規模の劇（スペクタクル）が実施される。国立オロンホ劇場の役者たちを主役に迎え、大がかりな舞台装置を導入して各地の子供たちが参加しオロンホ劇（叙事詩）が上演されることもあれば、子どもたちがサハの英雄叙事詩のヒーローのコスチュームに身を包み、踊りで表現することもある。

夏至祭の劇では口琴（ホムス）の演奏も欠かせない。劇や儀礼、輪踊りが一段落した後には、祭りの会場のあちこちで様々なイベントが始まり、現在ホムスコンクールも盛んに行われている。このように、サハの人々の日常・非日常の様々な場面に口琴音楽がある。

二、サハの音楽事情

ここではサハとアイヌの口琴を通じた音楽交流を理解する

ために、サハの音楽文化が現在どのような場で実践され、親しまれているのか紹介する。

首都ヤクーツク市内には、国立オペラ・バレエ劇場をはじめとして、国立オロンホ劇場、国立ユーモア劇場、エストラーダ劇場、[1]サーカス劇場、クラコフスキー劇場など多数の劇場がある。これらの劇場はすべて音楽の場でもある。

オペラ・バレエ劇場では、「クラシック」のオペラ・バレエ、管弦楽団の演目やモスクワからの客演公演だけでなく、サハの伝統的テーマをモチーフとしたサハ人の作曲家によるオペラやバレエも上演される。九月のシーズン最初の柿落しでは、必ず毎年サハの演目が上演され、サハの民族衣装で正装した観客も多く、会場は熱気に包まれる。

またオロンホ劇場では、オロンホ英雄叙事詩（олонхо）劇を観ることができる。女性が活躍する英雄叙事詩「クースデビリィエ」などの創作劇も人気の演目だ。またオロンホスット（叙事詩の語り部）によるオロンホ語りや現代サハ語劇、サハ語によるシェークスピア「ロミオとジュリエット」など多彩な演目が上演されている。またユーモア劇場では、サハ語やロシア語によるユーモアショー（お笑い）を観劇することができる。

これらの劇場は、それぞれの劇場の演目だけでなく、催事の場としても使用される。村のお祝い事（日本における県民会のようにヤクーツク市に各地からの参加者が集まる）などのため、地方行政府等にも貸し出される。そのような催しの際には各地の伝統的な歌や楽器だけでなく、サハ歌謡、ポップスなどの演目も披露される。

またサハ各地にあるソビエト時代に建てられた文化の家は、[2]現在も地域の催しや祝日を祝う場として活用されている。このような催事や祝宴では、挨拶の間に伝統的な歌やサハ歌謡、ホムス演奏が入り楽しいひと時が過ごされる。

ここ近年、伝統的家屋バラガン（балаҕан）を庭に建て、親戚や知人とともに、祝日や記念日を祝う人が増えている。このような席では、決まって最初にいろりの火の神に供え物が、次に祈りが捧げられる。人々は馬乳酒クムス（кымыс）や自然の恵み豊かな手間のかかった食事を用意し、文化の伝承とともに挨拶や歌、ホムス演奏が行き交う。バラガンはヤクーツクの中心部にもいくつかあり、イベント会場としても貸し出され現代の人々の交流の場として息づいている。

三、サハの口琴ホムス（Хомус）

ここではホムスについて解説する。ホムスは、サハ共和国で製作・演奏されている金属製口琴である。ビンの栓抜きほどの掌にのる小さな楽器だ。竪琴もしくは蹄鉄の形をした外枠の間に、薄い「振動弁」（舌という）が取り付けられている。ホムス演奏は枠を上下の歯にあて、振動弁の先端を手で弾いて振動音を口腔内に共鳴させて発音する。

ホムスの部位の名称は、枠Иэдэс（頬）、弁Тыл（舌）、弁の折れ曲がった先端部分Чычаах（小鳥）と呼ばれる（写真1）。弁が一本の一般的な口琴は、物理的音程（基本音）はひとつである。しかし、口琴演奏音を音響解析すると、基本周波数の基音には、複数の倍音が幾重にも重なっている（Abe 2010）。奏者の舌の位置や口腔内の容量を変化させること、その幾重にも重なる倍音の中から特定の倍音群をより目立たせることにより、特定の音程が聴こえるようにでき、表現を豊かにすることができる（Abe 2010）。

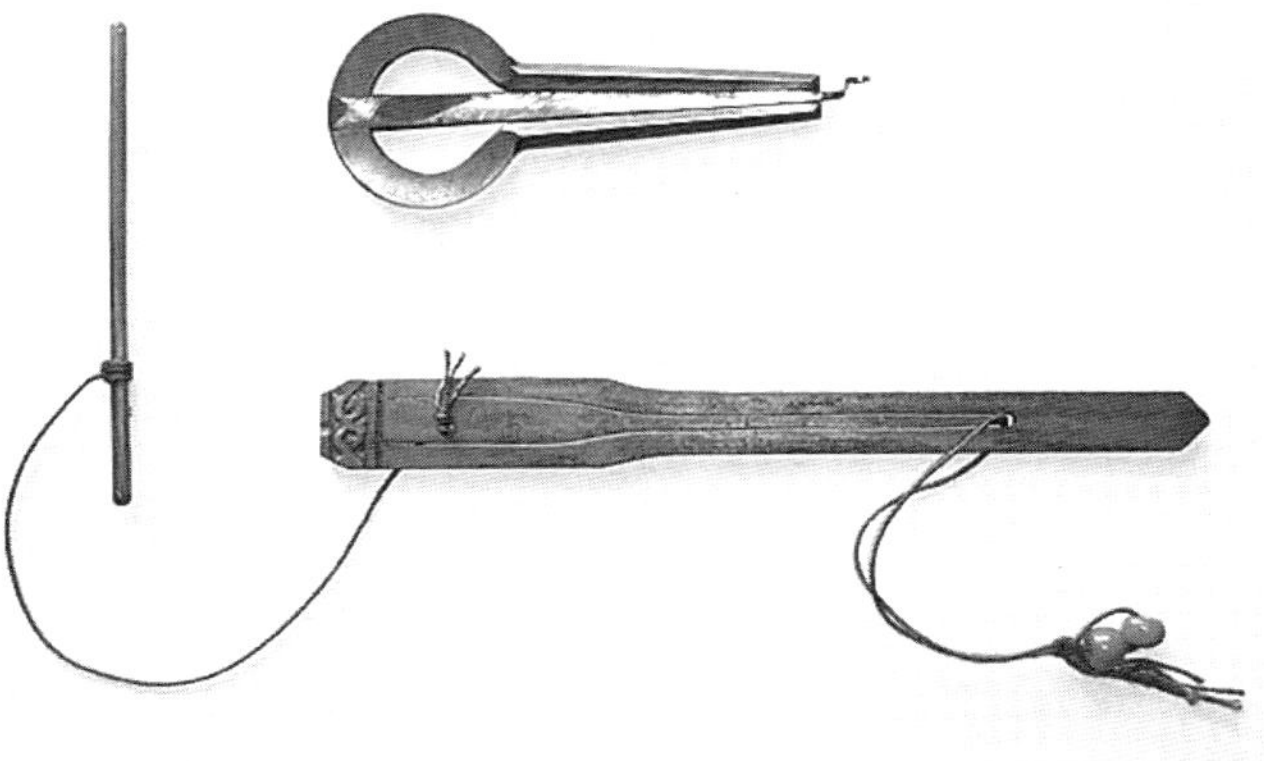

写真1　ホムス（上）とムックリ（下）

口琴Jew's Harpは、ユーラシアを中心に世界中に存在するが、少なくとも七〇〇〇人もの人々が口琴を演奏し楽しんでいるとされ、共和国全体でも広く知られ「国民楽器」と称されているのはサハだけである（Музей и центр хомса народов мира 2011）。

四、サハとアイヌの最初の音楽交流

ここでは、東シベリアのサハ民族が、どのようにしてアイヌ民族と音楽交流をするようになっていったかその経緯について述べる。

サハとアイヌの口琴奏者が最初に交流したのは、一九九一年六月にヤクート・サハ共和国（当時）のヤクーツクで開かれた第二回国際口琴大会に、日本口琴協会代表の直川札緒氏

3 КЫЫМ ОПТУОРУННЬУК, ОТ ЫЙЫН 2 К 1991 с.

ХОМУСЧУТТАР КОНГРЕССТАРЫН КЭННИТТЭН САНААЛАР

Күүспүтүн түмэн үлэлиэҕиҥ

С. ШИШИГИН,
хомусчут.

СНИМОККА: (хаҥастан) Емико Ихосимо, Шизико Теши уонна ооньуу турара Норико Имай.

П. Оконешников фотота.

写真2　第2回国際口琴大会参加の様子（1991年7月）：サハ語新聞「クーム」記事より

と共に弟子シギ子氏、今井ノリ子氏、磯嶋恵美子氏（二〇〇四年亡）の三名が参加した時だ（**写真2**）。

直川（敬称略）がその時の状況を筆者に次のように話してくれた（二〇一八年五月二十一日電話インタビューより）。

直川：アメリカの口琴研究者フレデリック・クレイン（後のInternational Jew's Harp Society名誉会長）から大会の情報が入り、当時一〇〇人ほどいた日本口琴協会「会員」（口琴ジャーナル定期購読者）に出した案内に対して、「行ってみたい」と積極的な反応をしたのは、弟子さん達三名のアイヌ女性だけでした（弟子さんとは、口琴に関する文通を通じて交流を深めていました）。日本に住んでいる他の口琴関係者からは返答がなかったのです。

筆者：当初からアイヌのムックリを世界に紹介したいという強い意図を直川さんは持たれていたのでしょうか。

直川：そういうわけではなくて偶然この三名だけが一緒に行くことになったのです。ただ、和人の口琴文化は一旦途切れ、今も続いているのはアイヌだけで、現在の日本を代表する口琴文化はアイヌのムックリだとわかっていました。

では、第二回国際口琴大会への参加を決めたアイヌの人々はどのように準備していったのか。磯嶋（一九九一：一二一）によれば、二〇数年前（一九九一年から数えて）に阿寒湖の民芸店「シゲ子」（当時）で三人は知り合った。第二回国際口琴大会出演まで、ムックリで合奏することはほとんど無かったという。

ムックリはこれまでも各地で演奏してきたが一人での演奏が多かったので、三人で（弟子、今井、磯嶋の三名）演奏するために仕事の後に何回も阿寒、屈斜路に集まり練習を重ねたという。それぞれの音色が違い、演奏スタイルも違うので何回も繰り返し合わせたという（一九九七年四月磯嶋へのインタビューより）。

当初予定されていた演奏時間は三十分だったが、絶え間なく演奏のために糸を弾き続けるムックリで三十分の演奏は大変なことなので、演奏参加の準備のために何回も集まり、合わせが繰り返された。その過程で、ムックリのための演奏曲「世界の川」が三名によって作曲された（荏原　二〇〇〇：二五）。曲目は春夏秋冬を表すもので、川の流れや石の落ちる音を描写し、レナ川に捧げるというような曲想であった。一人ずつ演奏してから三名で「世界の川」を演奏したというものであった。しかし実際の演奏は、出演者が多数だったため五分程度になったという。帰国後の六月三十日付の北海道新聞には、約三〇〇人が参加した大会であったこと、三人はヤクーツク市内の劇場で十回に渡って公演したこと、さらに独奏による即興のほか、生命が息づく合奏曲を披露し、演奏後に、盛大な拍手を受けたことなどが報道された。

磯嶋は、第二回国際口琴大会参加における感動を、音の衝撃、子どもから大人までのホムス演奏熱、音色へのこだわり、口琴奏者の人柄、世界民族口琴博物館、ホムシストの演奏技術の卓越さなどをあげて筆者に語った。特に、繰り返し筆者に話してくれたのは「ホムスが、今そこで起こっている自然界の出来事を即興的に描写する表現力に長けていることに対する驚き」だった。アメリカ、フランス、ソ連、日本、キルギス、ウリチ、トゥヴァからの演奏者とその楽器から出る音色に驚嘆し、四歳の子どもが奏でるホムス演奏の様子が目に焼き付いて離れないこと、「シシーギン[3]のツンドラを吹き抜ける風の音に感激した」、「シシーギンのツンドラを少しでも多くの人に聴かせたい」とも繰り返し語った。

磯嶋は、この時、世代を超えた口琴との関わりと、ホムスの音の響きと表現力に驚き、この時の感動をその後の音楽を通じた実践＝交流に結び付けていった。

また一緒に参加した今井ノリ子は、筆者のインタビューに昨日のことのように二十七年前の交流やそれまでの経緯を話してくれた（二〇一八年六月七日電話インタビューより）。

弟子屈町屈斜路で祖母が鉄の口琴を持っていて、誰でもできるものではないので、小さい頃からいつもおねだりして聴かせて貰っていました。私もやってみたいと思っていましたが、でも大事なものだから触らせてもらえなかったんです。当時金属製口琴を持っていたのは、近隣では祖母一人だけだったように思います。いつも針道具と一緒に胸に入れて大事に持ってあるいていました。その祖母の演奏する金属製口琴が屈斜路湖の湖面に響いていたのを覚えていますし、湖の向こうに働きに行っている家族に向けて演奏して、それが届いていたのです。

シゲ子（弟子）姉さんから第二回国際口琴大会の参加について話があった時、ひと声で「はい！」と答えて参加しました。口琴を通じ世界の人に会いたいと思ったからです。サハでの交流も言葉は通じなくてもずっとわくわくしていました。サハの人たちの口琴を通じて、私たちもムックリを通じて交流して、世界は一つ、民族は音で繋がっていると感じました。

サハでは、一人での演奏部分は、私の母がそこで過ごした故郷の屈斜路を思い浮かべて演奏しました。私たち弟子、今井、磯嶋は、それぞれ阿寒湖、屈斜路湖、塘路湖とともに暮らしてきたので私は屈斜路湖について思い浮かべ演奏をしました。

口琴について、祖母から母そして私という女性（女系）で伝えるという思いもありました。今はこのことを孫に次の世代に伝えてゆきたいです。

当時の様子についてサハを代表するホムス演奏家であるイワン・アレクセイエフ(4)は次のように述べている。

筆者：どうして三名のムックリの演奏家たちとサハの口琴奏者たちは現在まで交流を継続することになったのでしょうか。

アレクセイエフ：それは、アイヌ民族はムックリを持っていたからです。言語が違っても音楽は同じです。その絆は政治的、経済的な絆よりずっと強いものです。それは民間外交なのです。そしてその外交のツールにムックリとホムスがなったのです。

我々の友情のきっかけは、三人のムックリの演奏家がオペラ・バレエ劇場の舞台で演奏したことです。私自身が確かにこの目で見たのです。彼女たちは手に小さな楽器を握っていました。確かムックリの音は小さかったけれど、でも出した音にはすごい力が入っていたのです。そしてそのムックリのメロディーは劇場にいた皆さんの心に入ったのです。三つの倍音、少しのメロディー、空気、心、リズム一貫して全部一緒になったその瞬間に。そういう風にその小さな音楽は人を通じて心に残る。感謝の気持ちで一杯でした。恵美子（磯嶋氏）はその後何度もヤクーツクにきましたが、最初は三人で一緒にムックリの音楽をヤクーツクに持ってきたんです。三人は聴衆からもの凄くたくさんの拍手を貰いました。初耳だったのですから。劇場にいたみんなは感動してそのトリオに惚れました。次の訪問先でもみんなは彼女たちと話したがりました。強い意志で触れたかったのです。

口琴の音楽はとても静かです。でもその静かな音楽の中で、偲ぶ、否、存在するものすごい力がります。その力はほかの感覚よりずっと強い。混乱した環境の中でもムックリのメロディーは意思を奪うんです。その音楽は私の感情、振る舞いに影響を与える（二〇一八年八月二十八日インタビューより）(5)。

五、国際口琴大会を通じた口琴奏者間の交流

サハとアイヌの交流は、国際口琴大会を触媒のようにして広がり深まった世界的な口琴奏者間の交流を背景としている。そこで、本節では国際口琴大会への参加を通じて展開した、世界の口琴奏者間の交流について紹介する。

口琴大会は一九八四年にアメリカで開催された。これはカナダやヨーロッパから数名の参加者があった程度の「国際」大会だったという（直川　二〇〇五：二二）。アメリカの民俗学者で口琴収集家のレナード・フォックスはこの時、すでに文通していたサハの口琴奏者イワン・アレクセイエフを、第一回大会の組織者であるフレデリック・クレインに紹介し、これが、第二回国際大会をヤクート・サハ共和国（当時）で一九九一年六月に開催するきっかけとなった（シシーギン　一九九二：一〇）。そして、ソ連崩壊直前に国際大会が実現された過程では、サハの口琴奏者とサハ文化省の管轄下にあった、組織民族創造統一学術センター（EMHЦ）の同意と協力があった（シシーギン　一九九二：一〇）。

イワン・アレクセイエフは「私のアイデアはひとつの国際口琴大会から次の大会へと経るごとに徐々に実現していった」と述べている（二〇一四年七月六日インタビューより）。

第二回大会の実現に向けて、スピリドン・シシーギンは、「アレクセイエフがヤクーツク市で国際大会を実施する企画を提案した時、当時全ては「立派で魅力的な夢物語」としか思えなかった」が、一九八八年に「口琴演奏の諸問題に関する全ソ会議」が開催された後、サハ文化省の管轄下にあった

組織である民俗創造統一学術センターの所長H・タルボーノヴァが、アレクセイエフの提案を支持したという（シシーギン 一九九二：一〇）。こうしてシシーギンにとって夢物語だったことが、現実に転換してゆくことになる。

ここから開催準備に関してシシーギン（一九九二：一〇）から引用し、まとめる。開催準備が始まった一九八八年当初、組織委員会などの大会関係者によって大会成功のために、（1）演奏技術の向上、（2）希望者全員に対する楽器の保障、すなわち音のよいホムスの製作の促進、（3）ホムス博物館の開設の三つの主要な活動方針が打ち出された。それに対して、民俗創造統一学術方法センターC・ホン会長から恒常的で具体的な支援があり、またサハ各地でホムスの保存と発展に捧げた人々の献身的な活動があって（1）（2）（3）を成し遂げることができたという。

また組織委員の呼びかけで（1）発表会、（2）演奏家たちのコンクール、（3）色々なアンサンブル、創造的な夕べが開催され、熱意ある人々の表彰が行われ、アンサンブル「アルグス」（祈りの意）のメンバーが各地に赴き、演奏・指導・審査を繰り返し、口琴音楽の発展に努めた。ホムス指導者であったニコライ・ジルコフやホムス演奏家のアリビナ・ジェグチャリョーヴァもメンバーの一人であった。[6] 準備状況の最終確認は、トゥルニン賞[7]を目指した共和国の演奏家の全国コンクールであった。そこでは、地方のホムス指導者やホムス演奏の愛好家たちと首都で演奏や教育を行うジルコフやジェグチャリョーヴァたちが連携して、演奏技術を高めたり、世界大会を開く土台が形成されていった。

ホムスの演奏には優れた演奏家だけでなく、優れた楽器（ホムス）が不可欠である。そのホムスを製作する鍛冶師に関する状況は次のようであった。第二回大会が開催されるまでは、ホムス鍛冶のマースチェル（鍛冶屋を指しここでは名匠の意味）は、十人程度しかいなかった。そのため民俗創造統一学術センターが、あらゆる手を尽くしてホムス鍛冶の経験を普及させるために宣伝し、一人一人の鍛冶師の技術の向上を奨励した。そして著名な国民的マースチェルのゴーゴレフ、ザハーロフがヤクート・サハ共和国功労文化活動家の称号を受けた。アレクセイエフの呼びかけで、民俗学術創造統一センターの主催で、一九九〇年にマイヤ村でホムス・マースチェル達の展覧会、セミナー、アムンニュク賞（サハで現在も最も尊敬される著名な鍛冶師セミョン・ゴーゴレフ〈一九一三～一九八九〉の名を冠した）を懸けた全国コンクールが実施された。その結果第二回国際口琴大会では、約四十名の鍛冶師が参加し、最高品質の約四〇〇個のホムスを展示することができたという（シシーギン　一九九二：一〇）。

また大会準備期間中は、大規模な学術研究活動が行われ、その結果としてB・ラリオノフ「ヤクートのホムス製造に於ける金属物理学的基礎研究」、K・ウトキン「ヤクートのホムス製造の名匠達と伝統的治金文化」、H・ブルツェフ「ホムスの音楽的特性改善の構造的解決」などの研究成果が発表された（シシーギン　一九九二：一二）。

ここで興味深いのは、理系・文系のテーマが横断的に、幅広くホムスに関係するテーマが取り上げられている点だ。また、サハの鍛冶師の関わる地下資源（鉄）の利用法について、学術的研究がなされているのも特徴的だ。

サハでの国際口琴大会には前述のフレデリック・クレインをはじめ、パリ在住の口琴奏者で研究家のジョン・ライト、ワシントンの口琴奏者のラリー・ハンクス、ヴァージニアの口琴奏者マイク・シーガー、そして日本からは直川と北海道からの三人のムックリ演奏家が参加した（直川　一九九一：五）。他にも、キルギスの口琴アンサンブル代表、中央アジアトルクメンの民族音楽グループ代表、カザフの作曲家／口琴奏者、カラカルパク（アラル南岸）の演奏者、西シベリアのバシキールの口琴製作家／演奏者、南シベリア・トゥヴァの演奏者および研究者たち、また、北シベリアからは、タイムィル半島のドルガンの女性研究者、モスクワ在住の作曲家、ノヴォシビルスクの研究者ユーリ・シェイキン（後の北方圏文化芸術大学教授）、ワシントンの口琴奏者ゴードン・フレイジャー、ヴェトナムの研究者ホ・ヴィン、中国人民日報モスクワ支局の周象光、そしてヤクーツクからは口琴演奏家、鍛冶師、指導者たち、ホムス愛好家たち、聴衆など多数が参加し、共和国文化大臣も交えた記者会見も実施された（直川　一九九一：五）。

この二回大会開催を通じてアレクセイエフがサハ口琴関係者とともに、成し遂げたことについて、著者の視点を交えまとめる。（1）サハのホムス伝承の情報収集、（2）鍛冶師の再生、（3）若手演奏家の育成と大会参加経験（二十年後の第七回大会をサハで開催する素地）、（4）アンサンブル「アルグゥス」の活躍（演奏者・教育者として）、（5）鍛冶師、行政、指導者、ホムス演奏家、ホムス愛好家らの連携、（6）世界民族口琴博物館の設立[8]（開館は大会前の一九九〇年十一月三十日）、（7）フレデリック・クレインとの文通から開始された国際的な口琴関係者との連携・ネットワークの確立などが挙げられる。このような、第二回国際口琴大会で生まれた、口琴演奏者の国際的ネットワークは、その後も絶えることなく発展していった。

その代表的な例としてサハとアイヌの口琴演奏者のネットワークがある。サハ口琴奏者とアイヌ民族のムックリ奏者のその後の国際口琴大会への参加について紹介する。一九九八年の第三回オーストリア、二〇〇二年第四回ノルウェー、二〇〇六年第五回オランダ、二〇一〇年第六回ハンガリー（アイヌは不参加）、二〇一一年第七回サハ共和国、二〇一四年第八回ドイツまで、サハ・アイヌ双方が参加し、世界の口琴奏者と共に交流を深めていった。直川によれば国際口琴協会から大会開催の連絡を受けるたびに「まず前回行った人に声をかけて、さらに弟子さんの声かけ・人脈で参加者が広がっていった」という（二〇一八年五月二十一日電話インタビューより）。

六、塘路口琴研究会「あそう会」の設立とサハとの交流

筆者は一九九七年から塘路口琴研究会「あそう会」のメンバーである。まずサハの口琴奏者の受け入れ活動に参加し、二〇〇二年の「あそう会」によるサハ渡航で、初めてサハを訪れた。それ以降二〇〇三年より五年間サハ共和国立高等音楽院でフルートと日本語の教鞭を執りながら、サハとアイヌの口琴奏者たちの交流を補佐してきた。その過程で筆者の視点は、最初は札幌在住で塘路の人々を通してサハとの交流に関わり、その後サハ在住となり、今度は塘路のことを常に意識しつつサハと向き合ってきた。ここでは筆者自身がサハと塘路で話しを聞いたり共に参加した交流について紹介したい。

まず、あそう会設立前史を述べる。一九九一年にサハ共和国で開催された国際口琴大会に磯嶋が参加して以降、国際口琴大会以外の場でもサハとアイヌの音楽交流がどのように展開発展していったか、年代を追ってみてゆく。

一九九三年、釧路市生涯学習センターで日本口琴協会主催による口琴コンサートが開催された。このコンサートでは、アレクセイエフとシシーギンが日本口琴協会によって招聘され、九一年にサハに渡航した三名のムックリ演奏家と競演し、その練習・準備の様子が四月三十日付の北海道新聞に報道された。そのコンサートでは演奏者だけでなく阿寒や塘路の有志がコンサートの裏方を務め舞台を盛り上げ、宿泊受け入れも行った。翌年の一九九四年にはサハから磯嶋氏をはじめとする塘路の有志にサハの夏至祭への招待状が届き、磯嶋を含む塘路在住有志の五名と通訳の針生幸子(9)が参加した。その帰国の際に宿泊した新潟のホテルで、これから口琴に関して何かやって行けないだろうかと話す中で、サハの夏至祭の中で必ず行われる輪踊り「オフオハイ」と、その場にいたメンバーによる何気ない会話の中で発せられた「あ〜そうかい」

という北海道でよく使用される相槌が重なり、サハの「オフオハイ」と「あ〜そうかい」を合体させた、「あそう会」という口琴の会を結成しようと意見が一致した。それが塘路口琴研究会「あそう会」の誕生である。この会名は、サハの口琴奏者との交流と夏至祭参加に由来し、そのことがサハの人々にも直接伝わる会名となっているため、現在までサハの人々から親しみを持って受け止められている。(10)

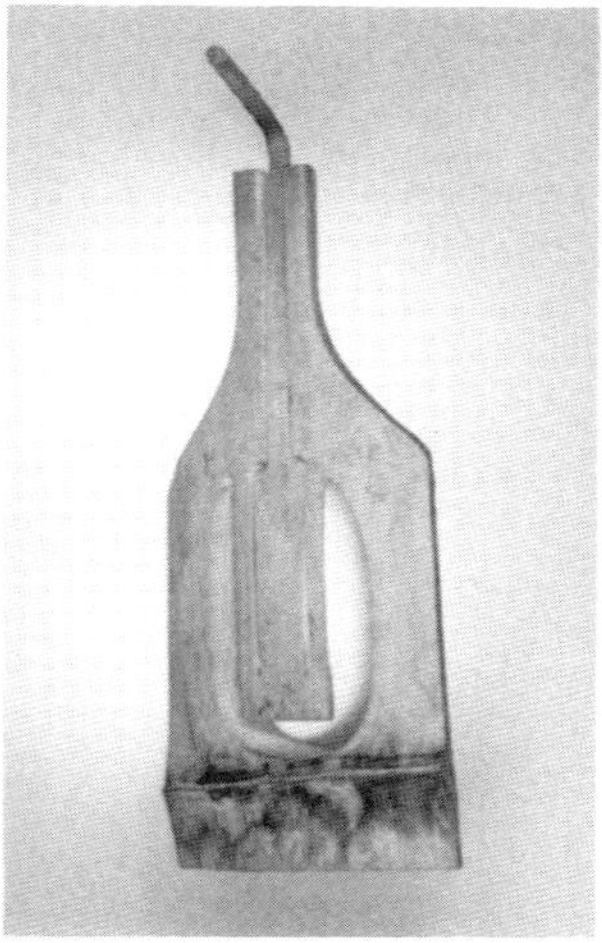

写真3　諏訪良光製作　竹製ホムス（安部誠典撮影）

写真4　諏訪良光（ピョートル・オコネシニコフ撮影）

「あそう会」は塘路でムックリの演奏や製作技術を身につけることを主たる目的とし、その他ムックリをめぐる事象全般にかかわっている団体である。発足当時は、塘路在住の六人のメンバーではじまり、一九九七年より、標茶町内在住者二名釧路市内一名と筆者（札幌在住）が新たに加わった。民族構成はアイヌと和人が共に活動している。

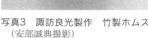

サハから帰国した諏訪良光（磯嶋の弟、「あそう会」会長二〇一八年七月亡）によれば、ホムスとムックリの出会いによって、新しいムックリの演奏スタイルや、ホムスとムックリの合体した新しいタイプの口琴が産み出された（一九九五、あそう会）という（**写真3・4**）。

一九九五年に「あそう会」は、再びサハから口琴奏者を招聘し、塘路にスピリドン・シシーギンの弟ニコライ・シシーギン（当時サハでホムスの最も盛んな村の一つであるチュフチュールの村長、世界民族口琴博物館前館長、二〇一八年六月亡）と妹のアグニャ・ジルコヴァ（当時マイヤ村音楽学校教員、現国立放課後学校教員：子供芸術会館）らが来日して、コンサートツアーを釧路、標茶で行った。また、同年、北海道で開催された第二回北方圏フォーラム総会に、サハ共和国初代大統領ミハイル・ニコライエフと当時十歳だった大統領専属口琴奏者キム・ボリソフが来道し[11]、「あそう会」メンバーが新千歳空港にサハ語の横断幕を作成して出迎えた。その時の思い出は、「北海道に誰もサハ語がわかる人はいないと思って不安な気持ちで新千歳空港に到着したが、サハ語で書かれた横断幕を見て本当に驚いた」と現在三十六歳になったキム・ボリソフが筆者にこれまで何度となく語ってきた。

一九九六年磯嶋をはじめ「あそう会」四名と忠類村（当時）一名がサハ共和国を親善訪問した。一九九七年、「あそう会」は規約を整え、正式に文化団体として活動を開始した（あそう会沿革より）。磯嶋は特にシシーギンのホムス演奏をどうしても身近で聴きたく、また、できる限り多くの人に聴かせたいという思いから、一九九七年十月、スピリドン・シシーギンとマイヤ村音楽学校教員のボリソフ・アントンを招待し、「ホムス＆ムックリジョイントコンサート」を北海道教育委員会・標茶町教育委員会助成事業として主催した。

また一九九八年六月に磯嶋は、オーストリアの山村モルンで開催された「第三回国際口琴大会」に、直川をはじめムックリ奏者五名とともに参加した。磯嶋を含む六人はアイヌ文化振興・研究推進機構（本部・札幌）の助成を受けての参加であった。その大会には、サハのホムス奏者も参加しており、磯嶋はそこでシシーギンと再会した。

「あそう会」は一九九九年には再びシシーギンとアレクセイエフ他二名を招聘し、ホムス＆ムックリコンサートを、アイヌ文化振興・研究推進機構助成事業として主催した。その際シシーギンとアレクセイエフは「あそう会」メンバーと共に、阿寒の「まりも祭り」に参加し、阿寒の保存会との交流会で演奏し、弟子シギ子らと再会した。

二〇〇二年には、「あそう会」会員七名がサハ共和国の夏至祭に参加し、ホムス奏者と交流（**写真5**）。この時筆者も初めてサハ共和国を訪れた。また二〇〇二年には、磯嶋はノルウェーで開催された第四回国際口琴大会に参加し、サハのホムス演奏家と再会した。

二〇〇三年には筆者が主となって企画した北大総合博物館での「アイヌ民族楽器ムックリ・トンコリ」展が、北大／同大学教授佐々木亨ゼミの企画・展示実習で実施され、「あそう会」の賛助を得て、ムックリやトンコリの紹介だけでなく、サハとのそれまでの交流内容を可視化した展示を行った。「あそう会」は二〇〇三年にはこれまで最大の六名のホムス演奏家をサハから招聘した。磯嶋は、これを最後のサハ・ホムス奏者の招聘活動として、二〇〇四年に亡くなった。

磯嶋を中心としたサハとの演奏交流活動は、一九九八年以降は、アイヌ文化振興・研究推進機構の助成を受けて交流活動が行われたということもあり、ほぼ毎年行われ、とくに「あそう会」の結成以降、定期的ともいえる頻度となっていた。磯嶋は音楽で生計を立てていたのではなく、他の仕事を基盤とし生活を維持していた。その磯嶋が私財も投じ「あそう会」と共にこれほど頻繁に活動を続けていた背景には、サハの音に実際に触れることと交流へのこだわりが見て取れる。

写真5　塘路口琴研究会「あそう会」夏至祭でのムックリ演奏（2002年6月）（安部誠典撮影）

磯嶋が亡くなった後「あそう会」では独自の招聘活動は行わなくなったが、サハからの訪問を受け入れる形の交流は継続された。

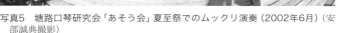

二〇〇五年は一月と十月の二回ホムス奏者キム・ボリソフ（当時ヤクーツク国立大学生）を迎え、標茶町内数か所でコンサートを実施した。その後も交流はサハの若手ホムス奏者の塘路訪問や第七回国際口琴大会（開催地サハ）への参加という形で継続したが、紙幅の事情で割愛する。

二〇一六年七月には、北海道大学総合博物館リニューアルオープンに伴い、博物館の文学部展示室にサハコーナーが設置された。そこではサハの鍛冶師・口琴奏者の協力によりホムスの展示、ジェグチャリョーヴァのビデオ・クリップ、シシーギンの演奏映像が公開されるようになった。サハとアイヌの口琴を通じた交流に関する展示コーナーには「あそう会」は、会長諏訪良光の製作したムックリの展示やパネル製作に協力した。サハとアイヌの最初の交流について、弟子と今井の協力により一九九一年の第二回国際口琴大会参加の様子が紹介されたサハ語新聞「クーム Кыым」記事を展示できた。また、最新の交流として二〇一六年七月に阿寒の郷右近、床、山本がムックリ演奏で参加したサハ・ユネスコフェスティバルの様子を紹介した。

同年十一月には、サハ共和国からアレクセイエフ、シシーギン、キム・ボリソフが来道し、北大総合博物館でコンサート・レクチャー「口琴（ホムス）から広がるサハの世界」を開催した。本コンサート・レクチャーは、北海道大学総合博物館と北海道民族学会が主催したが、あそう会と国際口琴センター（サハ）が後援し実現したことも意義深い。また、塘路で「あそう会」と、阿寒で弟子や郷右近たちムックリ奏者と交流もあった。札幌の口琴愛好家の間で催された交流会では、樺太アイヌ文化を継承する楢木貴美子とも交流した。樺太アイヌは、金属製のカニ・ムックリを演奏してきた歴史があり、楢木は数年前からサハのホムスを使用して演奏活動していた。そのため、サハの演奏家との出会いは、更なる交流が始まる契機となった。

七、サハとアイヌの音楽交流における今後の展望

最後にこれまで紹介してきた、サハとアイヌの交流を振り返り、今後の展望について考えてみたい。

そこでまず、一九九一年の第二回国際口琴大会参加以来、長年サハとアイヌの交流を今井・磯嶋と共に先導してきた弟子シギ子に対するインタビューを紹介したい。

筆者：一九九一年にサハに行ったことは、今も印象深いですか？

弟子：あちこち口琴のことで回って歩く、最初のきっかけだったよ。これはやらねばならないと思った。踊りなどは、もういろいろやっていたんだけどね。

あれまでは、ムックリのことは、あまり知られていなかったが、サハでは大人から子どもまでたくさんの人が演奏していて本当に驚いた。

私は六十歳から始めたんだ。売店でムックリを売るのに、ポンポン鳴らす位しかできなかったんだけど。サハに行ったら、本当に口琴が響くのかな？（失礼な話だけど）位に思っていたのだけれど、聴いたらショック受けた。

帰ってきてからは、朝・昼・晩とムックリを弾いていた。

それから今みたいに広まったと思う。あれから一生懸命やって、サハの人たちが来るたびに阿寒にもやってきて、一緒に演奏して、ムックリと口琴が広まったと私は思いますよ（二〇一八年五月二十日電話によるインタビュー）。

この弟子の言葉、とりわけ「ショック受けた」「朝・昼・晩とムックリを弾いていた」といった言葉からは、最初は直

川の声掛けで参加した弟子が、大人から子どもまでがひろくホムスを演奏しているサハ社会の空気のようなもの、またホムスの音そのものの響きの力強さに触れ、それが互いに結び付き、重なりあっているものとして感じられたことで、社会全体への驚きと、音の響きそのものへの驚きが弟子の中で重層的に結び付き、何かしたい／できることがあるのでは、と弟子が駆り立てたられ様子が今も熱く伝わってくる。その間のムックリ奏者たちの、真摯なムックリ演奏への取り組み、そしてサハの人々との関わりは、アイヌだけでなく多くの和人を巻き込み、サハとの交流が音楽を越えて多層的なものになっていった。

そのことは二〇一五年にサハ共和国政府が札幌で開催した「サハ共和国投資セミナー」にも表れている。筆者はそこで、「サハとアイヌの文化交流」についてプレゼンテーションを行うようにサハ政府から依頼された。「経済フォーラム」で、なぜこのようなプレゼンテーションを求めているのか、とサハ政府関係者に問うと、「文化交流はもう二十五年、四半世紀も継続してきています。穏やかに互いを思いやって交流を続けてこれたことを、まだ付き合いのない北海道の経済人や道庁の人たちにも伝えてほしいのです。もしその間に問題があれば、このような文化交流は続いてきていないはずです。まだ始まったばかりの経済交流について、文化交流からバックアップしてもらいたいのです」とのことだった。そこで筆者は、前記のサハとアイヌの音楽交流について発表し、キム・ボリソフに会うために阿寒からかけつけた、山本栄子、床みどり、郷右近富貴子の三氏は、ムックリを演奏した。それにこたえる形となったキム・ボリソフのホムス演奏は、会場にいた経済人たちにも大きな拍手で迎えられた。

現在のアイヌとサハの音楽交流は、若手の演奏家にバトンタッチされつつある。しかし、そこには、サハ・アイヌ双方の交流の歴史を導いてきた人たちの交流実践や音色がベースとなっている。

ムックリ奏者として世界で活躍する郷右近は、音楽大学での特別講義で、「子どもの頃、弟子さんのムックリを聴いて大きな刺激を受けた。ムックリを販売するためにコタンのスピーカーからいつも流れているムックリの音しか接したことがなかったが、その音とは違った繊細な響きに触れ、サハとの交流の話を聴き、ムックリが世界と繋がっていることを実感した、もし弟子さんと接していなかったらそういうことは全く感じずに育ったかもしれない」という。郷右近は、二〇一一年の第七回国際口琴大会参加後、サハ文化省からの要請で、二〇一六年七月にサハで開催された「アジア青年スポー

写真6　第3回国際フェスティバル「オロンホの大地におけるユネスコ名作との出会い」に参加の様子（2016年7月開催地サハ共和国、ヤクーツク市）

ツ大会」（国際オリンピック連盟公認）のユネスコ文化プログラム出演のため二〇一五年の札幌の経済フォーラムで演奏したメンバーである山本栄子、床みどりと共にサハへ赴いた（**写真6**）。

このように現在のサハとアイヌの交流は、音楽の領域を越えて口琴演奏者間に留まらないものになってきている。その一例としては、「あそう会」への生物学問題研究所シベリア支部からのサハ共和国動植物の研究者の塘路視察の受入れが挙げられる。口琴だけでなく塘路の自然に詳しい「あそう会」メンバーは、サハの生態学者とも協力関係を持ってきた。また、二〇一八年に東京で開催された第五回国際北極研究シンポジウム（ISAR-5）では、北極圏の人々の生活・文化を知る機会としてサハ共和国からキム・ボリソフ、トゥヴァからチョドラー・トゥマットと伝統音楽アンサンブル「ドゥングルダイ」そして阿寒から郷右近、山本、床の三氏に演奏を依頼し、「北方民族音楽の夕べ」が開催され好評であった。また、「阿寒口琴の会」は、同じく生物学問題研究所シベリア支部から鳥類研究者の視察・訪問を受入れた。「北極域の渡り鳥を日本で守る」国際ワークショップ（二〇一八：北海道大学大学院文学研究科北方研究教育センター）では、郷右近がアイヌの渡り鳥の伝承に関して基調講演を行い、サハ・アイヌ・和人それぞれの情報交換・協働が一歩を踏み出している。最近では、これまでのサハと北海道の文化交流を背景にして、北海道の技術による温室栽培のトマト工場がサハ共和国に設置され、安定した出荷がなされている。これは、冬の寒さが厳しく八カ月近くも続くサハで冬は野菜が生産できないことから長年の夢の実現であった。そこにはまさに官民挙げての交流が息づきはじめている。竹製ホムスを作った諏訪は、二〇一八年三月のインタビューで、これまでのサハとの交流を振り返り「とにかく面白かった」と、一九九四年のサハ渡航についてつぶさに語ってくれた。諏訪が何度も「もう一度、今度はゆっくりとサハの人々の日々の生活に寄り添って過ごしてみたい」と話したことが印象深い。コンサートや祭りだけでなく、日常の中にある音楽、サハの人々の暮らしや思いにそっと寄り添いたいという諏訪の長年のサハとのかかわりが凝縮された言葉だったと感じる。

本稿では、これまでの口琴を通じた四半世紀も続くサハとアイヌの交流を振り返り、さらにサハとアイヌの口琴を通して始まった音楽交流が、北海道とサハという北方地域同士の交流として幅広く・多層的に深まっていっていることを紹介した。それは、口琴世界大会というイベントや口琴音楽が、様々な参加者のネットワークを生み出し、そのネットワークの参加者達がそれぞれの実践を通してさらに広領域で大きなネットワークを生み出している、四半世紀という時間軸と北方領域という空間をまたいだ興味深い事例だと言えるだろう。そしてこのような口琴を通して始まったサハとアイヌの細やかな音の文化交流は、文化交流の一つの可能性を示しているのではないか。

注

(1) 十九世紀末から発達してきた大衆芸能の一種であるバラエティーショーを行う劇場。バラエティーショーには、サハ歌謡（伝統的歌唱法を取り入れたものもある）、ポップス、ホムスなど多様な演目がある。

(2) 一九二二年にヤクート自治ソビエト社会主義共和国が設立され、一九三〇年代末以降、農村部では集団化と定住化が実施された。一九五〇代までに、夏と冬の宿営地の移動を繰り返す居住サイクルは失われ、政府による行政村落で暮らすことが導入された。学校、病院、文化施設、国営農場の事務所が設置された（高倉二〇〇九）。

(3) スピリドン・シシーギン氏は一九五〇年生まれ、一九九一年第二回国際口琴大会において、世界のヴィルトゥオーゾ（名手の意味）演奏家九名の一人に選ばれる。現在ポクロフスク第一小中高校長であり、サハ共和国文化功労者。

(4) 一九四一年生まれ。国際口琴協会名誉会長。世界民族口琴博物館創設者（一九九〇）、国際口琴センター代表。

(5) 本インタビューは二〇一八年八月二十八日に世界民族口琴博物館（ヤクーツク市）で実施した（翻訳はピョートル・シシーギン氏による）。本調査はJSPS科研費　JP18K12600の助成を受けたものである。

(6) 一九六四年生まれ、二〇〇二年よりエスノグループ「アヤルハーン」結成。世界各地のワールドミュージックフェスティバルに参加、二〇一一年第七回国際口琴大会で世界のヴィルトゥオーゾ（名手の意味）演奏家九名の一人に選ばれる。サハ共和国功労芸術家。

(7) ルカ・トゥルニン（一九一七〜一九八九）は、タッタ郡出身で、一九四八年にモスクワではじめてホムスを演奏したホムス演奏家。一九五七年には、チャイコフスキー記念ホールでホムスを演奏した。アレクセイエフなどの著名な口琴演奏家も、青年時代にトゥルニンの演奏をラジオで繰り返し聞いた影響が、その後のホムス演奏に大きな影響を与えたという。昨年生誕一〇〇年を記念した本が出版され、出版イベントも執り行われた。トゥルニン賞は、そのトゥニンの名前を冠したコンクール。

(8) 直川礼緒氏のご教示による。

(9) 一九三二年大連生まれ。進駐してきたソ連軍少佐の家で家政婦となりロシア語を覚える。一九四八年北海道に引き揚げた。その後もロシア語を学び続けロシア語通訳となる。一九八八年に札幌で開催された「ヤクート展」に来道したサハ代表団四名との関わりを契機に、一九八八年には最初のサハ渡航、一九九三年以降は、「あそう会」メンバーの通訳として渡航、これまで十三回サハ共和国に渡航した。また、来道するサハ口琴奏者の受け入れを通訳として手助けし続け、二〇一五年には三十年以上に亘り、サハ共和国と日本との文化交流に尽力してきた功績を称えサハ共和国政府から文化功労賞が授与された。一九九一年に弟子たち三人がサハ共和国に渡航することを知り、弟子たちに手紙を出しサハの知人を紹介したことを契機に、阿寒、塘路のムックリの演奏家たちとの交流も深い。

(10) 輪踊りオフオハイ（**ohyoxaй**）は、サハ語やロシア語の話者以外が聞くと、アソーハイ（アソーカイ）やオソーハイと聞こえる場合もあり、一九九三年にサハに渡航した塘路有志メンバーは、帰国後そのように発音していた。そのため「あ〜そうかい」という相槌と合わせた会名に会員はサハと北海道を連想し、長年親しみを感じ、同時にサハでも一聴してオフオハイ由来とわかる会名が親しみを持って受け止められている。

(11) 一九八二年生まれ、国際口琴協会理事、サハ共和国代表部極東地区副常任代表。

参考文献

Abe,Kazuhiro.Sound Analysis of Jew's Harp Sounds.(*Newsletter of the international Jew's Harp Society*.Issue.11:7-8,International jew's harp Society,2010)

磯嶋恵美子「第二回国際口琴大会に出演して」（直川礼緒編『口琴ジャーナル』No.3、日本口琴協会、一九九二）一〇―一二頁

荏原小百合「標茶町塘路におけるアイヌの音楽活動に関する一考察」（『標茶町郷土館報告』第一二号、標茶町郷土館、二〇〇〇年）

荏原小百合「サハ――歌謡と口琴」（山田仁史・永山ゆかり・藤原潤子編『水・雪・氷のフォークロア――北の人々の伝承世界』勉誠出版、二〇一四年）二一七―二四二頁

荏原小百合「口琴ホムスを通じてみたサハの自然と人」（檜山哲哉・藤原潤子編『シベリア――温暖化する極北の水環境と社会』京都大学学術出版会、二〇一五年）三三二―三四九頁

高倉浩樹「シベリアの狩猟・牧畜をめぐる歴史と現代ロシアにける位相」（岡洋樹ほか編『朝倉世界地理講座第二巻　東北アジア』朝倉書店、二〇〇九年）三〇一―三一三頁

直川礼緒『口琴ジャーナル』No.3（日本口琴協会、一九九一年）

直川礼緒『口琴の響く世界』（日本口琴協会、二〇〇五年）

スピリドン・シシーギン「特集　第二回国際口琴大会　Part2」（直川礼緒編、飯山一郎翻訳『口琴ジャーナル』No.4、日本口琴協会、一九九二年）一〇―一二頁

塘路口琴研究会「あそう会」『塘路口琴研究会「あそう会」沿革』（塘路口琴研究会「あそう会」作成）

塘路口琴研究会「あそう会」『「あそう会」のこれまでの主な活動』（塘路口琴研究会「あそう会」作成、平成三十年三月現在）

Музей и ценр Хомса народоф мира, *Музей и ценр Хомса народоф мира.* (кутск: Музей и ценр Хомса народоф мира, 2011)

謝辞　一九九一年の第二回国際口琴大会参加に関して直川礼緒氏、弟子シギ子氏、今井ノリ子氏にはインタビューに応じていただき、多くのご教示を賜った。郷右近富貴子氏、床みどり氏、山本栄子氏にもこれまでの交流についてお話しを伺い写真掲載のご許可をいただいた「あそう会」メンバーには例会等で交流について話しを伺った。阿部和厚氏、小川正人氏には本論に対して多くのご教示を賜った。イワン・アレクセイエフ氏、スピリドン・シシーギン氏、アリビナ・ジェグチャリョーヴァ氏、キム・ボリソフ氏には多くの教えをいただいた。心より感謝申し上げる。最後に、本稿執筆中に諏訪良光氏が亡くなられたことを報告しなければならない。氏は「あそう会」会長としてサハとの交流を牽引してアイヌとサハとの交流関係をさらに推し進め、また、アイヌの楽器や民具の製作にも尽力された。謹んで哀悼の意を捧げる。

〔III　アジアとしてのシベリア――シベリア先住民：多様な文化空間②〕

サハリン先住民族文化の復興

丹菊逸治

たんぎく・いつじ――北海道大学アイヌ・先住民研究センター准教授。専門は口承文芸論（特にアイヌ、ニヴフ）。主な著書・論文に「SFあるいは幻視文学としてのアイヌ口承文学」（岡和田晃編『北の想像力』寿郎社、二〇一四年）、「成長物語・恋愛物語としての『クトゥネシリカ』」（『ひろがる北方研究の地平線　中川裕先生還暦記念論文集』サッポロ堂書店、二〇一七年）、『アイヌ叙景詩鑑賞』（アイヌ・先住民研究センター報告書、二〇一八年）などがある。

サハリン島の先住民族（ニヴフ、ウイルタ、エヴェンキ、樺太アイヌ）の伝統文化は圧倒的なロシア系移民の影響、あるいは移住と離散で大きく打撃を受けた。ソビエト政権時代から少しずつ政府の支援が始まり、現在もなお、さまざまな模索が続いている。手工芸品製作、芸能保存活動、そして話者が急減した言語の継承と教育などへの取り組みを紹介する。

一、サハリン先住民族

（1）複数の先住民族

サハリン島は、ニヴフ、ウイルタ、エヴェンキ、樺太アイヌの四民族が伝統的な居住地域としてきた空間である。伝統的に南半分がアイヌ民族、北半分がニヴフ民族の主たる居住地域である。また、それらと重ならない形でウイルタ民族が中部・北部のツンドラ地帯を中心に、エヴェンキ民族が西海岸北部に、それぞれトナカイ牧畜を伝統的な生業として暮らしてきた。

だが、十九世紀にはロシア帝国の流刑地となり、また日露の国境地域という事もあって、日露の争奪戦の対象となり、帰属がたびたび変わり、また日露双方からの計画的な移民がなされ、先住民族は早いうちに少数派となってしまった地域でもある。

ニヴフ民族はアムール川河口地域からサハリン島にかけて約五五〇〇人居住する。アムール川河口地域からサハリン島西側にかけては西方言集団、サハリン島東側は東方言集団の伝統的な居住地域である。サハリン島に居住するのはそのおよそ半数である。一九三〇年代から本格的にソビエト化・集住化の対象となり、一九七〇年代にはロシア人移民の都市への統合がほぼ完了した。そのため、独自の言語・文化も急速に衰退した。現在ではサハリン島を取り巻く海底油田・ガス田の開発が活発化するにつれ漁場への悪影響も出始めており、州都ユジノサハリンスクなど都市部への移住も増えている。油田開発はロシア連邦政府の国策であり、石油会社は雇用対策や文化復興支援等の先住民族対策もおこなっている。

(2) 先住民族文化復興の動き

サハリン北部の先住民族、すなわちニヴフ民族・ウイルタ民族・エヴェンキ民族は集住化の対象となったとはいえ、現在に至るまで海岸部に多くが暮らし、伝統的な生業である漁業に従事する人々も多い。その文化は近代化とともにゆっくりと変容してきている。ウイルタ民族の場合は一九九〇年代にはトナカイ牧畜が衰退し、生活が大きく変わった。新たに漁業に従事するようになった人々もいる。そして先住民族全体としては、石油・ガス開発関連事業に従事する人々が増えている。

サハリン先住諸民族の「文化復興」には大きな二つの流れがある。ひとつはニヴフ人作家ヴラディミル・サンギ(一九三五〜)に代表される、ロシア主流社会の中で重要な位置を占め、そこにならう形で「民族の近代文化」を作り上げていこう、という動きである。サンギは主としてロシア語で文芸活動を行ってきたが、それはロシア人読者がメインのターゲットだからである。ニヴフ民族はハバロフスク州とサハリン州合わせても四六五二人(二〇一〇年統計)しかおらず、うちサハリン州に居住するのは二二〇〇人程度、州人口四九万人の〇・五パーセントにすぎない。サンギはサハリンの多数派であるロシア人社会において「ロシア語で郷土を描く作家」として高く評価されているのである。この方向性は当然ながらハイレベルな作品と、それを生み出すごく少数の職業的な芸術家の存在を前提とする。これはソビエト政権時代からロシアが重視してきた方向性である。

もうひとつの流れは、いわば草の根の動きである。ニヴフ人、ウイルタ人が自分たち自身のために、自分たち内部で完結するものとして文化活動を行う。伝統的な刺繍をした壁掛けを作ってインテリアに用いる、白樺樹皮製の小籠にチョコレート菓子を入れてお茶の時間を華やかに演出する。同じ先住民族ではあるが、職業的芸術家ではなく一般市民による、自分たちの生活の質の向上のためのささやかな文化活動である（**写真1**）。

この二つの流れのうち、かつてのサハリン先住民族の文化戦略は前者のみだった。民族からいかに優秀な人材を送り出せるか。あるいはいかに自民族の文化を近代化できるか。そして他の民族（つまりロシア民族）に評価してもらえるレベルまで高めるか。それが課題とみなされていた。だが、現在の動きはむしろ後者である。文化を担うのは先住民族自身であり、周囲の異民族にどう思われようと、自分たち自身がその価値を認めることが重要なのである。これはまた、サハリン先住民族の伝統的な文化のあり方とも合致する。つまり、多くの文化要素において個人が重要視される。個人の歌は他人が歌ってはいけない、刺繍は個人の作品であり、同じ服は二着と存在しない。踊るときも単独であり群舞は存在しない。

もちろん、儀礼の復興のように民族あるいはコミュニティ単位で取り組まなければならないものもある。現代においては博物館や文化センターなどが中心となる事業も不可欠である。だがそれらにおいても、結局は個人の活動が基本となるのであって、個人が技術や能力を持ち寄る形で行われる。近代化され群舞が取り入れられた現在の「伝統舞踊団」においては練習を集団で行う必要があるが、即興歌など個人の芸能の重要性は変わらない。いやむしろそれらの重要性は最近になって再発見されたといってもよい。

現在、サハリン先住諸民族の文化復興支援をおこなっているのは、主としてロシア連邦政府・州政府など行政と石油会社であるが、彼らが重視するのもこういった草の根の活動にもとづいた文化復興である。例えば、ニヴフ民族自身が組織

白樺樹皮製容器

壁飾り

ニヴフ文様の入ったテーブル

壁飾り

写真1

した「ニヴフ地域の各地の伝統文化を体験するツアー」である。あるいは東海岸北部のニヴフ人居住地域ノグリキ町にあるノグリキ歴史民族博物館が行っている「地元のニヴフ伝統文化の映像記録活動」もそこに位置付けられよう。地元のニヴフ人が愛する町周辺の風景で始まり、伝承者がニコニコ笑いながら伝統料理を作る。必ずしも手順が分かりやすく説明されるわけではない。伝承者とその技術の簡単な紹介だけといってもいい。ニヴフ人にとってそこに写っているのは知人であり、親戚であり、それを楽しみに撮影し上映される、いわば上質なホームビデオといった作りになっている。

それらは必ずしも研究者が求めるレベルのものではないかもしれない。一般向け市場で売れるものでもない。だが、先住民族の文化復興において重要なのは、先住民族社会における一般の人々が自分たちのために作り自分たちで消費する、ということである。サハリン先住民族にとって、伝統芸能は「余暇を注ぎ込むお稽古事」でもあった。ロシア歌謡が普及して後も、独特のニヴフ歌謡、ウイルタ歌謡は継承されてきた。それは個人の楽しみであり、周囲の人々もそれを楽しんでいた。それをテレビで放映したところで、サハリンの人口の大半を占めるロシア人たちが同じように楽しむことはできないだろう。彼らはエキゾチシズムとして消費するだけであり、彼らが先住民族伝統歌謡に認める価値は、先住民族自身が認める価値とは全く異なるものである。そういった伝統的な文化の価値はこれまでも継続してきたが、今ではそれを積極的に行政が支援しはじめているのである。

こういった、職業的な専門家の育成と草の根の運動の支援の二つの流れがサハリン先住民族の現在の文化復興運動を特徴づける。そして現在目につく文化活動の多くはむしろ草の根の動きであり、それを行政や石油会社が支援するかたちになっている。

二、儀礼の復興と現代化

(1) 供犠儀礼の復興

儀礼はソビエト時代にも行われていた。特にニヴフ民族にはアイヌ民族の「熊送り儀礼」とよく似た伝統儀礼「熊祭」があった。一九八〇年代まではソビエト当局が主催する熊祭すらあったが、現在では自分たちの行事としても全く行われていない。子熊飼育が困難なためだという。マス祭(カラフトマス漁の開始時の儀礼)やシロクジラ儀礼なども大々的には行われなくなった。伝統的な火葬とそれにともなう葬送儀礼も一九七〇年代までにほぼなくなった。とはいえ、現在ロシア式で行っている土葬の際にもニヴフ的な習慣は取り入れられている（日用品を壊して一緒に埋葬する、など）。

一方、山や海での活動開始時の簡単な供犠儀礼などは今日まで途切れずに行われてきた。供犠においても伝統的な食材を用いる傾向がある。

現在ではニヴフ民族の伝統儀礼として、ニヴフ人口の多いノグリキ、ポロナイスク、チルウンヴドなどでは、毎年ではないものの、海漁開始の儀礼（中部のチルウンヴドではマス漁開始の儀礼）に公式イベントとして予算措置がとられるようになっている。北部ヴァルではウイルタ民族の夏至祭が行われている。

これら復活した伝統儀礼は、必ずしも以前と同じ式次第ではない。まず儀礼の最も重要な要素である神々への供犠自体はイベント開始の前にすませておくことが多い。供犠は川岸、海岸など現代的な公式イベントが開催しづらい場所で行われるためである。それにより供犠自体の神聖性は保たれているが、儀礼全体は娯楽的な要素が強くなっている。かつては祭全体が男女で席や競技等が分かれていたが、現在ではそのような区別もなくなっている。また、丸太太鼓演奏など本来は熊祭でのみ行われた要素が別の儀礼に取り込まれるようになっている。芸能も個人が順番に舞踊を奉納するのではなく、専門の民族音楽グループが主体となっている。

（2）イベントにおける伝統競技の復活

復興された儀礼と類似して、組合の結成記念イベントなど、民族が主体となるイベントに伝統食や伝統競技が復活している。これらには海の神等への供犠も伴うため、内容自体は復興された儀礼とほとんど同じである。ニヴフ民族の場合は、競争、やり投げ、弓術などである。縄跳びや棒術などは芸能として復活している。ウイルタ民族のイベントでもやり投げやトナカイ騎乗競争などが復活している。これらは遊びではあるが、もともとは海の神や山の神、天の神などに奉納する神事であり、勝負にこだわるというより楽しむものだった。そのあり方は今でも変わっていない。

（3）家庭内での信仰

現在でもキリスト教徒は少ない。生活のロシア化によって信仰心が薄れるということはあったかもしれないが、別の宗教になったわけではない。現在でもかつての「山」「海」および「山の主」「海の主」などへの信仰が強い。儀礼自体はソビエト時代を通じてずっと行われてきた。

シャマンへの畏怖は現在でも根強いが、現在では伝統的なやり方をするシャマンはいないと思われる。シャマンと共通する薬草の知識、偽薬、呪術的治療などの一部は現在でも行われている。これは「医食同源」というサハリン先住民族の考え方にもとづくもので、専門的な知識は必要としない。先住民族一般の家庭で行われている。

三、民族芸能の復興

(1)民族音楽アンサンブルによる活動

各地に公認・非公認の民族音楽サークルがある。先住民族芸能を演目とした先住民族市民サークルである。ロシア語で「アンサンブル」と呼ばれる。公的支援を受けている場合はその代表者は専任であることが多い。代表者は何よりも書類仕事に長け、行政の仕組みに精通していなくてはならない。さらに文化活動のプロデュースに関する教育を受けていることが多い。その他の構成員は他に職業を持ち、仕事の合間に参加する。

サハリン先住民族の各地の民族音楽アンサンブルの前身となったのは、ソビエト時代に協同組合(コルホーズ)で組織された民族合唱団である。かつては革命歌・労働歌をニヴフ語に翻訳して歌っていたが、やがて先住民族言語の弾圧とそれによる言語使用範囲の縮小とともに、全てロシア語で歌うようになった。八〇年代のソビエト政権末期の改革・開放路線の時代にその民族独自の伝統歌謡も歌われるようになったらしい。現在では民族音楽の演奏、民族舞踊の公演などが主な活動内容となっている。主な芸能は以下のようなものである。

①歌謡

歌謡は伝統的なスタイルが保たれている。ニヴフの場合は現在でも個人の節によるいわゆる「即興歌」が主流である。独特のビブラート唱法(クフ)がないと評価されない。しかし現在では新しく学ぶ人がほとんどいないため歌い手は減っている。過去に作られた名作を皆で歌うこともあり、現在アンサンブルで合唱しているのはそれらである。その場合は個人性は抑えられ、ロシア歌謡的な歌唱法となっている。ウイルタ民族には複数人で歌う歌謡が比較的古くから存在したらしく、歌のレパートリーも多い。

②舞踊

ニヴフ民族は伝統的には熊送り儀礼時に一人で踊るのみである。そうした伝統的な踊り手は減っており、現在アンサンブル公演等で演じられるのは、現代風にアレンジされた舞踊である。複数人の踊りになっている。ただし、完全な創作ではなく、伝統的な動きを用いた新たな舞踊である。なお、海外からの招待に応じて公演などを行うことはあるが、カムチャツカ先住民族舞踊団「メンゴ」のようなプロフェッショナル集団ではない。

写真2　カルギ

③カルギ

ニヴフの伝統的な拡声楽器。歌謡を言語なしで歌う。一種の拡声器。独特のビブラート唱法がないと評価されない。伝統的な歌い手以外にもこれだけならできる人がいる。ニヴフ語でなくてもよいためである（**写真2**）。

④トゥングルン

ニヴフの伝統的な一弦の擦弦楽器。馬の毛を用いている。中国の二胡が原型と思われるが、楽曲は全く異なる。現在では演奏家は非常に少なくなっている。舌で弦をなめるという、独特の演奏法があるのでよく知られてはいる。基本的に歌謡を演奏するのでとっつきやすい。演奏を学ぶ人は少ないが、学ぶ際には現在でも伝統的な内容を学ぶようである。近代楽曲を演奏するわけではない。

⑤口琴

ニヴフ、ウイルタ両民族にはもともとナーナイのものに似た大型の金属口琴と、より小型の金属口琴、また竹製の口琴があった。最近はサハ口琴を学んでいる人がいるようである。サハリン先住民族コミュニティにもサハ人が少数おり、サハ共和国のものを入手する機会はあるらしい。とはいえあまり盛んとはいえず、また竹口琴を演奏する人はいない。

⑥チャチャスハシ（丸太太鼓）

かつては熊送り儀礼専用の、タブーがかかった特殊な楽器だったが、現在ではイベントなどで用いられることが増えている。ウイルタ民族の一部にもあったが、現在ではもっぱらニヴフ民族の楽器だとみなされている。比較的手軽な楽器なので子供たちにも教えられている。演奏時に一緒に唱える文句があるが、それらは子供たちにとってはもっとも身近なニヴフ語かもしれない。もともと職業的な演奏者がいるわけではなく、一般の女性が叩くものである。現在でもそれは変わらない。

⑦太鼓（片面太鼓）

もともとは楽器ではなくシャマンの神聖な祭具とみなされる。近代化とともにシャマン文化が消滅した現在でもタブー意識は強い。「本来は楽器ではない」という知識も共有されている。民族音楽グループでの使用に際しては、演奏者ではなく製作者に不幸がふりかかると考えられている。そのため、民族音楽グループで用いているのはカムチャツカから購入したものである（カムチャツカでは楽器とみなされている）。現在では舞踊の際の伴奏楽器として、簡単なリズムをとるために用いられる

（2）子供音楽グループ

子供たちの一種の学芸会として、これらの楽器の演奏、舞踊、先住民族言語による語劇などが演目とされている。ニヴフ語劇では昔話を脚本化したものが多いようである。先住民族地元文化人や小中学校教師（先住民族言語の教師など）が協力する。

（3）民族混成音楽グループ「ムングメ・イルガ」

ポロナイスクでは、珍しいウイルタ・ニヴフ・ナーナイ三民族混成音楽グループ「ムングメ・イルガ」が一九八一年に結成され、今日まで活動している。民族混成となったのは、戦後（一九四〇年代）になって労働力補充を目的として、アムール地方からポロナイスクにナーナイ民族が移住させられていたためである。ナーナイ民族の移住はある意味では日本時代の「オタスの森」から継続する、ポロナイスクにおける「行政主導による民族混住政策」である。いずれにしても、この移住は地元の先住民族社会に大きな動揺をもたらした。そのため、民族間の融和をはかった民族混成音楽グループが結成されたのである。

四、博物館・文化センター等を拠点とする活動

サハリン各地の郷土博物館・資料館では、先住民族出身の地元の人間が館員になっていることが多く、文化活動の中心にもなっている。博物館や資料館が存在しない場合などは、サハリン北部オハ市の非営利団体「クフクフ」のような非営利団体が中心となる場合もある。それらが行政・石油会社からの資金提供を受けてさまざまな活動をしている。博物館には数人の、非営利団体には一人か二人の専任スタッフがいる。

（1）博物館の伝承記録活動

サハリン州の州都ユジノサハリンスク市にあるサハリン国立博物館のニヴフ民族に関わる展示・収蔵品整理は基本的にはニヴフ・コミュニティと協力する形で行われている。特に石油開発が活発になるにつれて、石油会社の資金提供により活動が活発化している。また博物館への協力を通じてニヴフ・コミュニティ側の伝統文化に対する意識も刺激されている。

ポロナイスク市、ノグリキ町など各地の小さな博物館はサハリン国立博物館からは独立した機関であり、独自の文化活動を行っている。ポロナイスク歴史郷土博物館はウイルタ・ニヴフ・ナーナイ諸民族をそれぞれ並列した文化展示やヨーロッパ・日本などから来た探検隊との接触をテーマにした一連の展示を行い、ノグリキ郷土民族博物館はむしろ地元のニヴフ文化の展示や、地元コミュニティ密着型の伝統文化映像記録活動を行っている。

(2) 工芸復興

サハリン先住民の工芸は基本的に実用品だが、それらはすでに日常生活では使われていないし、今後使われる見込みも少ない。個人としては、お土産物あるいは記念品としての需要しか見込めない。そのため、内容には偏りがある。

①白樺樹皮容器

白樺樹皮を折り曲げて作られる容器。折り曲げ式なので水漏れがなく、つい最近まで現役で用いられていた。まだ技術伝承者は多く、技術者育成の支援もある。博物館等で購入することもできる。とはいえ一般的に売れるものでもないので、基本的には自分たちの文化保存のためのものである。今でも各家庭に一つか二つはある。

②木彫

近代化によって伝統的な木彫はかなり打撃を受け、現在では本格的な作家はいない。彫刻を施した大型スプーン、熊をかたどった小物などがお土産物として作られることはある。

③刺繍衣

弾圧された時期を除き、本来の晴れ着・正装としての地位は失っていない。最近では民族意識の高揚からか民族的イベントで着る人は増えているようである。だが、製作者は逆に減っている。ニヴフやウイルタの伝統衣は必ずしも複雑な構造ではないが、ロシアの衣服とは違う部分が多く、教えられる人も少ない。また袖口や襟などに伝統刺繍をほどこす必要があるが、経済的に見合わないこともあって伝統的スタイルでの刺繍作家も少なくなっている。いくら需要があるといっても、プロとしてやっていけるほどではない。また、以前に比べて無地の布地が高価になっており、何らかの支援事業等でなければ個人が作りづらい状況でもある。

④刺繍を施した布製品

人数は減っているが、刺繍作家は現在でも（ロシア刺繍ではなく）基本的にニヴフ的な刺繍を行っている。また、刺繍を用いた絵、状差しなどの実用品など、新たにいろいろな試みをしてもいる。伝統的には具象モチーフは用いなかったが、最近では鳥や魚、風景など、より具象的なモチーフの取り込みがみられる。ただし服に具象模様を用いる人は今でも少ない。伝統的に職業として成り立つものではなかったが、腕の立つ人は依頼を受け報酬をもらって刺繍することもあった（写真3）。

（3）魚皮を用いた芸術作品など

サハリン先住民族出身で専門的な芸術・工芸教育を受けた人はある程度いる。多くはハバロフスクで、時にはペテルブルクやモスクワで学んでいる。ニヴフ人画家のナタシャ・プリュス、ウイルタ人画家ヴェロニカ・オシポヴァなどが活躍している。彼女らは普段はイラストや肖像画などを制作するが、サハリン先住民族工芸で特徴的な素材である魚皮を用いた作品を作ることがある（写真4）。サケやイトウなど大型魚の皮はかつて防水服や防水袋、靴の素材ともなった。民族的なモチーフを取り込んだ作品作りのために、そういった生活に密着した伝統素材である魚皮を用いるのである。伝統模様

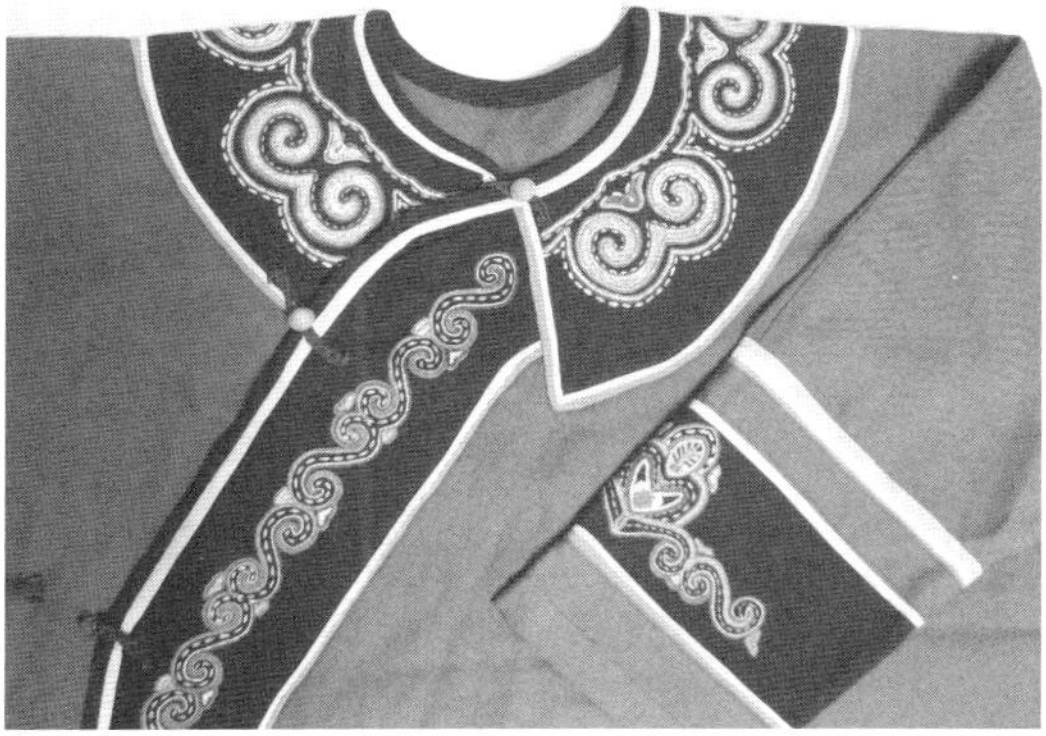

写真3　伝統衣装の刺繍

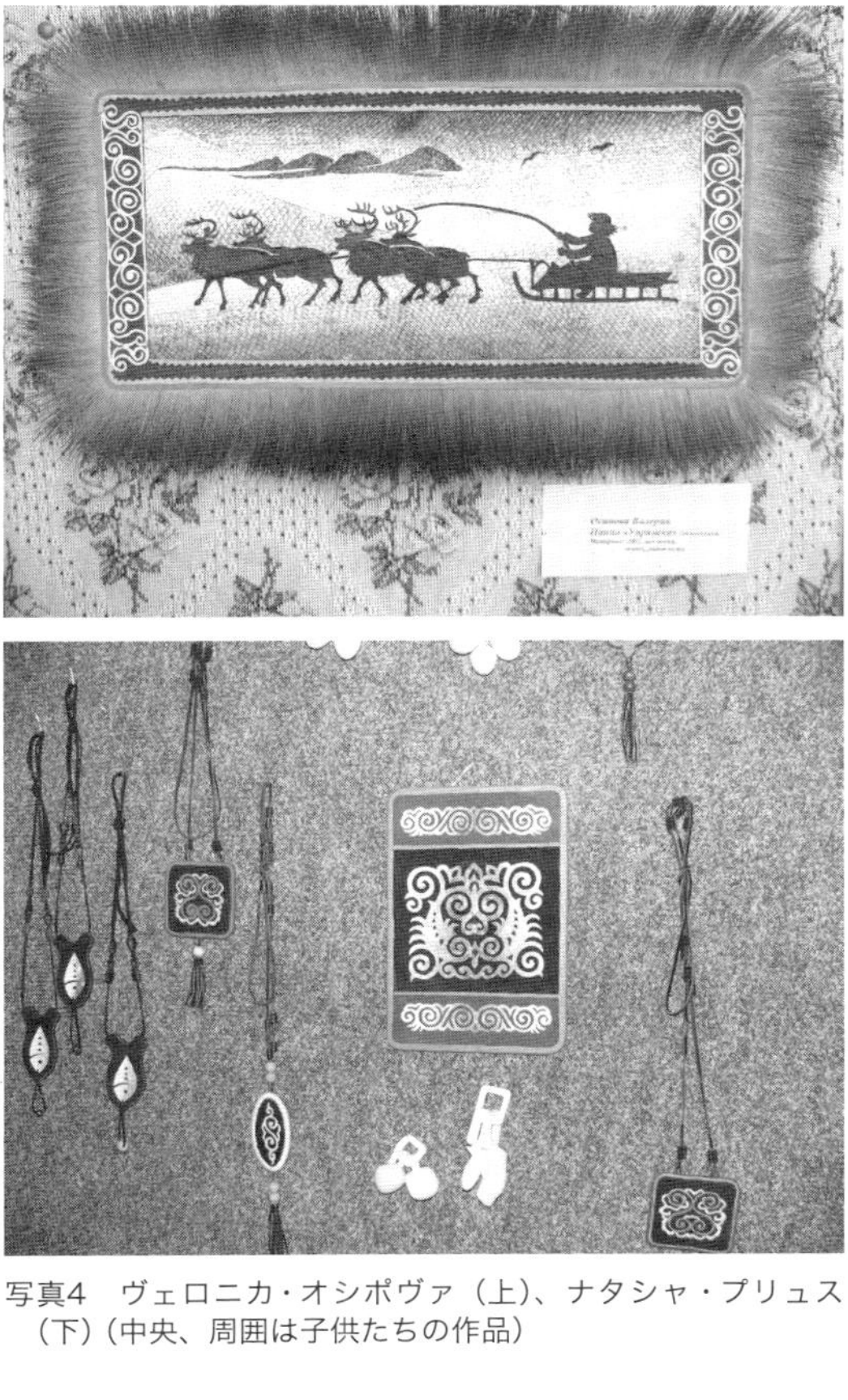

写真4　ヴェロニカ・オシポヴァ（上）、ナタシャ・プリュス（下）（中央、周囲は子供たちの作品）

写真5　おみやげものとしての魚皮作品

をモチーフにしたもの、人物や風景を描いたものなど作家によって作品の方向性は異なる。

市場に直結しておらず、流通もあまりしっかりしていないので、販路がなかなか確保できずにいるが、博物館や美術館で販売されていることもある。最近では子供たちが魚皮を用いたお土産品を作っていたりもする。こちらのほうがよく見かけるかもしれない（写真5）。

（4）その他民具の復元

すでに姿を消した民具についても、技術自体は継承されていることがある。博物館は彼らにしばしば「復元」を依頼している。丸木舟や犬ぞりなどである。博物館による「復元」はニヴフ民族側にとっては一種の「民族の復興」というイメージと結びついてもいる。

五、食と生活

（1）食文化の復興

漁業を生業としているサハリン先住民族の食文化はあまり急激に変化してこなかった。サケ・マス、アザラシ、ベリー、その他の山菜を用いる「医食同源」的な食文化自体は変容しつつも継続してきた。トナカイ牧畜は一九九〇年代にはすっかり下火となったが、現在でもトナカイ肉は手に入る。だが、近年では伝統食にあまり親しまない若者も増えている。石油開発に伴い、漁場の喪失と都市労働者化が促進されたことで、新鮮な海産物が入手しづらくなったことが大きい。

それでも、サハリン先住民族食文化の神髄ともいえる干し魚の作成方法やベリーの利用法については、子供たちにもある程度教えている家庭が多い。また、食文化については地域的な独自性を継承したいという意識が強いようである。北部では小麦を用いた一種の「うどん」が伝承され、ポロナイスクでは日本時代の名残か他地域に比較すると米食の志向が強い。こういった傾向も根強く家庭内で継承されている。

一般的にサハリン先住民族の間では伝統食はプラスの印象を伴っている。これは文化復興というよりも、一度も途切れたことのない伝統というべきかもしれない。若い世代でも、個々の食材についての好き嫌いは別にして「医食同源」という概念は共有しており、伝統食が健康に良いと考えているようである。

民族行事の際には伝統食が必ず並べられる。再開された伝統儀礼でも供犠には伝統食が欠かせない。近年の各地の相互交流など近代的なイベントでも「先住民族のイベント」である限り、伝統食の持ち寄りが行われる（**写真6**）。

一九九〇年代以降、ニヴフ自身が各地の食文化の記録にも興味を持ち始めた。イリナ・オニェンコのように、研究者に協力するうちに自分でも研究を始め、本格的なニヴフ植物利用辞典を作ってしまった人もいる。

ロシアにおける自然食ブームも追い風となっており、食材が入手できる限り伝統的な食文化が完全に消滅することはないと思われる。

写真6　ヴァル村のトナカイ祭にて

(2) 伝統式家屋

すでに伝統式家屋から近代建築に移行して数世代を重ねており、近代建築のほうが便利であると現在では考えられている。だが、高床式の夏住居や半地下式の冬住居については、先住民族言語の教科書に必ず記載されていることなどもあり、また昔話にたびたび登場するので、子供たちでも一定の知識を持っている。したがって、博物館などに「復元」された伝統家屋（あるいはその模型）は、彼らにとって自分たちの先住性の象徴でもある。

(3) イヌ飼養

かつてニヴフ民族は「犬の民族」と呼ばれ犬ぞりを用い、ウイルタ民族は「トナカイの民族」と呼ばれトナカイぞりを用いていた。現在のサハリンでは犬ぞりもトナカイそりも用いられていないが、ニヴフは今でも犬を飼っているし、ウイルタも今でも細々とトナカイを飼ってはいる。ネクラソフカ村やヴァル村など北部地域では犬ぞり用のニヴフ犬の保存活動が行われている。なお食肉としての利用、毛皮の利用は現在では行われていない。

ウイルタ民族のトナカイ牧畜はほぼ壊滅しているが、伝統としてごく少数のトナカイが飼われている。儀礼などの際には小さな子供たちでもトナカイに乗れる者はその技術を披露する。経済状況が許す限り、何らかの形でトナカイは飼養され続けると思われる。

六、言語復興

(1) 教科書と昔話の刊行

ニヴフ語は一九二〇年代にラテン文字による正書法が作られ、一九三二年に最初の教科書が刊行されたが、この正書法は数年で停止された。しかしキリル文字を用いた正書法への移行は一九六〇年代になっても遅々として進まなかった。そのため一九七〇年に初めて刊行されたニヴフ語＝ロシア語辞典は独自の表記法によっている。一九七九年にキリル文字にニヴフ語用特殊文字を追加した正書法が制定され、一九八〇年代以降、各学齢向けのニヴフ語教科書が出版されている（**写真7**）。ニヴフ語出版物は基本的にこの文字を用いた表記になっている（表記法の細部には年代により変更がある）。ウイルタ語の文字については日本の言語学者池上二良の協力で一九九〇年代に検討が始まり、二〇〇八年に初の教科書が出版されている。

復興された儀礼や、民族イベントでは伝統的に芸能が披露されるが、その際に子供たちによるニヴフ語口承伝承暗唱（遊び歌など）や、ニヴフ語による昔話の語り（高齢の語り手による。伝統的に身振り手振りがつくのでニヴフ語の知識がなくともある程度はわかる）が演目とされるようになってきている。

おそらく一九八〇年代の後半より、個人的にニヴフ語伝承を記録する伝承者が現れた。彼らは若い世代がニヴフ語を理解しないのをみて危機感を覚え、自らが筆録して伝承を残すべきだと考えたのである。内容はニヴフ語の語彙、ニヴフ語による伝説など多岐にわたる。ニヴフ語弾圧時代に学校教育を受けているために正書法を学ぶ機会がなかった世代であり、独自の表記法を用いていることが多い。最近では行政や石油会社の支援で、それらの筆録が出版されることもある。

(2) 少ない録音資料

一九七〇年代よりオープンリール式録音機を用いた口承伝承(叙事詩・昔話・伝説)・歌謡の録音が行われている。民族学者エルヒム・クレイノヴィチ、音楽学者ナタリヤ・マンチェヴァら非ニヴフ民族の研究者たちだけでなく、言語学者ガリナ・オタイナ、作家のヴラディミル・サンギらニヴフ民族自身も当時最新の機材を用いて音声資料を採録した。それらを元にした再話などはあるが、実際の伝承活動に再活用することはいまのところほとんどない。ニヴフ語の復興のための活用も具体的には行われていない。話者の減少があまりに急激だったこともあり、言語復興の動きが追いついていない。

ウイルタ民族は人口が数一〇〇人規模であるために、言語の危機はニヴフ語以上に深刻である。だが、ウイルタ語はエヴェンキ語やウリチ語など同系統のツングース系諸言語にまだ多くの話者がいて、それらの活動を参考にすることができる。そして何より最近になって辞書や文法記述などが相次いで刊行されている。それらは直接言語復興に役立つわけではないが、意識の高揚にはつながっているのは間違いない。

(3) ニヴフ語を「思い出す」運動

ニヴフ民族自身の間でもニヴフ語を保存しようという動きが始まっている。学校教育では子供たちがニヴフ語を身につけられないことも分かってきた。ノグリキの高齢者たちは自分たちですら「ニヴフ語を忘れてしまった」ことに気づき、「思い出す」ための運動を始めている。長い間ニヴフ語を話していない人、聞けば分かるけれど話せない人、そういう人たちが集まって高齢者のニヴフ語を聞き、なるべく自分でも話そうという集まりである。現在はノグリキで行われている

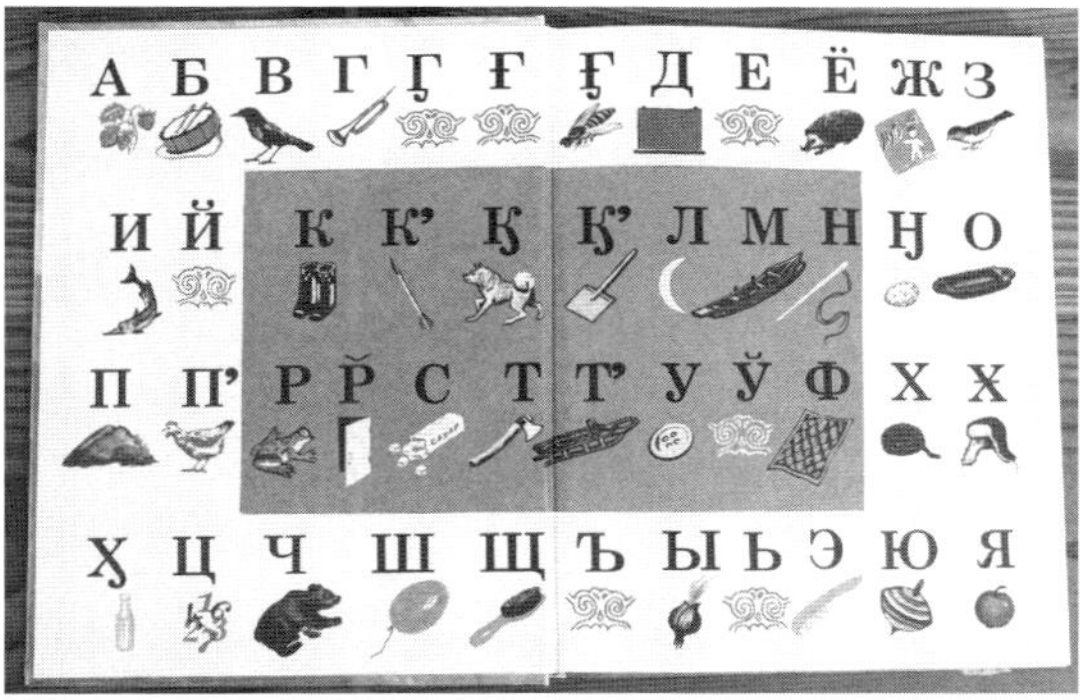

写真7 教科書の文字(1999年刊のニヴフ語教科書より)

だけだが、今後各地に広がる可能性もある。

(4)学校教育

ニヴフ語は一九八〇年代までは一部の学校で授業用語として用いられていた。その頃まで子供たちは先にニヴフ語を覚え、ロシア語は後から学んでいた。また、狩猟学など実地での教育が必要な場合はロシア語よりニヴフ語のほうが有利だとも考えられていた。現在では学校によっては課外活動科目とされている。

ウイルタ語はポロナイスク市のウイルタコミュニティの子弟を対象に、学校の課外活動として不定期に教えられている。これら先住民族言語の成績が優秀であれば、その後ペテルブルグに留学するなどの可能性もある。

だが、実際には現在の学校カリキュラムでニヴフ語やウイルタ語の運用能力を身に着けるのは困難である。

(5)ニヴフ語新聞「ニヴフ・ディフ」

ニヴフ語の二方言およびロシア語の混在する季刊誌『ニヴフ・ディフ』が活動を継続している。オハで編集・発行され、各世帯に無料配布される。原則としてニヴフ語で書かれ文章にはロシア語訳がつく。自分の方言の分は理解できるので、高齢者たちは自分たちの方言で読んでいる。若者たちはロシア語で書かれた部分しか読めない。季刊ではあるが、ニヴフ民族にとっては文化活動に関する一般向けの活動報告でもあるので、よく読まれている。残念ながらウイルタ語による定期刊行物は存在しないが、ひとつには文字化がなされておらず、行政からの支援が不可能だったことが原因である。現在では正書法があり、教科書などの教材も整いつつあるので、ウイルタ民族自身が準備を整えられれば行政や石油会社からの経済支援の可能性もあると思われる。

(6)先住民族の言語で発表する学術カンファレンス

サハリン先住民族は「研究される対象」でしかなかったわけではない。チュネル・タクサミ(一九三一~二〇一四)はハバロフスク州アムール地方出身のニヴフ人だが、ペテルブルグで学び、人類学民族学博物館(ロシア科学アカデミー人類学民族学博物館МАЭ РАН)の館長を務めた。彼の専門はニヴフ文化ではあったが、ロシア人類学の代表として世界中の人類を研究する側に回ったのである。彼だけでなく言語学者のガリナ・オタイナー(一九三一~一九九五)などニヴフ民族出身の研究者は少なくない。これはソビエト時代の教育政策の成果でもある。

これら高度な教育を受けた専門家と、各地域の文化活動家の協力がなくては文化復興も進まない。そういう認識のもと、二〇一四年に第一回「先住民族の言語で発表する学術カンファレンス」がユジノサハリンスク市で開催された。先住民族出身研究者だけでなく、非先住民族出身の研究者も参加、また伝承者も自分の活動について報告するなど大盛況となった。サハリン州内の先住民族のニヴフ語、ウイルタ語、ナーナイ語、エヴェンキ語が、たんなる象徴ではなくまさに生きた言語として学術発表に用いられたのである。サハリンだけでなく、アムール地方からも参加があった。

七、ニヴフ語、ロシア語による詩

ニヴフ文学の伝統的な歌謡は隠喩を駆使した詩でもあった。現在でもニヴフ語、ロシア語を用いた詩作活動は行われている。

職業的作家としては前出のヴラディミル・サンギがいる。彼はサハリンの学校を終えたのちレニングラード（現在のサンクトペテルブルグ）で学び、プーシキン作品のニヴフ語訳、ロシア語による詩作活動を続けてきた。彼の作品はニヴフ語、ロシア語とも非常に洗練された美しい文体で書かれている。

彼の後に続く職業作家は出なかったが、ニヴフ人自身の文学活動が全くなかったわけではない。日々の楽しみとして個人的に執筆活動をする人々は常に存在した。それらの詩作のうち、ニヴフ語のものは教科書などに再録されることもある。最近では残念ながらニヴフ語を用いる人は少なく、ほとんどがロシア語による。身の回りのことなどを題材にしたものなど、郷土色の強い詩である。

ロシアでも少なくとも現在では詩作で生計を立てることはほぼ不可能であり、基本的には個人の趣味である。出版形態もいわゆる同人誌のようなものである。だが、個人の楽しみというニヴフ詩の伝統的なあり方の上に、ロシアの文学伝統が結果的に融合しつつある現在、少なくともニヴフ民族自身の満足のためにはそれで十分ともいえる。

研究者に協力して文章を残すニヴフ人もいるが、小中学校の教職経験者などは自らエッセイを執筆してもいる。だが、発表の機会は限られる。

八、石油開発の陰で

サハリンにおいて先住民族人口は州人口の〇・五パーセントを占めるにすぎない。だが、石油開発のためにその漁場が被害を受けていることは国際的に知られており、行政当局も石油会社も配慮せざるをない。そういった事情から、ある程度の予算が先住民族の文化保護のために組まれるようになってはいる。だが、文化活動が必ずしも生活向上に結びつかないことはサハリン先住民族自身もよく理解している。彼らが声を大きくして訴えるのはむしろ経済支援による生活向上である。漁業の安定と雇用の確保が何より重要であり、それによって自分たち自身のお金を民族固有の文化に使えるようになることが望ましい。ニヴフ伝統文化については、ニヴフ民族自身が一番よく知っているし、自分たちが決める権利を持っている。行政当局の助成金はありがたいが、助成金を巡って争いが起こったり、あるいは達成できない目標が設定されてしまったりすることもある。あせらず地道に着実な活動を続けるべきだと考える人々も多い。

九、サハリンのアイヌ民族（エンチウ）の人々

ここまでは現在のロシア領内の先住諸民族の動きである。だが、日露戦争後のポーツマス条約（一九〇五）から第二次世界大戦終了に伴う、いわゆる「南樺太からの引き揚げ」まで存在した旧日本領南樺太には約二〇〇〇人の先住民族がいた。全域にわたってアイヌ民族（一九三四年時点で一六八一人）が、そして敷香《しすか》町（現ポロナイスク市）近郊には数一〇〇人のウイルタ民族（一九三四年時点で三三四人）、ニヴフ民族（同一一三人）、エヴェンク民族（同二十四人）、ウリチ民族（同十人）といった人々が居住していたのである。終戦後、サハリンのアイヌ民族の大半は他の日本人たちとともに戦後日本に移住を余儀なくされた。他の先住諸民族も半数以上が日本に移住したと考えられる。

土地も財産も仕事も全て失ったサハリン出身の先住諸民族出身者たちは慣れない土地で苦労を重ね、文化活動どころではなかった。だが、網走市などでは諸民族が紐帯を持った文化継承活動が続けられた。一九六〇年代から八〇年代にかけ、藤山ハルは言語学者のアイヌ語研究に協力し、その長女金谷フサは芸能保存活動をしていた。中村チヨ（ニヴフ）、北川ゲンダーヌ（ウイルタ）らはウイルタ民族とその支援者田中了らが中心となって設立した資料館「ジャッカ・ドフニ」（一九七八～二〇一〇）を拠点に文化保存活動をしていた。現在では樺太アイヌ協会など任意団体や言語・文化の勉強会が文化活動の結節点となっている。ウイルタ協会、フレップ会などウイルタ文化保存の活動も、一般にはあまり知られていないが決して途絶えたわけではない。

旧日本領南樺太に残ったウイルタ人、ニヴフ人は再び北部のウイルタ民族社会、ニヴフ民族社会との関係を取り戻した。前述の混成民族音楽グループ「ムングメ・イルガ」はそういった歴史を反映したものでもある。

アイヌ民族のうち、終戦後もサハリンに残った人々は多くても数十人だったと思われる。配偶者がアイヌ民族以外で日

本国籍を保有しなかったため、残らざるを得なかった人々がほとんどである。現在では戦後二世代目、三世代目になり、伝統文化に関する知識も薄れている。公式な民族団体も作られていない。だが、民族としての記憶は残る。ユジノサハリンスク市の博物館等の販売コーナーなどに、ごくまれにアイヌ民族が作った民芸品が置かれていることがある。現在のサハリンでも、アイヌ民族の文化継承・文化復興は細々とではあるが続いているのである。

文献

Оненко И. И. Растения, используемые коренными малочисленными народами Севера Сахалина и Приамурья / И. И. Оненко; [под ред. А. А. Тарана]. - Изд. 2-е, испр. и доп.. - Южно-Сахалинск : Эйкон, 2016. – 231 с.

参考資料

Оненко И. И. Растения, используемые коренными малочисленными народами Севера Сахалина и Приамурья

Оненко И. И. Растения, используемые коренными малочисленными народами Севера Сахалина и Приамурья / И. И. Оненко; [под ред. А. А. Тарана]. - Изд. 2-е, испр. и доп.. - Южно-Сахалинск : Эйкон, 2016. – 231 с.

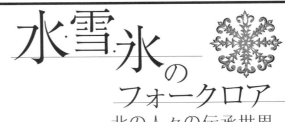

【Ⅲ　アジアとしてのシベリア――シベリア先住民：多様な文化空間②】

カムチャッカの先住民文化を受け継ぐ人々

永山ゆかり

ながやま・ゆかり――北海道大学スラブ研究センター共同研究員。専門は言語学。主な著書に『水・雪・氷のフォークロア』（共編、勉誠出版、二〇一四年）、『シベリア先住民の食卓――食べものから見たシベリア先住民の暮らし』（共編、東海大学出版部、二〇一六年）などがある。

カムチャッカ地方には九つの先住民族が居住するが、いずれも固有の言語や文化はソ連期以降急速に衰退している。現在の先住民族の言語や文化の復興活動の担い手の中には、言語や文化を家庭内で継承していない人々も多いが、こうした若い世代がどのような動機で活動をしているのか、インタビューを通して紹介する。

一、カムチャッカの先住民族

現在カムチャッカ地方に居住する民族のうち、地域住民の共通認識としてカムチャッカの先住民と考えられているのはコリヤーク人、チュクチ人、イテリメン人、エウェン人、アリュート人である。ここでは統計上数値がでないほど少数の民族は除外されている。また、ここでいう先住民族とは、多数派であるロシア系住民に対して使われる用語であり、歴史的・文化的な経緯からカムチャッカに古くから居住すると考えられる民族と、そうでない民族を区別していない。ロシア人が初めてカムチャッカに到達したのは十七世紀半ばであるが、ロシア人到来よりもあとにカムチャッカに住むようになった民族も先住民族に含まれている。カムチャッカに居住する先住民のうちロシア人の到来以前からカムチャッカに住んでいたのは、コリヤーク人、アリュートル人、チュクチ人、ケレック人、イテリメン人である。これら五つの民族の言語は古アジア諸語のチュクチ・カムチャッカ語族に属する。ほかに、ロシア人よりも後にカムチャッカに移住したエウェン人、露米会社によって毛皮猟のためにアリューシャン列島からカムチャッカ地方のコマンドル諸島に移住させられたアリュート人、十九世紀後半以降にロシア政府によってサハリンおよび北千島から移住させられたアイヌ人（丹菊逸治氏私信）など、カムチャッカの外に伝統的な居住地域を持つ民族もある。「カムチャダール人」はイテリメン人の旧称でもあるが、近年はコサックとイテリメン人やコリヤーク人などのカムチャッカ先住民とが接触して形成された比較的新しい民族集団を指す。

表1に二〇一〇年の国勢調査中のカムチャッカ地方に居住する民族一覧からカムチャッカ先住民を抜粋して示す。(1) このほかに「リストにない民族をあげた者」が二〇〇人あまりいて、アリュートル人・ケレック人などと回答した人はおそらくこのカテゴリーに含まれているのであろう。なお、二〇〇二年のロシア国勢調査では「コリヤーク人」の別名として、かっこ書きでアリュートルツィ алюторцы、アルータルウー алутальу、オリュートルツィ олюторцы（いずれもアリュートル人を指す名称）やヌムラヌィ нымыланы（アリュートル人も含めた海岸コリヤーク人を指す名称）などが示されている。(2) しかし二〇一〇年の国勢調査では「コリヤーク人」の別名としてヌムラヌィはあるものの、アリュートル人を示す名称は記載されておらず、アリュートル人として登録した人がいたかどうか詳細な情報は不明である。二〇一〇年の国勢調査によれば、ロシア全体でのコリヤーク人の人口は七九五三人である。

表1　カムチャッカ先住民（2010年ロシア国勢調査）

民族名	人口（人）
アリュート人　алеуты	401
イテリメン人　ительмены	2,394
カムチャダール人　камчадалы	1,551
コリヤーク人　коряки	6,640
エウェン人　эвены	1,872
チュクチ人　чукчи	1,496

アリュートル人、ケレック人、アイヌ人の記載なし。

筆者がカムチャッカ地方オリュートル地区で出会ったケレック人の女性は、少なくとも両親の世代からコリヤーク語に完全に移行しており、コリヤーク語とロシア語の二言語併用者である。その女性の語るところによれば、両親や叔父叔母のうちケレック語を日常的に使っていた人はおらず、みんなコリヤーク語を話していたという。その女性は、自分の出自はケレック人であると明言していたが、国勢調査ではコリヤーク人として登録しており、小学校でコリヤーク語を教えている。なお、この女性の母もコリヤーク人として登録していたが、同じ両親から生まれた母方の叔母はルオラウェトラン人として登録していたというので、この地域のケレック人・コリヤーク人・チュクチ人の境界は極めてあいまいで、統計資料から実情を把握するのは困難である。

二、コリヤーク語とアリュートル語

コリヤーク人**коряки**というロシア語名称は語源不明であり、コリヤーク人やアリュートル人のそれぞれの民族語による自称とはまったく似ていない。コリヤーク人は伝統的にトナカイ・コリヤーク人**оленные коряки**と海岸コリヤーク人**береговые коряки**（あるいは定住コリヤーク人**оседлые коряки**）とに大別される。トナカイ・コリヤーク人は伝統的にトナカイ飼育を主な生業としてきたグループ、海岸コリヤーク人は沿岸部に居住し、漁労や海獣狩猟を主な生業としてきたグループである。海岸コリヤーク人に属するグループのうちどのグループをアリュートル人とするかは研究者によって見解が異なる。(3) 海岸コリヤーク人の大部分はアリュートル語およびアリュートル語によく似た言語（あるいは方言）を話すが、生業は海岸コリヤークタイプでありながら、言語の特徴を見るとトナカイ・コリヤークに近いグループもあり、伝統的な生業だけで二分することは難しい。ソ連時代のコリヤーク語研究者によれば、コリヤーク人の全人口の二五パーセント程度、およそ二〇〇〇人がアリュートル人だろうと推測されている。(4)

従来の分類ではコリヤーク人というのはアリュートル語も含めたコリヤーク語の諸方言を話す人々すべてを指していると考えられていた。しかし近年では、少なくとも言語学者のあいだではアリュートル語とコリヤーク語は別々の言語であると考えるのが一般的である。ただ、**図1**のように言語の分類と民族集団の分類のあいだにはずれがあるほか、後述する民族自認のゆれもあり、アリュートル人とは誰かを定義するのは容易ではない。

コリヤーク人とアリュートル人の関係は、伝統的にエスキモー人と呼ばれてきた集団の関係と比較すると理解しやすいかもしれない。エスキモー人というのは包括的な用語であり、イヌイット人、ユピック人など、互いに異なるアイデンティティを持ち、それぞれ独自の言語を話すいくつかの民族を含む。つまり、イヌイット人もユピック人も同時にエスキモー人でもあるわけだが、エスキモー人をすべてイヌイット人と置き換えるのは誤りである。イヌイット人以外の民族はイヌイット人とは異なるアイデンティティを持っているからである。コリヤーク人の分類も、それぞれの民族の言語による自称にもとづき、「チャウチュ人」と「ヌムラン人」のようにいえば、名称上の混乱はある程度解消できるだろう。

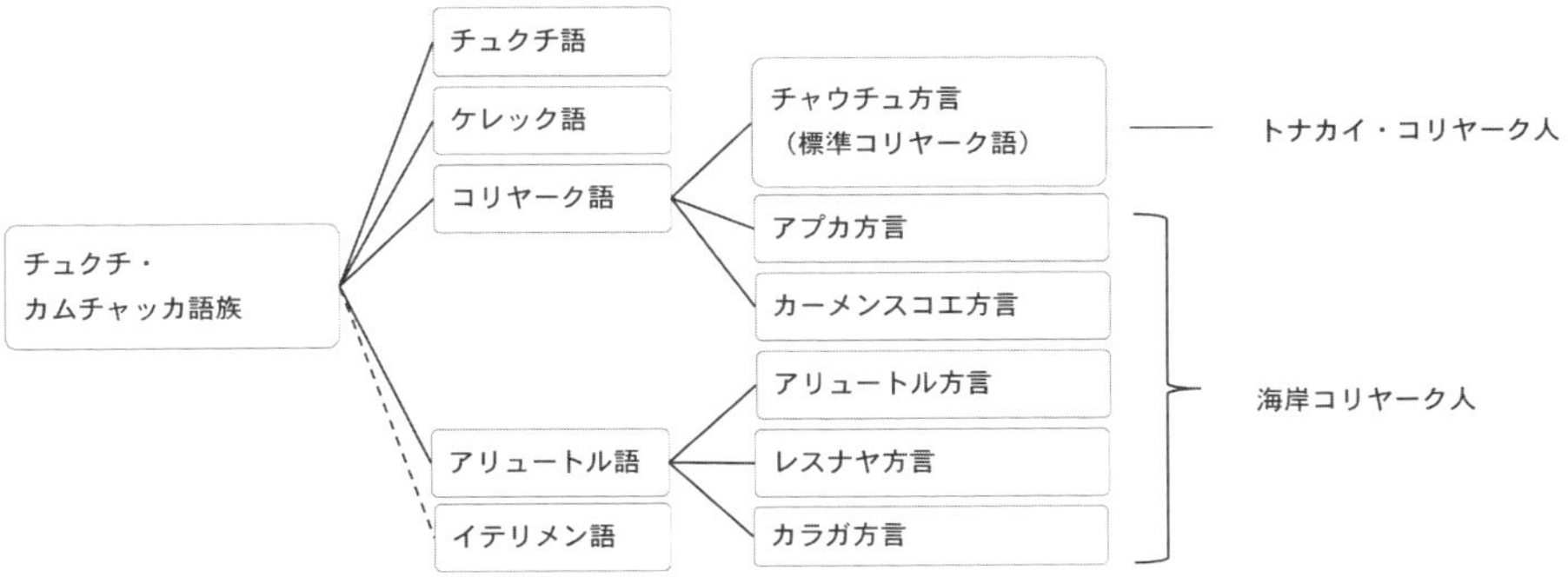

図1　チュクチ・カムチャッカ語族の分類

（1）複雑な民族自認

カムチャッカの先住民族は、もともとは同じ民族集団が数家族から数十家族ごとにまとまって集落を形成していたようだ。海岸コリヤーク出身のある女性の語ったところによれば、小さな村が海岸沿いに点々と連なっていたそうだ。しかし一九五〇年代から八〇年代にかけて集住化が進められ、結果として一つの村に様々な民族が共存するようになった。

トナカイ飼養民であるエウェン人とコリヤーク人、チュクチ人とコリヤーク人のような異民族間の結婚は、ソ連以前からも行われていたようだが、ソ連時代にはとくに盛んに行われるようになった。ソ連時代はパスポートと呼ばれる身分証に民族名も記載されていたが、こうした結婚により生まれた子供たちの公的な民族名がどのように決定されるのかは、同じカムチャッカ内でも地域によって違うようである。たとえばカムチャッカ半島北東部のオリュートル地区で生まれた人は、子供は一律に父親と同じ民族として登録するのが慣例であったという。しかしカムチャッカ半島西海岸のチギリ地区出身の人によれば、コリヤーク人の両親から生まれた子供のうち、上の兄弟七人はコリヤーク人として登録され、一番下の妹だけがアリュート人（アリュートル人ではない）として登録された例もあるという。

なお、同じ両親から生まれても、受け継ぐ言語がきょうだいによって違うこともある。筆者の知人の一九六〇年代生まれのあるエウェン人女性は、エウェン人でエウェン語・コリヤーク語・ロシア語の三言語併用者の父と、チュクチ人でチュクチ語・コリヤーク語・ロシア語の三言語併用者であった母のもとに生まれた。母方祖母はチュクチ人、母方祖父は「コリヤーク化した」チュクチ人であったという。コリヤーク化したチュクチ人と、コリヤーク化していないチュクチ人を区別するのに、後者をルオラウェトラン人 луораветланы

と呼ぶときもある。年の離れた長兄は父からエウェン語とコリャーク語を教えられたが、父親を比較的早くに亡くしたため自分自身はエウェン語を継承していないという。しかし家庭での使用言語がコリャーク語だったため、コリャーク語を流暢に話し、コリャーク語教員として働いていた。自分も含め、きょうだいたちは公式に登録されているロシア語の姓名のほかに、エウェン語の名前、コリャーク語の名前の三つの名前を持つ。パスポートには父親と子供たちすべてエウェン人として記載された。

(2) さまざまな「チュクチ人」と「コリャーク人」

前述のとおり、カムチャッカのチュクチ人にはチュクチ語を話すグループと、チュクチ語からコリャーク語へ移行した、「コリャーク化した」チュクチ人と呼ばれるグループがある。カムチャッカ地方では、チュクチ人はコリャーク管区北東部にあるオリュートル地区に多く居住しているが、この地区は北をチュクチ自治管区に接しており、古くからチュクチ人との交流が多かった。「コリャーク化したチュクチ人」は、たとえばケルギリホト Кергильхот、テルグヴィエ Тергувье[5] のように、Rの音を含むチュクチ語に由来するロシア語の姓とチュクチ人としてのアイデンティティを持ちながら、コリャーク語とロシア語を話す。こうしたチュクチ人の一人であるオリュートル地区出身のある女性は、コリャーク語を流暢に話す優れた民話の語り手であったが、自分たちの話す言語を「チュクチ語」と認識しており、自分の語りをコリャーク語と言われることを嫌ったという。この女性はアリュートル語などの海岸コリャークの言語を「コリャーク語」と呼んでいた。これは後に述べる海岸コリャーク人による言語の分類と一致する。

この女性の例が示すように、ロシア語で「コリャーク人」を指すコリャーキ коряки という名称は、誰が誰に対して使うかで指示内容が異なる。ロシア語文献の中で伝統的にコリャーク人と呼ばれてきた人々は、伝統的な生業形態によりトナカイ・コリャーク人と海岸コリャーク人の二つに分けられており、それぞれの自称に基づくロシア語名称に、チャウチュヴェヌィ чавчувены およびヌムラヌィ нымыланы がある。奇妙なことに、一九三〇年代にコリャーク語の教科書が初めて作られた際に、トナカイ・コリャーク人の話すチャウチュ方言を基礎としながら、言語名は海岸コリャーク人の自称にもとづき「ヌムラン語」нымыланский язык とされ[6]、同時代の教科書にはすべてこの名称が用いられた。コリャーク語の教科書を編纂したステブニツキーがコリャーク語の調査を行ったのはカラガ地区のキチガ村とオリュートル地区のアプカ村だが、キチガ村は現在の基準でいえばアリュートル人の村、アプカ村は定住化したトナカイ・コリヤーク人の居住する村で、これら二つの村の住民の自称はヌムラン人であったろう。したがって、一九二〇年代から五〇年代にかけて出版された文献で「ヌムラン語」とあるのは、いわゆるトナカイ・コリヤーク人の言語と海岸コリヤーク人の言語の両方を含めた包括的概念としての「コリヤーク語」である場合が多い。

また調査時に何語を使うかによっても「コリヤーク人」の示す意味が異なる。トナカイ・コリヤーク人も海岸コリヤーク人自身がそれぞれロシア語による自称として「コリヤーク人」を使うことがある。それが両者を含めた包括的概念としてのコリヤーク人である場合もあれば、両者を区別した上で自分たちのことをコリヤーク人と使う場合もあるので注意が必要である。たとえばトナカイ・コリヤーク人が二つのコリヤークのグループを区別していう場合、自分たちを修飾語なしのコリヤーク人と呼び、海岸コリヤーク人のことは「海岸コリヤーク人」あるいは「定住コリヤーク人」などと修飾語をつけて呼ぶ。いっぽう、海岸コリヤーク人がロシア語で両者を区別する場合、自分たちをコリヤーク人と呼び、トナカイ・コリヤーク人のことをトナカイのコリヤーク人 **оленные коряки** あるいはチュクチ人ということがある。これはロシア語で言う場合に限定された問題で、それぞれの言語で各グループを呼ぶならば、チャウチュヴァウ **čawčəvaw**「トナカイ・コリヤーク人」とヌムルウー **nəməlʔu**「定住コリヤーク人」となるので区別は容易であり、両者が混同されることは決してない。

筆者の知人のある女性は、母親がアリュートル人（海岸コリヤーク人）で父親がコリヤーク人（トナカイ・コリヤーク人）であったが、その地域では伝統的にロシア語でアリュートル人のことコリャーキ **коряки**「コリヤーク人」と、コリヤーク人のことをチュクチ **чукчи**「チュクチ人」と呼んでおり、この女性は父親をチュクチ人と認識していた。二〇〇二年の国勢調査の際に、父親の民族と同じチュクチ人として登録したいと思ったのだが、チュクチ人の女性を表すロシア語の名称チュクチャンカ **чукчанка** を思い出せなかったので、コリヤーク人の女性を表すロシア語の名称コリャーチカ **корячка** で登録したという。父親は男性なので男性名詞単数形のチュクチャ **чукча**「チュクチ人」を使っていたはずで、女性のチュクチ人を知らなかったために女性形を聞く機会がなかったのである。

三、先住民文化を継承する人々

(1) 文化継承の世代間の差

カムチャッカにおいて先住民文化の継承者の例として取り上げられることが多いのは、幼少期に家族のもとで言語や伝統的な知識を受け継ぐことができた世代である。アリュートル人を含む海岸コリヤーク人が居住する地域では、民族の言語を母語として習得した人としては一九五〇年代から六〇年代初頭までに生まれた世代がもっとも若く、現在六十才前後である。トナカイ・コリヤーク人が居住する地域ではやや状況がよく、一九七〇代生まれでもコリヤーク語を流暢に話すことができる人がいる。トナカイ飼養や犬ぞりの操作法、毛皮加工に関する知識を家庭内で受け継いだのも同じ世代と考えて良いだろう。

この世代は祖先の言語や文化を継承しつつロシアの高等教育を受けるという幸運に恵まれ、民族のリーダーとして、行政や教育など社会のさまざまな分野で活躍してきた。

しかしこうした幸運な世代は、カムチャッカでは一世代か、せいぜい二世代しか続かなかった。高等教育を受けた若者の多くは、大学卒業後に自分が生まれた村に働く場所を見つけることができないまま都市部に残り、自分の母語とは異なる言語を話す相手と結婚する者も多かった。先住民族どうしで結婚したとしても、夫と妻の民族が異なる場合、家庭ではロシア語を使うことが多かった。また〇歳児から始められた寄宿制度の中で、幼少期の大部分の時間をロシア語だけを使って生活していたことが言語・文化の継承の妨げとなったことは、当事者のあいだでも広く共有されている事実である。母語話者の子供の世代は狩猟・漁労や裁縫に関する短編的な知識や技能は継承しても、父や母の母語を流暢に話せる程度にまで継承することは稀であった。民族の言語を話さない世代は、時として親や祖父母の世代から非難されることがあるが、言語を継承する機会を持つことができなかったのが彼らの責任ではないことは言うまでもない。

(2) 民族舞踊団（アンサンブル）

カムチャッカ先住民族の文化継承活動として目をひくのは民族舞踊団である。ロシア語ではアンサンブル ансамбль とよばれている。カムチャッカでは一九五〇年代から民族舞踊アンサンブルの活動が盛んで、市民サークルによるアマチュアから、文化局に所属する職業ダンサーなど、様々なアンサンブルがある。こうしたアンサンブルはアマチュアながら祝日や祭などのイベントのステージで民族舞踊を披露し、ときにはモスクワやあるいは海外公演も行うことがある。カムチャッカの民族舞踊アンサンブルの歴史と現状については、アメリカ人の文化人類学者アレクサンダー・キングによる英語の書籍[7]が詳しいが、大きく分けて二つの系統がある。ひとつはロシアバレエの流れをくみ、民族的な要素を取り入れたバレエとして上演される、舞台向けの民族舞踊アンサンブルである。一九六〇年代に結成され、現在でも活動を続けているアンサンブルは二つある。一つはウクライナ出身のバレエ監督アレクサンドル・ギリにより結成されたメンゴ Мэнго というアンサンブルで、ダンサーは全員プロであり、全ソ連から才能のある若者がスカウトされて入団した。メンゴはモスクワをはじめとするソ連各地で公演したが、フランスやインドなどの海外公演も行っており、一九八〇年代には日本公演も行った。いっぽう、海岸コリヤーク人のバレエ監督セルゲイ・ケヴェフテギンにより結成されたウイコアリ Уйкоаль というアンサンブルがある。こちらは学生の課外活動として始まり、ダンサーの大部分はコリヤーク人やイテリメン人などの地元の若者であった。学生時代にウイコアリで民族舞踊を始め、卒業後にメンゴに入団した者も多い。こうしたアンサンブルの公演では歌や太鼓の生演奏がある場合もあるが、多くの場合は録音された音楽に合わせて踊る。

アンサンブルのもう一つの系統は、舞台向けというよりは、市民のサークル活動として組織されたものである。指導者は先住民出身で、ハバロフスクなどの芸術大学で文化活動の専門家として教育を受けた者で、村の同好者を集めて民族舞踊や歌謡をステージ向けにアレンジし、祝日や祭などで上演した。こうした活動を職業として行なっているのは指導者だけで、ダンサーは子供を含む一般市民である。小学校などの課外活動として行われている場合もある。こうしたアンサンブルでは歌や太鼓の生演奏に合わせて踊ることが多く、民族語による寸劇も人気のある演目である。

(3) 文化継承活動と動機

民族の言語を継承していない世代の中でも、積極的に先住民族文化の継承に取り組んでいる人たちがいる。ここでは先住民言語の母語話者の子供や孫が、どのような動機で、何をめざして活動しているのかを紹介したい。

二〇一七年八月にパラナ村で行なったインタビューの抄訳を紹介する。一人目は民族舞踊アンサンブル「ウェーエム」（コリヤーク語で「川」の意）のリーダーのバランニコフ（写真左端）、二人目はウェーエムの若手ダンサーのポノマリョワ（写真右端）、三人目は子供民族舞踊アンサンブル「レレル」（レスナヤ・コリヤーク語で「朝露」の意）のリーダーのフェドートワ（写真中央）である。年齢や育った環境、民族舞踊

写真1　民族舞踊アンサンブルのメンバー（左からバランニコフ、フェドートワと娘、ポノマリョワ）

を始めたきっかけはさまざまだが、三名に共通しているのは、民族舞踊への愛情と情熱である。

ワシーリー・バランニコフ

（一九六六年パラナ生まれ。コリヤーク人）

　民族舞踊を始めたのは八年生(8)のときです。友達が先にやっていて、誘われたので始めました。セルゲイ・ケヴェフテギンの指導で、先住民の子どもたちを集めて民族舞踊を教えていました（前述のウィコアリ―筆者註）。同時期にアンサンブルにいたのは十五人くらいだったかと思います。中高校生や、専門学校の学生がいました。

　卒業後、ケヴェフテギン先生がペトロパウロフスク・カムチャツキー市の音楽専門学校の舞踊学科に赴任したので、パラナのアンサンブルで踊っていた学生をそこへ誘いました。ほかの進路も考えたのですが、すでに舞踊の経験があり、舞踊が好きだったので進学を決めました。専門学校時代はチュクチ・エスキモー・イテリメン・アリュート・エウェンなど、様々な民族のダンスを学びました。コリヤーク自治管区の各村からいろいろなアンサンブルが学校に来て教えてくれました。しかし大部分の舞踊はケヴェフテギン先生が教えていました。長期休みには各地の村をまわって公演し、行く先々でその土地の舞踊を学びました。

　専門学校を卒業後はチギリ村のアンサンブルで働いていましたが、友人のワレーリー・エトネウトに誘われて、パラナに引っ越しました。その後、映画館や教育専門学校でサークル指導者として働き、現在はウェーエムのリーダーをしています。

民族舞踊アンサンブル「ウェーエム」の活動を始めたのは一九九一年で、公式に名前が決まったのは九二年です。メンバーは顔見知りの知人などを中心に声かけして集めました。社会人も学生もいました。みんなコリヤーク人です。メンバーはしょっちゅう入れ替わりますが、だいたいいつも八人くらいいます。初代リーダーはワレーリー・エトネウトで、以前はメンゴのダンサーでした。エトネウトがメンゴを辞めた後、チュコトカのエルグロン(9)でも働いていました。エルグロンを辞めた後、パラナにきてウェーエムを作りました。

エトネウトはコリヤーク自治管区内の小さな村にフィールドワークにでかけては、年上の世代の歌や舞踊をビデオに撮影していました。そうした資料をもとに、アリュートルやトナカイ・コリヤークのダンスが生まれました。ほかにケレックやイテリメンのダンスもあります。またエトネウトのお母さんの歌をアレンジして、バックミュージックに使った演目もあります。

一九九七年にエトネウトが亡くなった後、リーダーを引き継ぎました。メンバーが三人になってしまったので、しばらくは三人で活動していました。ウェーエムを解散して別のアンサンブルで踊るという選択肢もありましたが、いまのところ続いています。二〇一三年には公的な財政援助を受けられる民族アンサンブル(народный ансамбль)になりました。それ以前はサークルとして活動していました。

アンサンブルを続けてきた理由は、若い人が入ってきて、変化していくのを見るのが楽しいからです。若い学生たちが専門学校に入学して、ウェーエムで初めて民族舞踊を経験します。しばらく経験をつむうちに、体もできあがっていき、卒業後はほかのアンサンブルに就職していきます。メンゴに入ったメンバーもいます。まったくの初心者に教えるのは大変で、初めはなかなかうまくいかず、困難なときもあります。しかし彼らがダンスを楽しんでいるのがわかるし、練習を重ねるうちに若い人たちが成長していくのが嬉しいです。今後の活動としては、エトネウトの死後、上演されていない演目を復活させたいです。まだウェーエムのすべての演目を復活させたわけではないのです。自分の記憶や、演目のビデオ動画を参考に、今年、演目の一つを復活させました。あと二つ、復活させなければならない演目があります。

アレクサンドラ・ポノマリョワ
（一九八三年パラナ生まれ。コリヤーク人）

民族舞踊は子供のころに始めました。六歳か七歳くらいのころから、芸術学校の民族舞踊クラスへ通っていました。児童擁護施設の手芸サークルでビーズ刺繍をしたり民族衣装を縫ったりもしていました。なぜ自分が民族舞踊を始めたのか、子供のころのことでよく覚えていませんが、亡くなった母も踊っていたということを母の死後に聞いて知りました。

今はウェーエムで踊っています。あるとき、縫いものに使うビーズが欲しくて民族芸能センターで働いている知人を訪ねて行ったのですが、一週間くらい縫いものを習っているうちに、やはり踊ってみたくなりました。知人に相談すると、ワシーリー・バランニコフさんに直接話すように言われました。二〇一五年のことです。ウェーエムが新人を募集しているとは思わなかったのですが、知人に強く勧められて入団を申し込みました。

覚えることはたくさんあり、早く覚えたかったのですがなかなか思うようにできなくて、少しずつ覚えました。とても苦労しました。家でも夜通し、ほぼ朝まで練習していました。バランニコフ先生はとても厳しいですが、楽しくて、いいアンサンブルです。大好きです。

初めて舞台にあがったのは、去年のちょうど私の誕生日にコンサートがあったときです。私にとってとても素敵な誕生日プレゼントになりました。

（ウイコアリの創設者である）セルゲイ・ケヴェフテギンが実の叔父であることは、子供の頃、母からきいていたのですが、よくわかっていませんでした。でも大きくなってから、村のほかの人々や、亡くなった兄からもききました。昨日はじめて知ったのですが、いま私が住んでいるアパートは、叔父のケヴェフテギンがかつて住んでいたところだそうです。叔父が同じ部屋に住んでいたとはまったく知らなかったので驚きました。

息子は幼稚園のころから踊っています。幼稚園で子供のアンサンブルグループができたとき、すぐに息子を入れました。息子は民族舞踊が大好きで、練習が待ち遠しくてしかたないようです。いまは家族の中では私と息子の二人だけが踊っています。

ナターリヤ・フェドートワ
（一九八四年レスナヤ生まれ。コリヤーク人）

子供アンサンブル「レレル」の指導者です。レスナヤ方言で「朝露」という意味です。二〇一四年創設です。二〇一四年六月からパラナの民族芸能センターに勤務し始めました。勤務してすぐに、子供のアンサンブルを作ろうと思いました。将来ウェーエムに入れるようなアンサンブルを作りたかったのです。

　パラナの教育専門学校にメンゴの指導による舞踊学科ができて、二〇〇〇年に入学し、二〇〇三年に卒業しました。そして在学中の二〇〇二年にアングトというアンサンブルで踊り始めました。同時に児童養護施設でも働いていました。施設にも小さな子供のアンサンブルがありました。施設は四年働いてやめました。アングトでは二〇一〇年までの八年間働きました。

　舞踊学科を選んだのは、上の姉二人が幼児教育科と初等教育科に行っていて、姉たちとは違う学科にしようと思ったからです。レスナヤ村で生まれて、子供のころからずっと踊っています。小学校に上がる前から、祝日のたびに舞台で踊っていましたし、村全体で祝うアザラシ送りの祭では家族で踊ります。家では父と母、父の従兄弟も歌をたくさん歌っていました。子供の頃から祭が好きで、近所の家で祝われるアザラシ送りの祭に母と二人でよく出かけたものです。

レレル Лэлэл という名前は自分たちで決めました。[10] はじめ、チャウチュ方言の辞書を見ていて、ララル Лалал という名前にしようと思ったのですが、母に尋ねたところ、レスナヤ方言ではレレルになるというので、レレルに決めました。

　パラナに来てみると、子供の頃から親しんできた民族舞踊とはかなり違っていて、舞台用にアレンジされたものだったので、初めは慣れるのが大変でした。朝から晩までずっと練習をして、肉体的にもきつかったです。当時はメンゴが指導していたので、レッスンは厳しかったです。

　レスナヤにはレスナヤの踊り方がありますが、アンサンブルでは子供たちには教えていません。自分自身で自由に踊るときにはレスナヤのダンスになります。秋に、レスナヤのおばあさんたちを集めて、子供たちを対象に民族舞踊教室を開こうと計画しています。

　アンサンブルには少し年上の六～七歳児クラスと、年下の四～五歳児クラスと、二つのグループがあります。幼稚園児に教えるときには幼稚園に出かけて教えます。子供はコリヤーク人だけではありません。ヨーロッパロシアから来たロシア人の子供もいます。子供たちは民族に関わらず、みんなコリヤークの民族舞踊を楽しんでいます。

次に、バランニコフと同じ民族芸能センターに勤務し、アリュートル語やイテリメン語など、カムチャッカの先住民言語による人形劇団を主催しているゴリコワのインタビューを紹介する。特に母親のタチヤナ・ゴリコワはアリュートル語の優れた語り手で、ゴリコワの両親はアリュートル語の優れた語り手で、ゴリコワには研究協力者として長年にわたり筆者の調査に協力してもらった。スヴェトラーナ自身は流暢なネイティブスピーカーではないが、日常会話をよく理解し、簡単なフレーズを話すことができる。職業ダンサーとしての教育を受け、国立の民族舞踊団メンゴに在籍していたこともあるスヴェトラーナが、なぜ人形劇団を主催するに至ったのか、その経緯と動機を語ってもらった。

スヴェトラーナ・ゴリコワ

（一九六八年アナプカ生まれ。アリュートル人）

アナプカ村で生まれました。夏はトナカイ遊牧地ですごし、家族みんなが民族の言語で話していました。トナカイ皮の寝具で眠り、トナカイといっしょに遊牧しました。八年生を卒業したあとパラナの技術専門学校に入学しました。同級生だったロシア人の女の子に誘われて、ペトロパウロフスクの音楽学校を受験しました。セルゲイ・ケヴェフテギンがいた舞踊科の試験を受けて入学しました。卒業後はコリヤーク自治管区のいろいろな村で働きました。メンゴでも踊りました。一九九七年ごろ、今の職場に就職しました。はじめは民族文化の復興にはあまり関心がなくて、コンサートとか、祝日の行事とか、展覧会とか、そういったものの企画・運営をしていました。

二〇一二年に、センター長がカムチャッカ地方の先住民族の物質文化遺産に関する電子カタログを作るので担当者を決めようといいました。誰も希望者がいなかったので、私が手をあげました。最初のプロジェクトは、海岸コリヤークのホロロ祭りに関する情報収集でした。自分の民族の文化だから文化や言語も子供の頃から知っているのと、あとは自分自身でも興味があったからです。

なぜ言語にこだわるようになったのかは自分でもよくわからないのですが、あなたがイリプリ村に来たときに、文法の本をくれましたよね（筆者が出版したロシア語によるアリュートル語文法の本）。そのとき私に「書きなさい！」といったでしょう。それが背中を押してくれたのです。あなたにいわれてはっと目が覚めたのですが、当時は記録・保存に関わる機会がありませんでした。でも、二〇一二年から本格的に記録をはじめました。年上の世代だけではなく、若い世代でも、言語や文化を知っている人は手当たり次第に記録しました。以降ずっと、出張のたびに記録しています。

同じころ、センターとして先住民文化に関連する企画を募集していたので、「コリャーク語でやる人形劇団を作りたい」といって、二〇一三年にメンバー五人で先住民族言語による人形劇団を結成しました。最初の劇は「ネズミがクマのホロロ祭りを訪れた話」という海岸コリャークの昔話をモチーフにしましたが、上演までに一年くらいかかりました。ロシア語で記録した昔話をコリャーク語に翻訳をしたのですが、翻訳は初めてで難しかったです。人形劇の人形を作ったこともなかったので、時間がかかりました。それぞれの団員と個別にセリフのレッスンをつけました。こうして、二〇一四年に初上演をしました。その後しばらくして、イテリメンの昔話も演目に加えました。ゲオルギー・ポロトフの作品から、「クトフがカラフトマスの橇に乗った話」をとりあげました。イテリメン語教師に頼んでロシア語のテキストをイテリメン語に翻訳してもらいました。こうしてイテリメン語の劇も上演しました。劇団の演目は小学生向けです。

人形劇団を作りたいというのは母の長年の夢でしたが、なかなか実現には至りませんでした。それで母が亡くなったあと、母の夢をかなえたいと思うようになりました。[11] 母が亡くなってまもなくセンター長の提案があって人形劇団創設にいたり、ようやく母の夢を叶えることができました。劇団は母の二つ目の名をとってアーヌク **Анук**「春」と名付けました。

人形劇団を作ったもう一つの目的は、民族語の継承です。いまコリャーク人の大部分は民族語を話せません。せめて劇を通して耳にしたフレーズだけでも、子供たちがコリャーク語を覚えてくれたらいいと思います。ロシア語で上演することは考えていませんでした。子供たちにコリャーク語アリュートル方言を実際に聞いてほしかったのです。

これまでに録音した資料は、センターのアーカイブに保存しています。二〇一五年までにとったフォークロア資料をつかって、小さな冊子を出版しました。音声資料のCDも出しています。ロシア語とアリュートル語両方で、吹き込んだのはセンターのスタッフです。ロシア語で語られたものなので、後でアリュートル語へ翻訳しました。私も昔話をひとつアリュートル語で読みました。アリュートル語で語られたオリジナルの昔話を整理するのまでは手がまわりません。オリジナルがおもしろいと

写真2　スヴェトラーナ・ゴリコワ（中央）と両親（右）（2000年撮影）

いうのは研究者にとってだけでしょう。次に出すときは考えてみてもいいですが。

次に、バランニコフ、フェドートワ、ゴリコワらが勤務するパラナ村の民族芸能センターのセンター長オクサナ・ハミドゥーリナのインタビューを紹介する。ハミドゥーリナはハバロフスク地方で生まれ、カムチャッカ先住民族出身ではないが、母の仕事の都合で九歳のときにカムチャッカへ引っ越してきて大学入学前までのおよそ六年間をカムチャッカで過ごした。サンクト・ペテルブルグで教育を受けたハミドゥーリナがなぜコリヤーク文化の振興に関わるようになったのか、自身の出自も含めて語ってもらった。

オクサナ・ハミドゥーリナ（一九七七年生まれ）

両親に連れられてカムチャッカに引っ越して来たのは一九八六年です。母方の叔父がペンジナ地区のアヤンカ村で働いていたので、家族みんなでアヤンカへ引っ越し、パラナへは一九九一年に来ました。そして一九九四年にはサンクト・ペテルブルグの北方民族大学に進学し、カムチャッカを離れました。専攻は文化学です。

子供のころにカムチャッカの小さな村に引っ越してきて、人々が民族衣装を着ていたのが強く印象に残りました。同時に、とても興味を持ちました。村で開催された「村の日」とか「トナカイの仔の祭り」、「トナカイ橇レース」などのいろいろな行事も印象が強かったです。アヤンカ村はカムチャッカのもっとも北に位置する村で、定住コリヤーク人とか、エウェン人とか、いろいろな民族が住んでいます。そして、異民族間の結婚によって生

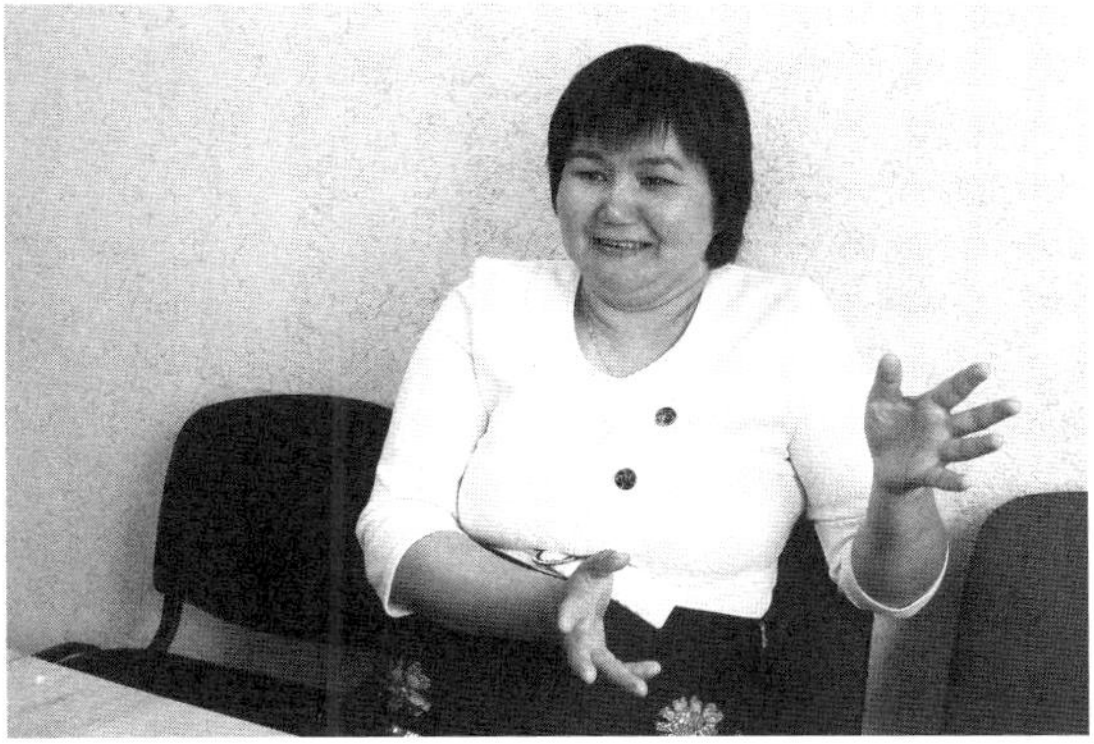
写真3　オクサナ・ハミドゥーリナ

まれた人々が非常に多かったです。さまざまな民族の衣装の、美しい刺繍それぞれがよく調和がとれていて驚いたものです。

　文化復興の道に進んだのは、母の影響も大きかったです。また、学生時代、留学生や、ソ連のさまざまな民族出身の友達とつきあいがあったことも影響しています。高校で少し英語を習っていたので、同じ寮に住んでいた留学生を、なにかと助けてあげることがありました。みんな自分の文化を誇りに思っていました。こうして異文化に触れるうちに、自然と文化の比較をすることを覚えました。

　私自身はミックスルーツで、両親の民族が異なります。そこで自分が何者なのか考えるようになりました。それで出した結論は、もし自分の民族を聞かれたら、このように答えようということです。「とても難しい質問です。私は自分の両親の民族とは別の文化に暮らしています。もし私が両親の民族のどちらかの文化の中で暮らしていれば、その民族と答えるでしょう。でも私はそのどちらとも違う文化に暮らしているのです」と。

　今の仕事はとてもやりがいがあります。困難も多いですが、現状で可能な限りのやり方で、子供たちに自分の民族の文化に触れる機会を提供すれば、その若い世代が自分の文化の中で暮らすことができます。私自身は自分の民族とは違う文化の中で暮らしていますが、毎日興味深い発見があります。こうした文化に関わるのはとてもおもしろいです。もしも、ほかのもっと楽で、高給な仕事のオファーがきたとしても、いまの仕事をやめることはできません。ここの仕事は非常におもしろく、やりがいがあります。ほかの選択は考えられません。

最後に、西シベリアのトムスク州でセリクープ語の復興運動に関わっているロシア人の高校生グリゴーリー・コロトキフの言葉を紹介したい。「セリクープ語の自然な継承はすでに数十年も前に失われてしまった。いま私たちは自然ではない言語の継承方法を考えなければならないのである」[12]。トムスク教育大学で開催されたシベリア先住民言語研究の学会でコロトキフが会場の研究者に投げかけた言葉である。

シベリア先住民言語や文化を幼少期に継承した人々の数は年々減少している。少数民族は民族人口も少ないため、文化や言語の継承を当事者や研究者だけで担うのは困難である。その民族出身の若い世代を継承者として育てていくのと並行して、ハミドゥーリナやコロトキフのような、同じコミュニティに暮らしている他民族出身の協力者をどのように増やしていくかが今後の課題である。

注

（1）Всероссийская перепись населения 2010, Том 4. Национальный состав и владение языками, гражданство〈http://www.gks.ru/free_doc/new_site/perepis2010/croc/perepis_itogi1612.htm〉（二〇一八年六月一〇日アクセス）

（2）Всероссийская перепись населения 2002, Том 4. "Национальный состав и владение языками, гражданство". http://www.perepis2002.ru/index.html?id=17（二〇一八年六月一〇日アクセス）

（3）ヴドーヴィン（Вдовин И. С. *Очерки этнической истории коряков*, Ленинград: Наука, 1973）はアリュートル・コリヤークからカーメンスコエ、カラガ、パラナのコリヤークを除外しているが、ステブニツキーはこれらすべてをアリュートル・コリヤークに含めている。

（4）Стебницкий, С. Н. "Нымыланы алюторцы", *Советская этнография*, № 1. 9, 1938.

（5）標準コリヤーク語にはRの音素がない。Rはチュクチ語およびアリュートル語に特徴的な音素である。

（6）Стебницкий, С. Н. *Красная Грамота: Учебная книга на нымыланском языке*, Ленинград: Государственное учебно-педагогическое издательство, 1932.

（7）King, Alexander D. *Living with Koryak Traditions: Playing with Culture in Siberia*, Lincoln: University of Nebraska Press, 2011.

（8）ロシアの学校は十一年制で、一〜四年生までが初等学校、五〜八年生が中等学校、九〜十一年生までが高等学校である。

（9）アナディリに拠点を置く国立の民族舞踊アンサンブル。

（10）レスナヤ村出身の別のコリヤーク人によれば、以前レスナヤに同名のアンサンブルがあったということである。

（11）スヴェトラーナの母親タチヤナ・ゴリコワは二〇一一年秋に死去した。

（12）Коротких Григорий, "Современный южноселькупский язык: возможности функционирования", 28-ые Дульзоновские Чтения "Комплексное изучение языков и культур аборигенных народов Сибири", 27-28 июля, 2017 (Tomsk).

おわりに

本特集号は、「はじめに」で述べた通り、二〇一五年に設立された日本シベリア学会の会員を中心としてまとめられたものであるが、ここでは学会設立以前の経緯について若干触れておきたい。

日本におけるシベリア研究は学会設立以前からの長い蓄積があるが、ソ連時代にはフィールド調査を行うことが困難であった。人文系に関していえば、一九九〇年以前は文献や旧ソ連から日本への移住者を調査協力者として研究が続けられてきた。フィールド調査が可能になって以降、北海道大学、千葉大学、京都大学などの若い研究者がシベリア地域に調査に入るようになったのも、こうした先達による指導があったからである。しかし、文化人類学や言語学分野ではフィールド調査は単独で行うのが常であり、研究者どうしで互いに面識はあったものの、シベリア研究者が一堂に会して研究交流や意見交換を行う機会はなかった。

転機となったのは総合地球環境学研究所の「温暖化するシベリアの自然と人――水環境をはじめとする陸域生態系変化への社会の適応」プロジェクト（代表：檜山哲哉現名古屋大学教授）である。二年間の予備研究と五年間の本研究と、七年間におよぶ文理融合型のプロジェクトにおいて、それまでほとんど交流のなかった理系研究者と文系研究者とを結びつけたのは日本シベリア学会初代会長の高倉浩樹東北大学教授であった。

学生の頃から「言語学者は一匹狼である」と教えられてきた私にとって、同じ地域で研究をしている様々な分野の研究者ら四十名以上との共同研究は予想以上に刺激に満ちたものであった。二〇一四年三月にプロジェクトとしては最後の研究会が終了したあと、高倉氏ら数名と昼食をとっていたときに、このまま解散するのは名残惜しかったので、ふとした思いつきで「高倉さん主導でシベリア学会を作るのかと思っていたが、できなかったのは残念である」と高倉氏に言ったところ、そのまま話が進んで日本シベリア学会設立に至った。

学会員はまだ少なく、日本におけるシベリア研究者すべてをカバーしているわけではないものの、それぞれの会員が交流のあった研究者らに声をかけた結果、地理学、考古学、歴史学、文化人類学、言語学、文学などの幅広い分野を網羅した本特集号が実現した。アジアとシベリアの連続性や、シベリア地域の豊かな資源や文化について、研究者間では共有されてはいたものの、日本の一般読者に向けて広く発表する機会はこれまでなかった。本特集号を機に、多くの魅力と潜在的な可能性を秘めたシベリア地域に関心を持つ人が増えることを願う。

最後に、本特集号を企画し、なかなか筆の進まない執筆者陣を辛抱づよく叱咤激励してくださった勉誠出版の森貝聡恵氏と福井幸氏、ならびに本特集号の趣旨に賛同し執筆をご快諾いただいた先生方に感謝をささげたい。

二〇一八年十一月

永山ゆかり

執筆者一覧（掲載順）

飯島慈裕	高倉浩樹	加藤博文
江畑冬生	鍛治広真	吉田　睦
渡邊日日	伊賀上菜穂	佐々木史郎
森田耕司	山下宗久	松本　亮
直川礼緒	小野智香子	藤代　節
大石侑香	中田　篤	荏原小百合
丹菊逸治	永山ゆかり	

【アジア遊学227】

アジアとしてのシベリア
ロシアの中のシベリア先住民世界

2018年12月5日　初版発行

編　者　永山《ながやま》ゆかり・吉田《よしだ》 睦《あつし》
発行者　池嶋洋次
発行所　勉誠出版株式会社
〒101-0051　東京都千代田区神田神保町 3-10-2
TEL：(03)5215-9021(代)　FAX：(03)5215-9025
〈出版詳細情報〉http://bensei.jp/

印刷・製本　㈱太平印刷社
組版　デザインオフィス・イメディア（服部隆広）

ISBN978-4-585-22693-2　C1339

アジア遊学既刊紹介

225 満洲の戦後 ―継承・再生・新生の地域史

226 建築の近代文学誌 ―外地と内地の西洋表象